Unterrichts-entwicklung via eLearning

von

Harald Angerer
John Bronkhorst
Harald Eichelberger
Günther Henning
Edgar Hungs
Renate Kock
Wolf Dieter Kohlberg
Georges Kuppens
Christian Laner
Christian Stary

Oldenbourg Verlag München

Bibliografische Information der Deutschen Nationalbibliothek

Die Deutsche Nationalbibliothek verzeichnet diese Publikation in der Deutschen Nationalbibliografie; detaillierte bibliografische Daten sind im Internet über <http://dnb.d-nb.de> abrufbar.

© 2010 Oldenbourg Wissenschaftsverlag GmbH
Rosenheimer Straße 145, D-81671 München
Telefon: (089) 45051-0
oldenbourg.de

Lektorat: Wirtschafts- und Sozialwissenschaften, wiso@oldenbourg.de
Herstellung: Anna Grosser
Coverentwurf: Kochan & Partner, München
Gedruckt auf säure- und chlorfreiem Papier
Gesamtherstellung: Grafik + Druck, München

ISBN 978-3-486-58969-6

1 Vorwort

Harald Eichelberger & Christian Laner (Hrsg.)

„Unterrichtsentwicklung via eLearning"

In unserem ersten Band zum Themenkreis „Reformpädagogik und eLearning" (Eichelberger, H., Laner Chr. u.a. Reformpädagogik goes ELearning, Oldenbourg-Verlag) haben wir die Reformpädagoginnen und Reformpädagogen eLearning aus der Sicht der Reformpädagogik beurteilen lassen. In diesem Band wurde die Kompatibilität von Reformpädagogik und eLearning belegt. Die reformpädagogischen Modelle sind in ihrer didaktischen Ausrichtung eine konzeptionelle Grundlage für eine Didaktik des eLearning und für eine kongeniale didaktische und mathetische Konzeption des eLearning und der damit verbundenen Medien, wie z.B. der Einsatz der didaktischen Lernplattform Scholion.

Nun haben wir den Themenkreis „Reformpädagogik und eLearning" erweitert um das komplexe Thema der Unterrichtsentwicklung. Dabei haben wir strikt darauf geachtet, dass die Entwicklung des Unterrichts im Rahmen der individuellen Persönlichkeitsentwicklung der Studierenden erfolgt und deren Eigenverantwortung in jeder Phase des Studiums gewahrt bleibt. Das Grundprinzip der Arbeit der Lehrenden, „die (traditionellen) Lehrstrategien in eine Didaktik der Aneignungsstrategien zu übersetzen", haben wir von Helen Parkhurst und ihrem Daltonplan übernommen und in diesem Band umgesetzt.

Die traditionelle Didaktik ist als Lehre vom Lehren auf diesen ihren Gegenstand fokussiert und betrachtet den Lernprozess des Schülers ausschließlich aus der Perspektive des Lehrenden, „durch das falsche Ende des Fernrohrs" („through the wrong end of the telescope") wie Helen Parkhurst in ihrem Buch Education on the Daltonplan schreibt. Diese Perspektive erschwert das Verständnis der Hypothese Helen Parkhursts, dass jeglicher Lernfortschritt aus der Eigenaktivität des Lernenden entspringen muss. Dieser Punkt bereitet unter Umständen manchen Pädagogen in ihren Vorstellungen Schwierigkeiten. Ist es doch nicht leicht, die Eigenaktivität des Lernenden zum Prinzip zu erheben und doch die pädagogische Steuerung des Lernprozesses nicht außer Acht zu lassen. Hier ergibt sich auch für die Lehrenden ein überaus spannender Lernprozess.

Die Pädagogik des Daltonplanes soll zur Entfaltung von Persönlichkeitswerten führen, wie „industrious, sincere, open-minded und independent". Helen Parkhurst bezieht die schulische Bewältigung der Lebensaufgaben stets auf die gegenwärtigen Erfahrungen der Schüler. Ähnlich wie bei Maria Montessori wird die Bewältigung der gegenwärtigen Aufgaben als die beste Vorbereitung auf das künftige Leben angesehen. „To become masters not only of our time and work, but of ourselves, is a real preparation for life. " Und Maria Montessori formuliert ganz ähnlich: „ ... Meister seiner selbst zu sein", ist ein wesentliches Erziehungsziel einer Pädagogik der Selbstbestimmung.

Unsere reformpädagogische Orientierung lässt uns den Versuch wagen, die traditionelle Didaktik zu einer Mathetik und hier auch zu einer Mathetik des eLearning umzudenken und ausgehend von dieser Mathetik die Methoden des eLearning zu konzipieren. Unsere Erfahrungen anhand der Beispiele virtuellen Lernens zur professionellen Weiterbildung von Lehrerinnen und Lehrern führten direkt zur Diskussion einer neuartigen European Awareness der Bildungsmöglichkeiten via eLearning und zum Global Learning.

Der Weg unserer theoretischen und praktischen Forschungen, die in dem vorliegenden Band dokumentiert werden, führte von den reformpädagogischen Modellen über die Arbeit mit didaktisch konzipierten Medien zur modellhaften Konzeption von Lehrgängen auf der Grundlage des blended learning mit dem Thema „Unterrichtsentwicklung" und dem Ziel der Entwicklung des eigenen Unterrichts der Studierenden als Ergebnis ihrer eigenen Studien.

In diesem Sinne ist der vorliegende Band eine Zusammenfassung der theoretischen Studien, der historischen Studien zur medialen Entwicklung und eine umfassende Dokumentation der Projekte, Seminare und Lehrgänge, deren Ergebnisse und Erfahrungen unseren Erkenntnisprozess fortschreiten ließen. Nur so war es möglich, unser reformpädagogischen Wissen und Können auch in neue Forschungen zur Mathetik zu integrieren und unsere praktische Arbeit nach dem Grundsatz der Kongruenz von Inhalt und Methode zu gestalten: die Methoden des Lehrens und Lernens haben den Inhalten zu entsprechen, die vermittelt werden.

Der Weg dorthin erfordert umfassendes Verständnis bisheriger Entwicklungen sowie die reflektierte Einordnung neuer Erkenntnisse der Lern- und Lehrforschung. Der vorliegende Band zeigt konkrete Beiträge, die Unterrichts-, Schul- und eLearning-Entwickler befähigen, Bestehendes zu reflektieren und Neues zu denken. Der Bogen reicht von historischen Zusammenhängen, kosmopolitischen und europäischen Überlegungen zu mathetisch begründeter Unterrichtsentwicklung und technischen eLearning-Gestaltungsvarianten. Sichtbar wir dies an Beispielen aus der Lehreraus- und -weiterbildung sowie an konkreter Arbeit mit Kindern und Jugendlichen.

Die empirische Arbeit zeigt das Entwicklungspotenzial bei mathetisch geleiteten Lernprozessen, das sich sowohl auf den Unterricht als auch auf eLearning auswirkt. Einer weit verbreiteten Nutzung steht nichts mehr im Wege! Eine Perspektive ist dabei wichtig, wie schon Maria Montessori zum Abschluss ihrer Kurse immer gesagt hat: „Glauben Sie ja nicht, dass sie es schon können! Sie müssen es erst tun!"

Inhalt

2 Als die ReformpädagogInnen mobil wurden und ins Netz gingen…

Georges Kuppens

Als wir[1] uns für ein erstes Vorbereitungstreffen in Luxemburg im Laufe des Jahres 1999 getroffen haben, waren wir weit von der Idee entfernt, dass 10 Jahre später unsere Arbeiten zu eLearning führen würden. Heute scheint uns dies ganz selbstverständlich, denn die Themen, die wir arbeiten wollten, schließen natürlich in sich die Grundlagen des eLearnings ein.

2.1 Der Tag…

Unser erstes Bestreben war es, das „vergessene" Erbe der europäischen (und amerikanischen) Reformpädagogik[2] wieder zu finden. Diese Pädagogik war für uns voller Interesse, denn sie stellte die Frage nach der Freiheit in der Erziehung als Entwicklungsgrundlage. Wir wollten dieses Erbe einer kritischen Überprüfung im Zusammenhang mit der Fachsprache unserer Zeit unterziehen, dieses in die heutige Beweisführung (Argumentation) und Terminologie versetzen, um es in die Diskussion über Schulentwicklung hinein zu bringen. Wir dachten in der Tat, dass Erbe und Reform nicht in Widerspruch zu verstehen waren, sondern eher als Ergänzung.

Die im Laufe des ersten Drittels des XX Jahrhunderts durch die Reformpädagogik entwickelten pädagogischen Konzepte, die wir auch teilweise in unseren professionellen Praktiken mit Erfolg erprobt hatten, zeigten sich als einflussreiche Hebel für die Schulentwicklung, sowohl

---

[1] EICHELBERGER, Harald, Professor für Erziehungswissenschaft und Unterrichtswissenschaften der Pädagogischen Akademie des Bundes in WIEN (A); HUNGS, Edgar, Lehrer und Leiter der Europäischen Agentur in EUPEN (B); KUPPENS, Georges, Schulinspektor in EUPEN (B); SCARPAPETI, Volker, Professor für Erziehungswissenschaften der Pädagogischen Akademie der Diözese in GRAZ (A).

[2] Die Reformpädagogik ist eine eigenständige Periode der Pädagogik zwischen dem Ende des XIX Jahrhunderts bis ungefähr 1938, verbunden mit de Namen grosser Pädagoginnen und Pädagogen, wie z.B. Ovide Decroly (B), Adolphe Ferrière (CH), Paul Geheeb (D), Celestin Freinet (F), Maria Montessori (I), Peter Petersen (D), Paul Oestreich (D), Helen Parkhurst (USA), John Dewey (USA), Alexander Neill (GB), Rudolf Steiner (A), Otto Glöckel (A), um nur einige zu nennen.

auf pädagogischer als auch auf didaktischer Ebene. Der Einwand, dass diese Konzepte nicht neu waren und dass es sich bei deren Einführung höchstens um eine Renaissance reformpädagogischer Richtung handeln würde, galt dann nicht, wenn Reformpädagogik als Grundlage einer aktuellen Schulentwicklung aufgefasst wird.

2.2   …an dem ReformpädagogInnen…

Das Projekt EUFORM konnte beginnen.[3] Das Exposé lautete:

„Das Projekt „EUFORM – Europäische Fortbildungsmodell – Reformpädagogik – Aktuelle Schulentwicklung auf Reformpädagogischer Basis" beabsichtigt reformpädagogische Ansätze für die Schulentwicklung nutzbar zu machen. Es sollen für die Aus- und Weiterbildung von Lehrern und Lehramtsstudenten Kursmaterialien erarbeitet werden, die reformpädagogische Ansätze in der Schulentwicklung dokumentieren. Sie sollen dazu beitragen, die Schulentwicklung nach den Prinzipien der Reformpädagogik zu verwirklichen. Die Prinzipien der Selbsttätigkeit und der Eigenverantwortung stehen also im Vordergrund. Daraus ergeben sich die Methoden des aktiven und autonomen Lernens. Die Aktivitäten sind verschiedene Arbeitstreffen, während derer multimediale Lehr- und Arbeitsmittel (Handbuch, CD-Rom, Video, Film) erstellt werden."[4]

Wenn auch alle Partner von der Bedeutung des Themas, von den verfolgten Ziele, von der Arbeitsstrategie, vom Einsatz überzeugt waren, das Begriffsvermögen und die Annährungsmodalitäten an das Thema erwiesen sich sehr unterschiedlich. Die Sprache, die Ideen, die Konzepte, die Erfahrungen und die Schwerpunkte der verschiedenen Partner trafen sich nur in Schnittpunkten. Intensives Zuhören, Vertrauen, Empathie und Echtheit innerhalb der Partnergruppe haben den Dialog und die Debatte ermöglicht, um wichtige Entscheidungen zu treffen. Die erste ist die Schaffung eines gemeinsamen Kernes, eines organisierten Inhaltes: jeder Partner verpflichtete sich einen Leitartikel, der die Thematik der Reformpädagogik in Zusammenhang mit der Schulentwicklung betrachten würde, zu schreiben.

Folgende Themen wurden bearbeitet:

- Die Bedeutung der Reformpädagogik heute;
- Reformpädagogik und Schulentwicklung;
- Reformpädagogik und Konstruktivismus;
- Reformpädagogik und Werteerziehung heute;
- Reformpädagogik und Unterrichtsöffnung;

---

[3]   Projektkoordination: Ministerium der Deutschsprachigen Gemeinschaft – Belgien. Teilnehmende Institutionen: Pädagogisches Institut für die deutsche Sprachgruppe BOZEN (I). Pädagogische Akademie des Diözese GRAZ (A). Institut Supérieur Enseignement et Recherche Pédagogique LUXEMBOURG (L). Universität GYÖR (H). Pädagogische Akademie des Bundes BADEN (A). Institut Pédagogique La Garde – AVRILLE (F). Pädagogische Akademie des Bundes WIEN (A). Stadtschulrat BOZEN (I).

[4]   SOCRATES Projects Database 1998

- Reformpädagogik und Projektunterricht;
- Reformpädagogik und Evaluation der Schüler;
- Reformpädagogik und Fremdsprachenunterricht;
- Reformpädagogik und Begabungsförderung;
- Reformpädagogik und Integration;
- Reformpädagogik und Schulautonomie;
- Reformpädagogik und Schularchitektur.

Nach einem Jahre verfügten wir über ein erstes Produkt, das in Form von zwölf Unterrichts-modulen erstellt wurde. Jedes Modul hatte eine oder mehrere Wesenzüge der Reformpäda-gogik erfasst und situierte diese in der heutigen Schulentwicklungsperspektive. Eine interne Evaluation unseres Produktes mündete in einer großen Unzufriedenheit aller Partner. Selbst wenn die Inhalte uns als gut und mit Ernst bearbeitet erschienen, waren die Form sowie der Gebrauch der Module für den Unterricht in komplettem Widerspruch mit einem der wich-tigsten Grundprinzipien der Reformpädagogik: dem Prinzip des autonomen Lernens.

„Im reformpädagogischen Verständnis ist Autonomie sowohl ein vorrangiges Erziehungsziel als auch ein wesentliches Kriterium aller bedeutungsvollen Lernprozesse. Den Lernenden in ihren Lernprozessen Autonomie zuzumuten bedeutet, ihnen Verantwortung zu übergeben, ihnen zu vertrauen, aber auch ihnen Hilfe zu geben, wo sie diese benötigen."[5]

Wo doch die Reformpädagogik bemüht ist, die Referenz zum Leben, die Freiheit, die auto-nome Arbeit, die Kooperation und die Verantwortung des Lernenden zu verfolgen, lieferten wir Aufsätze, die für einen linearen, frontalen, kollektiven und passiven Unterricht eher ge-eignet waren. Ebenso stellten sich die Fragen, welche Gestaltung die Unterrichtsinhalte an-nehmen sollten, welches „Medium" wir verwenden sollten, so dass unser Vorschlag mit den Prinzipien der Reformpädagogik übereinstimme. Mit anderen Worten auf dem Hintergrund neuer reformpädagogischer Überlegungen: wie könnten wir unsere Produktion so entwi-ckeln, dass sie sich nicht mehr am Leitbild des allgegenwärtigen Lehrers orientiert, sondern weite Bereiche der Lernsituation in die Verantwortung des Lernenden überführt?

2.3   …mobil wurden…

In dem Augenblick, in dem sich solche Fragen stellen, ist die Verschiedenartigkeit der pro-fessionellen Profile (Professoren, Lehrer, Fachlehrer, Forscher, Schulverwalter, Didaktiker, Informatiker-Theoretiker oder Praktiker) innerhalb einer Arbeitsgruppe hoch zu schätzen. Diese Heterogenität hat sich als produktiv und kreativ erwiesen.

Die neuen Überlegungen in dieser Hinsicht sind pädagogischer Art gewesen und wir hielten es für unbedingt notwendig, dass die Lernumgebung und die Didaktik, die wir schaffen woll-ten, die wesentlichen Prinzipien der Reformpädagogik widerspiegeln mussten. Also:

---

[5]   Eichelberger, Harald & Wilhelm, Marianne: Reformpädagogik als Motor für Schulentwicklung. Innsbruck 2003. Studien Verlag.

- Bildung nach „innerem" Bauplan (selbst organisiertes Lernen) erlauben;
- Mensch als mündiges und lernfähiges Wessen, der Verantwortung übernehmen kann, verstehen;
- gezielte Lernsituationen schaffen;
- handlungs- und erfahrungsorientiert sein;
- Gestaltungsfreiheit zugestehen;
- Stärken des Lernenden berücksichtigen;
- für offenen, planmäßigen Unterricht stehen;
- Entwicklungsbedürfnisse berücksichtigen;
- Selbststeuerung und Selbstentwicklung zum Ziel haben;
- Kongruenz von Inhalte und Methode suchen;
- entdeckendes Lernen fördern;
- kritische Selbstevaluation fördern;
- Kooperation fördern;
- Projektarbeit zulassen.

Anders gesagt: angesichts der technischen und sozialen Veränderungen stellte sich die Frage, was die Reformpädagogik sinnvoll zum rasanten Wandel einer „neuen Lernkultur" beitragen konnte.

2.4   …und ins Netz gingen…

Auch wenn alle Arbeitspartner diese Prinzipien für richtig befanden und diese „einverleibt" hatten, waren die Kompetenzen auf Ebene der Information- und Kommunikationsmedienwelt doch sehr verschieden. Die Kompetenzunterschiede waren unheimlich groß: die einen hatten elementare, aber ungenügende Kenntnisse, andere konnten einige spezifische Ziele verfolgen, andere hatten schon ein hohes Kompetenzniveau erreicht, das ihnen erlaubte elektronische Medien zu gestalten oder zu bewerten. Kurz gefasst, viele mussten sich mit der Thematik der elektronischen Lernmedien befassen: Computertechnologie, virtuelle Mediotheken, Kommunikationsprozesse, Tele-Lernen, systemische Mobilität, Netzwerke, Mediendidaktik.

Eine „interne Weiterbildung" fand also statt. Gleichzeitig wurden die verfassten Lernmodule auf eine Lernplattform (Infothek, Diskussionsforum, Galerie und site-map) für die Durchführung von eLearning unter den Titel „Von der Reformpädagogik, zur innovativen Schule, ein möglicher Weg der Unterrichts und Schulentwicklung" installiert.[6] Dafür mussten die Module in mühsamer Arbeit in „Drehbücher" umgeschrieben werden.

Die Infothek enthielt die Lernmodule mit zahlreichen „links" zwischen den verschiedenen Kapiteln und Texte und wies auf getrennte Lernwerkzeuge (Video-Filme, CD-Roms) hin.

---

[6]   Eichelberger, Harald & Wilhelm, Marianne: Reformpädagogik als Motor für Schulentwicklung. Innsbruck 2003. Studien Verlag.

Das Diskussionsforum war für alle „Besucher", die Informationen eingeholt hatten und die Fragen, Ideen, Meinungen ausdrücken wollten, geöffnet. Die Autoren konnten auch gefragt werden.

Die Galerie konnte mit einem Passwort erreicht werden. Dieses „Fenster" ermöglichte neue Beiträge, die eventuell, nach Prüfung zur Infothek gehören konnten.

Die „Site-map" bietet eine gegliederte Synthese der Lernmodule, die die interne Logik unseres Vorhabens ans Licht bringen sollte. Eine Arbeitsumgebung also, die dazu diente, Lehrerinnen und Lehrer des Kindergartens, der Primarschule und der Sekundarschule sowie Student/innen der Erziehungswissenschaften und der Lehrerausbildung zu gemeinsamen Lernprozessen im kulturellen Austausch zu bringen. Sechshundert Dokumente, Dateien zum Herunterladen und einige Videosequenzen standen (und stehen noch) zur Verfügung.[7]

Diese Lernplattform wurde am Ende des Projektes, während einer offiziellen Veranstaltung in Belgien[8] vorgestellt. An dieser Kundgebung nahmen der Unterrichtsminister, Verwaltungsbehörden, Hochschullehrer, Grundschullehrer und Sekundarschullehrer teil. Die Aufnahme unserer Produktion hatte sich als wahr und viel versprechend erwiesen. Aber...

Eine neue interne Evaluation der Lernumgebung in Zusammenhang mit den oben erwähnten Wesenzügen der Reformpädagogik, zeigte jedoch, dass wir nicht zufrieden sein konnten:

Einerseits waren die Texte der Infothek, wenn auch mit vielen internen und externen „links" verbunden, einer linearen und frontalen Unterrichtslogik angepasst. Das didaktische Design (Planung und Gestaltung des Bildungsservers) reduzierte das didaktische Handeln auf eine lineare Technik der Instruktion, was wir vermeiden wollten. Das Forum erlaubte nur eine Kommunikation mit einem Moderator und nicht zwischen den Lernenden; die Galerie erschien als eine passive Informationsstelle.

Andererseits fehlten wichtige Qualitätskriterien: keine Orientierung am Vorwissen der Zielgruppe; keine angemessenen sequenzierten Lernpfade, keine(oder zu wenig) Berücksichtigung von Fall gebundenem Wissen.

Außerdem konnten wir beobachten, dass die Verwendung des Bildungsservers (Infothek und Forum) durch die interessierten Lehrer nur am Anfang der Lernphasen ziemlich hoch gewesen ist. Sehr schnell aber entstand eine Art Lernmüdigkeit. Nach einem Jahr war der Besuch des Servers nur noch episodisch.

Um den Besuch des Bildungsservers zu vermehren, um die Qualität der Informationsquelle zu erhöhen, um die Interaktionen zwischen Lernern und Medien zu fördern, um eine konstruktive Lernumgebung zu gestalten, um einen kreativen sozialen Lernkontext zu schaffen, stellten sich dann wichtige Fragen an uns:

*   Wie unterscheidet sich eine dezidiert geschaffene Lernumgebung von alltäglichen Informationsquellen?

---

[7]   Bildungsserver blikk (http://www.schule.suedtirol.it/blikk/angebote/reformpaedagogik/infothek.htm)

[8]   Burg-Reuland (Dreiländereck Luxemburg-Deutschland-Belgien); Juni 2001

- Welche Anforderungen werden aus Sicht der gestaltungsorientierten Mediendidaktik an ein Medium gestellt?
- Welche Konzepte liegen zur Erfüllung dieser Ansprüche vor?

Eine neue Herausforderung stellte sich für uns.

2.5   …und weiter ins Netz gingen…

Wir entschieden also die Arbeitsgruppe EUFORM zu erweitern, indem wir neue Partner, die in der didaktischen Forschung des eLearnings spezialisiert waren und die, wie wir, auch die Reformpädagogik als pädagogische tragende Kraft betrachteten, für die Fortsetzung unserer Arbeit einluden.

Ein neues Projekt wurde vorbereitet und der Europäischen Kommission vorgelegt. Das Expose lautete: „Das Projekt EISWEB (Europäische-innovative Schulentwicklung im World Wide Web) verfolgt zwei Ziele. Das Ziel ist die Entwicklung einer Mathetik (Lehre des Lernens) des eLearnings auf der Grundlage der reformpädagogischen Modelle und neurophysiologischer Grundlagen des Lernens. Das Projekt fokussiert in kritischer Absetzung zum klassischen Didaktikbegriff (Lehre vom Lehren) den Bereich des aktiven, selbst organisierten Lernens mit Hilfe neuester Medien (user based eLearning). Adaptierung der Materialien aus EUFORM (Lern- und Arbeitsumgebung auf dem Bildungsserver blikk), EUROMOBIL (Europäische Handbücher Reformpädagogische Seminardidaktik/Schulentwicklung und TRADE (Curriculum Bildungsmanagement und Schulentwicklung) für eLearning auf der Grundlage der Mathetik. Das Projekt zeichnet sich dadurch aus, dass es eine Parallelität der Entwicklung und der Erprobung einer Mathetik des eLearning beinhaltet; der Projekt begleitende Kurs wird als innovatives Beispiel eines eLearningseminars im europäischen Verbund dokumentiert. Prozess- und Produktdokumentation auf CD-Rom und im Internet, Publikation der Mathetik des eLearnings in Büchern, auf Websites, und CD-Rom, am nationalen Bildungsserver und in Disseminationsseminaren".[9]

Eine neue Arbeitsgruppe[10], gebildet aus Partnern der EU-Projekte EUFORM, EUROMOBIL, TRADE wurde also ins Leben gerufen mit dem Ziele ein Mathetik-Modell vor dem Hintergrund neuer reformpädagogischer Überlegungen, gestützt durch konstruktivistische sowie neurophysiologische Erkenntnisse zu entwickeln, das sich nicht mehr am Leitbild des allgegenwärtigen Lehrer orientiert, sondern weite Bereiche der Lernsituation in der Verant-

---

[9]   SOCRATES Projects Database 2004

[10]   Projektkoordination: Ministerium der Deutschsprachigen Gemeinschaft – Belgien. Projektpartner: Pädagogische Akademie des Bundes – GRAZ (AT). Masarykova Universität – BRNO (CZ). Universität zu Köln (D). Universität zu Osnabrück (D). Westungarische Universität GYÖR (H). Pädagogisches Forschungsinstitut – BOZEN (IT). Pädagogische Akademie des Bundes – BADEN (AT). Pädagogische Akademie des Bundes – WIEN (AT). Pädagogische Akademie des Diözese GRAZ (AT). Latvijas Universität RIGA (LV). Hogeschool E Stein – Hengeloo (NL).

wortung der Lernenden überführt. Mathetik ist also „die Klärung des im Unterricht stattfindenden Lerngeschehens und zwar aus der Sicht des Schülers."[11]

Die unterschiedlichen Erfahrungen der Partner in EU-Projekten haben sehr schnell eine konstruktive Zusammenarbeit erlaubt. Arbeitsschwerpunkte wurden festgelegt und sofort bearbeitet.

2.5.1   Es gibt keinen Unterricht ohne Inhalt!

Die Lernmodule wurden für die Lernplattform SCHOLION[12] bearbeitet und zu mathetischen eLearning-Modulen umgeschrieben. Die eLearning –Module wurden unter dem Aspekt der selbständigen Unterrichtsentwicklung auf einer didaktisch-konstruktivistischen Lernplattform (Scholion) bearbeitet und standen allen Eisweb-Partnern in ihren Institutionen für eLearning auf Anfrage zur Verfügung. Gastzugänge waren frei verfügbar. Dazu ist wichtig hinzuweisen, dass die didaktische Gestaltung der Lernmodule nicht auf eine Technik der Instruktion zu reduzieren ist, sondern alle Strukturen medial gestützter Lehr/Lernprozesse aufweist. Handeln in diesem Sinne ist kein linear anwendbarer Algorithmus, sondern muss als intuitive, kreative Aufgabe gesehen werden, deren Ziel eine optimale Interaktion der Lernenden mit einem Medium ist.

Fünfundzwanzig Module wurden auf der Lernplattform Scholion zur Verfügung gestellt:

Zu den elf Module die im Laufe des Projektes EUFORM bearbeitet worden wurden, sind vierzehn neue Lernmodule hinzugekommen. EU-Seminare für Grundschullehrer und -direktoren mit dem Ziel der konkreten Erprobung eines durch eLearning gestützten Lehrgangs wurden organisiert. Das selbständige Studium in Kleingruppen unter Verwendung der Module auf der Lernplattform Scholion wurde gefördert.

2.5.2   Es gibt keinen Unterricht ohne Lernumgebung!

Warum Scholion?

- Scholion ist eine Lehr- und Lernplattform, die nach didaktischen Kriterien aufgebaut ist;
- Scholion ist eine Lehr- und Lernplattform, die selbst bestimmtes und individuelles Lernen ermöglicht;
- Scholion ermöglicht und fördert kommunikatives Lernen;
- Scholion ermöglicht die Konstruktion eigenen Wissens und eigener Texte in der Diskussion mit den mitstudierenden Gruppenmitgliedern;
- Scholion ist selbst ein lernendes System, an das immer neue außergewöhnliche Anforderungen gestellt werden.
- Also, heute, ein Exemplum für eLearning.

---

[11]   Chott, P: Die Entwicklung des Mathetik-Begriffs und seine Bedeutung für den Unterricht. In Pädagogisches Forum, 4, 1998.

[12]   SCHOLION: Gastzugang auf „www.blikk.it"

Ein europäischer Lehrgang für Lehrer (33 Teilnehmerinnen und Teilnehmer) mit drei On-line-Phasen und vier Präsenzphasen fand als Folge statt. Hier hat es sich gezeigt, dass im Bereich der Mediendidaktik letztlich auch eine präzise und erschöpfende Planung der Inter-aktionsmuster von Lernen und Medien notwendig ist. Dies ist dadurch bedingt, dass – im Gegensatz zu personalem Unterricht – die Möglichkeiten zur Interaktion bei mediengestütz-tem Lernen durch die Gestaltung des Mediums definiert sind; und damit einhergehend auch die Qualität der Interaktionen. Aus diesem Grund haben wir bei der Gestaltung der Lern-module auf der Lernplattform Scholion, Information und Darstellung systematisch überlegt.

2.5.3   Es gibt kein Unterricht ohne Lerntheorie!

Entwicklung einer Mathetik

Durch das Fortschreiten der Computertechnologie haben sich auch entscheidende neue In-formationsquellen in der alltäglichen Lebenswelt (z.B. Internet) aufgetan. Medial vermittelte Lern- und Erfahrungswelten nehmen dadurch mehr denn je Einfluss auf alltägliches, aber auch schulisches Lernen und sind namentlich in folgenden Bereichen bedeutsam: Autodidak-tisches Lernen (z.B. die vorläufige Klärung eines Begriffs bei Wikipedia), Lernen in Selbst-lernzentren (z.B. virtuelle und reale Mediotheken), Lernen in einem koordinierten Medien-verbund (z.B. Selbststudium und Lerngruppen) und auch konventionelles Fernlernen mit web-basierten Lernmaterialien und Kommunikationsprozessen. Die Frage einer angepassten Unterrichtstheorie stellte sich also auf dieser Lernebene. Neben einer bereits bestehenden Didaktik des eLearning gilt es eine Mathetik (Lehre vom Lernen) des eLearning zu entwi-ckeln.

Wir wollten „das im Unterricht stattfindenden Lerngeschehen klären und zwar aus der Sicht des Schülers" und „ein Mathetik-Modell, das sich nicht mehr als Leitbild des allgegenwärti-gen Lehrers orientiert, sondern weite Bereiche der Lernsituation in der Verantwortung der Lernenden überführt" darstellen.[13] Die durch den oben erwähnten durch eLearning gestützten Lehrgang (EU-Seminar/Online-Phasen/Präsenzphasen) erworbenen Erfahrungen konnten im Anschluss in unser theoretisches Mathetik-Modell integriert werden.

Drei Arbeitsfelder also, die während der drei Jahre, eng zusammen bearbeitet wurden:

*   die Gestaltung der Lerninhalte auf Scholion,
*   die Erprobungen eines europäischen Lehrgangs mit drei Online-Phasen und vier Präsenz-phasen und
*   theoretische Recherchen über Reformpädagogik und Neurodidaktik (sowie die ständige Evaluation der Lernprozesse) haben zu der Entwicklung einer Mathetik beigetragen, einer Mathetik als pädagogische Orientierung für das Lernen mit digitalen Medien und Internet, einer Mathetik des eLearning.

---

[13]   Kohlberg, W. D; Unseld, Th.: Mathetik-Mathetics-Mathétique. Projekt EISWEB 2008.

Die Präsentation der Ergebnisse des Projektes EISWEB fand in Ungarn (Universität Győr) statt.[14] Studenten, Lehrer, Professoren, Forscher und Rektoren aus Europa sowie ein Vertreter der europäischen Kommission haben an dieser öffentlichen Veranstaltung teilgenommen.

Die EIS-WEB Partner stellten die wichtigsten Ergebnisse vor:

- Die Lernmodule;
- Die Struktur der Lernplattform;
- Das Handbuch zur Mathetik des eLearning.

Sie stellten diese Ergebnisse unter dem Blickwinkel einer Schulentwicklung als reformpädagogisches Konzept dar. Hiermit haben wir zur Unterrichtsentwicklung via eLearning in Europa einen bescheidenen Beitrag geliefert.

2.6 SYNEUPEDIA

Die EU-Projekte EUFORM, EUROMOBIL, TRADE, EISWEB und deren Ergebnisse zur Lehrerinnen- und Lehrerweiterbildung in Europa haben Weiterbildungsmöglichkeiten via eLearning ermöglicht. Die Zeit war gekommen diese Ergebnisse weiter zu entwickeln aber auch zu verbreiten. Auch haben einige Eisweb Partner aus Europa (Belgien, Niederlanden, Deutschland, Österreich und Italien) entschieden eine „Vereinigung ohne Gewinnzielabsicht" zu gründen zur Förderung von pädagogischen Initiativen, Projekten und zur Verbreitung von Publikationen innerhalb der Europäischen Union SYNEUPEDIA.[15]

Hier sollten weiter Reformpädagoginnen und Reformpädagogen Wege des selbständiges und selbst bestimmten Lernens im eLearning entwerfen und prüfen, ob die auf der Lernplattform (Scholion) nach reformpädagogisch-konstruktivistischen Aspekten aufgebaute Lernumgebung Eisweb mit Erfolg funktionieren kann.

Darüber hinaus sind auch andere deutlich grundlegendere Impulse denkbar: Reformpädagogik ist wesentlich in einem humanistischen Menschenbild und emanzipativen Bildungsbegriff begründet währenddessen eLearning eine solche bildungsphilosophische Grundlage noch weitgehend fehlt. Ein offenes Reflexions- und Forschungsfeld also … um die „systemische Mobilität"[16] zu fördern.

---

[14] Westungarische Universität GYŐR – 14.04.2007.

[15] SYNEUPEDIA: Synergie-Europa-Pädagogik.

[16] Die „Systemische Mobilität" ist die selbst organisierte Mobilität des lehrenden und lernenden Individuums in vernetzten Bildungssystemen/-institutionen sowie die selbst organisierte Mobilität des Bildungssystems und dessen Institutionen (Weißbuch „Lehren und Lernen" der EU Kommission – 1995).

3 Unterrichtsentwicklung in mathetisch begründeten eLearning-Umgebungen

Christian Stary

In diesem Kapitel sollen jene Konzepte und methodisch-technischen Hilfsmittel diskutiert werden, welche zukünftig die Gestaltung von Lern- und Vermittlungsumgebungen unter Berücksichtigung von Lernkontexten sowie technischer Hilfsmittel prägen werden. Eine wesentliche Rolle spielen dabei unterschiedliche Strukturbildungen:

- So stellt der fachlich relevante Inhalt einen wesentlichen Bezugspunkt im Rahmen der Gestaltung interaktiver Lernumgebungen dar. Unter interaktiven Lernumgebungen wollen wir jene sozio-technischen Systeme verstehen, in denen computergestützte Lernsysteme, beispielsweise zur Weiterbildung von Lehrkräften, zum Einsatz gelangen.
- Zumindest gleichbedeutend zum fachlich relevanten Inhalt ist der Prozess der Erkenntnisgewinnung seitens der Lernenden. Damit rücken nicht nur Aspekte des Lernens, sondern auch der Intervention durch LernbegleiterInnen und peers (Mitglieder der gleichen Lerngruppe, MitschülerInnen, KomilitonInnen etc.) in den Mittelpunkt der Betrachtung.

Beiden Gestaltungsschwerpunkten wird in der Folge unter dem Aspekt mathetisch geleiteter Erkenntnisgewinnung das Augenmerk geschenkt. Die Nutzung von eLearning-Systemen ist den Grundsätzen der Mathetik entsprechend durch eigenverantwortliches Lernmanagement (vgl. Brunstein et al., 2001; Konrad et al., 1999) in einer vorbereiteten Umgebung geprägt. Die Vermittlungsleistung besteht folglich in der Vorbereitung von Strukturen, die den selbsttätigen Umgang mit Inhalt fördern und das eigenverantwortliche Erreichen von Bildungszielen bei der Gestaltung von Arbeitsaufgaben explizit ansprechen. Unterricht, der auf dieser Basis konzipiert und gestaltet wird, versteht sich als individualisierte Begleitung von Lernprozessen, die neben dem Wissenserwerb dem Aufbau bzw. der Förderung von Bildungsmündigkeit dient.

Die praktischen Beispiele in diesem Abschnitt stammen aus einem Angebot, welches zur mathetisch geleiteten Vermittlung von Wissensmanagement-Konzeptionen und –Methoden entwickelt und in einem Lehrgang des Pädagogischen Instituts auf Basis der Plattform Scholion eingesetzt wurde (siehe auch www.blikk.it).

3.1   Am Anfang steht das Fach?

Das am Ende dieser Überschrift gesetzte Fragezeichen deutet bereits an, dass wir in diesem Abschnitt nicht mit einer traditionellen fachdidaktischen Betrachtung von vermittlungsrelevantem Inhalt beginnen wollen, sondern vielmehr mit dem Umgang mit fachlich relevanter Information seitens der GestalterInnen von Unterricht und BegleiterInnen von Lernprozessen. Mit ihnen reflektieren wir mögliche Zugänge zu Materialen und Medien, die Lernprozesse insbesondere beim Einsatz Neuer Medien unterstützen. Wir werden also zunächst Themenfelder identifizieren, die nach unserer Erfahrung für die Gestaltung mathetischer eLearning-Umgebungen relevant sind.

Danach widmen wir uns der Betrachtung, in welcher Form lernrelevanter Inhalt im Rahmen von eLearning-gestützter Vermittlungs- und Lernprozessen aufbereitet und vermittelt werden kann. Damit schaffen wir die Grundlage für den Erwerb von Wissen und Vermittlungstätigkeiten, die im Zuge mathetisch-begründeter Lernbegleitung gesetzt werden (können).

3.1.1   Welche Fragen sind zu stellen?

Die in der Folge angesprochenen Fragestellungen stammen aus der Methodenentwicklung, welche im Rahmen des Scholion-Projekts erfolgt (vgl. Auinger et al., 2005; Eichelberger et al., 2008). Sie zielt auf die Explizierung von didaktischen Konzepten unter Berücksichtigung verschriftlichter Information (Unterlagen, Skripten etc.) und dem Umgang mit fachlichem Inhalt in der Verantwortung von LernbegleiterInnen bei der Ermöglichung und Unterstützung von Wissenserwerb ab.

Im Rahmen des Methodeneinsatzes wird zunächst das vorhandene und eingesetzte Material gesichtet. Danach werden im Rahmen von Interviews mit Lehrenden bzw. LernbegleiterInnen unterschiedliche Schwerpunkte bearbeitet: Organisation der Lern- und Vermittlungsprozesse, individuelle Positionierung, Kommunikation und Interaktion, sowie technische Unterstützung.

Organisation der Lern- und Vermittlungsprozesse
Inkludiert sind hier auch Lernendenprofile. Sie bilden gemeinsam mit den traditionellen Organisationsdaten (Ziel der Aus- bzw. Weiterbildung, Anzahl der Studierenden, Vorwissen, Homogenität der Gruppe, durchschnittliche Häufigkeit von Interaktionen etc.) den Kontext des Einsatzes von Materialien und Vermittlungstechniken. Von besonderem Interesse sind inhaltlich bzw. didaktisch sinnvoll abgrenzbare Teile, die aus der Sicht der LernbegleiterInnen in Lerneinheiten bzw. Modulen existieren oder zur Vermittelung herangezogen werden (können). Ein typisches Beispiel ist die Zweiteilung eines Fachs in „Grundlagen" und „methodische Vertiefung".

Die LernbegleiterInnen werden aufgefordert, den Inhalt, den ein Fach und damit seine Vermittlung auszeichnen, zu beschreiben. Handelt es sich um standardisierten Inhalt, dann besitzen Inhaltselemente eine bereits festgelegte Bestimmung und lassen keine Varianten zu. Ein typisches Beispiel hierfür sind Regeln, welche im Rahmen einer Methode angewandt werden müssen. Bei Inhalt mit standardisierten Varianten können unterschiedliche Ausprägungen von Elementen angeboten werden, die allerdings festgelegt sind. In der Mathematik sind dies beispielsweise Lösungsverfahren von Gleichungssystemen. Liegt ein anpassbarer Inhalt vor, dann können Inhaltselemente entsprechend den jeweiligen Vorstellungen von Lehrenden bzw. Studierenden adaptiert werden. Bei problemorientiertem Zugang zu einem Fach betrifft dies beispielsweise die Methodenwahl zur Aufgabenbewältigung.

Schließlich steht die Einschätzung der LernbegleiterInnen bezüglich der Wichtigkeit unterschiedlicher Merkmale für die Unterstützung des Wissenserwerbs bzw. der Vermittlungsleistungen im Vordergrund. Schätzen sie die Qualität des Inhalts als aktuell, gleichermaßen konzept- und handlungsvermittelnd, selbsterklärend und nahe der Lebenswelt der Lernenden bezüglich der Aufgabenstellungen ein, dann sind beste Voraussetzungen für mathetisch geleitetes eLearning gegeben. Wird jedoch nach der Parole „Möglichst viel Wissen in möglichst kurzer Zeit" gehandelt, werden kaum mathetische Grundsätze den Erwerb von Wissen und das unterstützende Vermittlungshandeln bestimmen. Einen wesentlichen Schwerpunkt nimmt auch die (vermittelte) Reflexionsfähigkeit bezüglich Handlungs- und/oder Konzeptwissen sowie die festgestellte Zufriedenheit der Lernenden ein. Danach kann der Innovationsgehalt angesprochen werden, insbesondere die Entwicklung neuer Inhaltselemente oder der Methoden betreffend.

Bei der Vermittlungsform wird nach Elementen zur Selbststeuerung für Lernende (vgl. Knowles, 1975; Greif et al., 1998) gefragt, wobei zwischen synchron begleiteter Vermittlung und moderierter Eigeninitiative der Lernenden unterschieden wird. Bei Fernunterricht wird ebenso wie beim Selbststudium eine hohe Eigeninitiative der Lernenden im Rahmen des Wissenserwerbs angenommen. Diese kann auch die Reflexion des Wissenserwerbs selbst umfassen (vgl. Ashour et al., 2005).

Sollen interaktive Medien gestaltet werden, ist eine Vermittlungssituation auch durch die Medienkompetenz der Lernbegleitung bzw. der Lernenden bestimmt. Eine geringe diesbezügliche Kompetenz auf beiden Seiten lässt bei der Einführung auch einfacher Mechanismen wie der Verknüpfung von Hypertexten, Nachholbedarf bei der Medienmündigkeit erwarten.

Individuelle Positionierung
Diese Themenstellungen sollen helfen, den individuellen Zugang der LernbegleiterInnen zur Wissensvermittlung zu erklären und zu verstehen. Typische Indikatoren für die Bestimmung von intensivem Engagement sind

- Hohe Betreuungsintensität,
- Ausgeprägte Grundsätze zur Unterstützung und Vermittlung (z.B. weniger ist mehr),
- Reflektierter Einsatz von Erwerbs- und Vermittlungstechnik(en) zur Förderung von Selbstregulierung und –tätigkeit,
- Teilnahme an unterschiedlichen Aktivitäten zur Lernunterstützung und -begleitung:
    - Vorbereitung, wie beispielsweise Inhaltselemente auswählen, Fachdidaktik reflektieren, Studierendenberatung,
    - Durchführung, wie beispielsweise Präsenzlehre, Feedback geben, Qualitätschecks,
    - Leistungsfeststellung,

- Evaluierung,
- Weiterentwicklung von Inhalt im Sinne der Erlernbarkeit,
- Weiterentwicklung von lernendenorientierten Unterstützungs- und Vermittlungsformen,
- Weiterentwicklung von (web-basierten) Werkzeugen.

Werden unterschiedliche Medien (Film, Buch, Podcasts etc.) eingesetzt, ist zu bestimmen, welche Strukturelemente des Inhalts mit welchen Methoden dargestellt werden bzw. Lern- und/oder Vermittlungsprozesse unterstützen, und zwar unter Angabe der Kodalität (Text, Bild, Audio, Video, Grafik) und des Inhaltselementtyps (Definition, Erklärung, Handlungsanleitung, Hintergrundinformation etc.). So kann beispielsweise eine textuelle Erklärung in einem Buch durch eine Fallstudie im Präsenzverlauf ergänzt werden. Für den Einsatz von Hypermedien spricht die Vernetzung von Inhaltselement in nicht linearer Form, da diese schließlich das individuelle Anordnen von Inhaltselementen erlaubt.

Kommunikation und Interaktion
Dieser Fragenteil dient der Erfassung der Art und Weise, ob, wann und wie LernbegleiterInnen kommunizieren, und zwar im Kontext der Unterstützung von Lernprozessen. Die Antworten lassen Rückschlüsse auf die bestehende soziale Interaktion bzw. auf die Offenheit zur Nutzung neuartiger Kommunikationsmöglichkeiten zu. Es wird vor allem die Art der aufgebauten Beziehungen zu Lernenden angesprochen.

Bestehende Erfahrungen mit blogs, wikis, Foren oder anderen Kommunikationsmittel können genutzt werden, um die Bandbreite an Interaktivität in virtuellen Räumen von eLearning-Umgebungen zu erhöhen, und so den Beschränkungen im Ausdruck, welcher mit elektronischen Medien im Vergleich zur Interaktion von Angesicht zu Angesicht verbunden sind, entgegen zu wirken.

Da Kommunikation und Interaktion bei individualisierter Betreuung ein zentrales Aktionsfeld darstellen, hinterfragen wir auch den Bedarf bzw. die Verfügbarkeit von kontextsensitiver Kommunikation und Interaktion. So können aus technischer Sicht bei einer Frage zu einem Inhaltselement betroffene Elemente für Fragende und Antwortende transparent gemacht, und so fokussiert miteinander an einer Aufgabenstellung gearbeitet werden (vgl. Kienle et al., 2002).

Technische Unterstützung
Dieser Fragenkomplex soll die Medienkompetenz und –erfordernisse zur Unterstützung von Lern- und Vermittlungsprozessen beleuchten. So stehen heute unterschiedliche technische Anwendungen zur Aufbereitung und Lernunterstützung zur Verfügung. Es sind dies Content-Management-Systeme, Bildungsportale, Messaging-Systeme ebenso wie das World-Wide-Web (Internet) mit den verfügbaren semantischen Möglichkeiten zur Suche und Beschlagwortung (Metadatenverwaltung).

Die LernbegleiterInnen werden auch befragt, wie ihrer Ansicht nach web-basierte Lehr- und Lernkonzepte effektiv eingesetzt werden können, etwa zum Anlegen von individuellen Profilen der Lernenden für ein personalisiertes Informationsangebot. Diese Information hilft den GestalterInnen von Lernumgebungen jenen personenbezogenen bzw. –beziehbaren Daten zu finden, welche die Grundlage für den individualisierten Zugang zu Inhalt darstellen. Weiters können Lernende auf ihre Interessen und Kompetenzen abgestimmte Lernvorschläge erhalten, sobald ihre Profile bekannt sind.

Sämtliche genannten Themenbereiche erlauben nicht nur die Erhebung struktureller Merkmale von fachlichem Inhalt, sondern auch des Zugangs zum Vermittlungs- bzw. Lernprozess inklusive kommunikationsrelevanter Aspekte. Eine standardisierte Auswertung der erhobenen Daten erweist sich als nicht Ziel führend, zumal sich nach unserer Erfahrung keine stereotypen Profile entwickeln lassen (vgl. Siebert, 2005). Auch lassen sich keine stereotypen Inhaltsschemata oder Kommunikationsmuster angeben, selbst bei Fächergleichheit. Die Themenstellungen sollen vielmehr nutzen, bestehende Handlungspraxen bei fachlich spezifischer Wissensvermittlung und Lernunterstützung bezüglich ihrer unterschiedlichen Aspekte (Organisation bis hin zu Technik) verstehen zu lernen und somit Gestaltungsoptionen für die Einrichtung von mathetisch begründbaren Lernumgebungen zu erschließen.

3.1.2 Was ist mathetisch relevanter Inhalt?

Wir konnten in unseren Erhebungen feststellen, dass neben dem eigentlichen Inhalt der Umgang mit Inhalt eine wesentliche Informationsquelle zur Gestaltung mathetisch begründbarer eLearning-Umgebungen darstellt (vgl. Ashour et al., 2005). Somit gibt es weitere Strukturelemente, die es zu erfassen, darzustellen und für das Erschließen von fachlichem Inhalt mit entsprechenden Navigationsmöglichkeiten vorzubereiten gilt.

Die Betrachtung des Umgangs mit Information im Rahmen von Lern- und Vermittlungsprozessen führen zu weiteren Strukturen, wie Lerneinheiten oder Lernobjekte (vgl. http://www.imsglobal.org). Mit ihrer Hilfe kann eine sowohl nach Lernunterstützung als auch nach den organisationalen Rahmenbedingungen strukturierte Sammlung an Fakten und Umgangsformen gestaltet werden. Sie enthält neben dem Regelhaften von Fächern auch Elemente für den individualisierten Zugang von Inhalt. Dieser Zugang zeichnet mathetisch orientiertes eLearning aus, da es vor allem die selbst-gesteuerte Explorierung von Inhalt und die selbsttätige Problemlösung bedeutet.

Basis jeder integrativen Strukturbildung obiger Art stellt eine Ontologie zur sachgerechten Erschließung von Inhalt dar. Eine Ontologie ist ein Netz von sprachlichen Begriffen und Ausdrücken (concepts), die miteinander in Beziehung stehen. Mit Hilfe der natürlichen Sprache können Begriffe, Ausdrücke und Beziehungen erfasst und in Form von Knoten- und Kantenelementen, welche die Knoten verbinden, angeordnet werden. Eine intuitive Form der Darstellung stellen hierfür concept maps dar. Diese „Landkarten" dienen nicht nur der begrifflichen Fassung eines Themas oder Faches, sondern auch der Abgrenzung desselben von anderen Themenstellungen. Schließlich können concept maps auch dazu genutzt werden, um den Wissensstand von Lernenden zu visualisieren (vgl. Brüning et al., 2007).

Das Bild zeigt eine concept map zum Thema Wissensmanagement. In diesem Beispiel enthalten die Knoten Methoden (z.B. Repertory Grids) und Denkrichtungen (z.B. Knowledge

Life Cycle), während die Kanten Assoziationen (z.B. 1.Generation visualisiert durch - - - - -) bzw. Zerlegungen (z.B. hat visualisiert durch -------) darstellen. Der Kontext eines Begriffs (Knoten) wird durch seine Beziehungen dargestellt. Die assoziative Kante 1. Generation weist so die 5. Disziplin als Denkrichtung der ersten Generation von Wissensmanagement-Ansätzen aus. Knoten können Beziehungen zu unterschiedlichen Knoten haben, wie die Zuordnung von Mind Mapping zu Erhebungs- und Darstellungsmethoden im Bild zeigt.

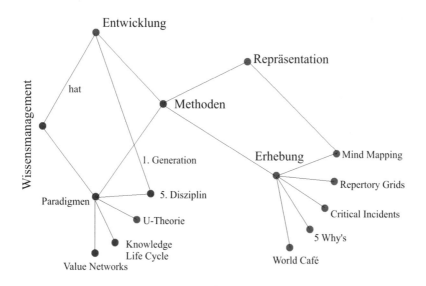

Abb. 3.1 – Ausschnitt einer Ontologie für das Fach Wissensmanagement (vgl. Dalkir, 2005)

Stellen Ontologieelemente Kategorien dar, wie sie beispielsweise durch Zerlegung entstehen, dann bezeichnen diese zumeist fachübergreifende Elemente, wie Motivation, Hintergrund-information, Erklärung, Definition, Methode, Beispiel, Fallstudie, Richtlinie, Zusammenfas-sung. Diese Elemente können zueinander in Beziehung gesetzt und in Form sogenannter Meta-Daten gespeichert werden. Strukturbeschreibungssprachen wie XML (Extensible Markup Language) helfen dabei. Mit Hilfe von Metadaten wird der Einsatz von Inhalt in unterschied-lichem Kontext möglich. Die fachübergreifenden Kategorien erleichtern die Wiederverwen-dung und das Auffinden von Information unabhängig von der Disziplin. Sie sind vor allem bei Themenstellungen, welche mehrere Fächer betreffen, von Bedeutung.

Auch zwischen Lerneinheiten können mehrfache Beziehungen bestehen. Sie können zum einen zu Modulen zusammengefasst, und zum anderen netzartig verknüpft sein. Diese Be-ziehungen sind auch für die konzeptionelle Berücksichtigung der Darstellungsform (Codali-tät) von Information bedeutsam. So kann beispielsweise ein Film den Gebrauch einer Me-thode illustrieren. Letzteres wird, wie in der Abbildung gezeigt, durch eine Beziehung darge-stellt (wird illustriert). Die Beziehungen sollten die Rolle eines fachlichen Elements im Sinne der Lernunterstützung ansprechen. Somit können LernbegleiterInnen schon bei der Vorbereitung der Umgebung relevante Zusammenhänge bestimmen. Diese sind in der Regel mehrdimensional.

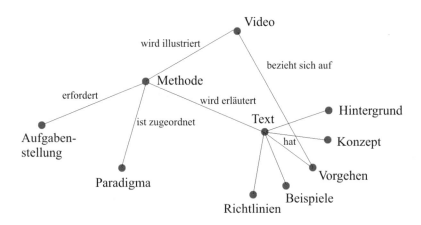

Abb. 3.2 – *Methode im Kontext*

Die abgebildete concept map zeigt zunächst den Zugang zur Methodenerschließung aus handlungsorientierter Sicht – siehe Ausschnitt „Aufgabenstellung erfordert Methode". Gleichzeitig wird ersichtlich, dass Methoden auch einer bestimmten Denkrichtung zugeordnet sind: „Methode ist zugeordnet Paradigma". Die Codalität rückt mit den Bezügen zu Video und Text in den Mittelpunkt der Gestaltung der Lern- bzw. Vermittlungsunterstützung. Der Text wird als Bezugspunkt durch die Beziehung erläutert bestimmt, während das Video zur Illustration dient: „Methode wird illustriert durch Video". Zur Erläuterung zählen jedenfalls der Hintergrund, das Konzept, eine Vorgehensbeschreibung, Beispiele sowie Richtlinien zur Anwendung der Methode. Durch die Beziehung bezieht sich auf wird verdeutlicht, dass im Video ein exemplarischer Einsatz im Sinne des korrekten Vorgehens gezeigt wird.

Sind diese, exemplarisch gezeigten Bezüge in Metadaten festgelegt, kann im Rahmen der Entwicklung von eLearning-Umgebungen und der Vorbereitung ihres Einsatzes geprüft werden, ob bestehende Lernmaterialien mathetische Elemente enthält (vgl. didaktische Ontologien, wie etwa Meder, 2000). Spätestens bei der Vorbereitung wird nach typisierten Inhaltselementen wie Content, Beispiel oder Orientierungsinformation, gesucht und nach situationsspezifischer Relevant selektiert. Nach dieser Sammlung von Elementen ist den Beziehungszusammenhängen Augenmerk zu schenken.

In der Gestaltungsphase werden mit der Strukturbildung des Inhalts auch eine oder mehrere Muster festgelegt, welche die Navigation durch den Inhalt bestimmen. Dies kann in linearer oder nichtlinearer Form erfolgen. So kann beispielsweise nach einer Definition ein Beispiel durchgerechnet oder die nächste Definition durchgegangen, oder parallel an zwei Fallstudien gearbeitet werden. Auch hier empfiehlt sich die Angabe bzw. der Aufbau einer semantischen Netzstruktur (siehe Abbildung) wobei die Knoten die Inhaltselemente bzw. deren Kategorien darstellen und die Beziehungen den inhaltlich-strukturellen Zusammenhang zwischen den Knoten widerspiegeln.

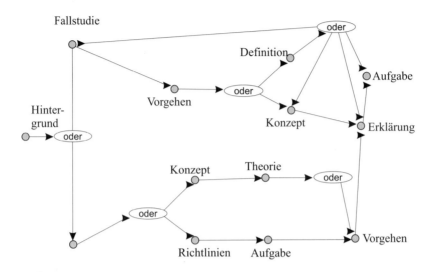

***Abb. 3.3** – Navigations- und Lernpfade*

Das Beispiel zeigt links 3 mögliche Einstiegspunkte in den Inhalt: Hintergrund-Information, Fallstudie oder Beispiel. Diese können unterschiedlich weiterverfolgt werden. So kann nach der Bearbeitung einer Fallstudie das zugehörige Vorgehensmodell mit anschließender theoretischer Hinterlegung oder weiterem Konzeptwissen mit Erklärungen studiert werden. Eine andere Option stellt die praxisgeleitete Theorie dar, wobei dem Beispiel Konzept- und Theorieteil folgen. Aus mathetischer Sicht ist somit dem „Oder" im Sinne frei zu wählender Handlungsoptionen besonders Rechnung zu tragen, da es zu gleichwertigen Alternativen zur Erreichung eines Bildungsziels führt, und trotzdem hohe Individualisierbarkeit sicherstellt. Die beiden Ausstiegspunkt aus den möglichen Szenarien sind entweder die interaktive Aufgabenbewältigung oder das Studium eines Vorgehensmodells. Die beiden Knoten sind im rechten Teil der Abbildung mit einem weiteren Kreis markiert.

3.2   Lern-Unterstützung

Die mathetisch begründbaren Informationselemente sind in eLearning-Umgebungen zu verwalten und interaktiv zugänglich zu gestalten. Dies umschließt inhaltsbezogene und kommunikative Elemente sowie deren Abstimmung entlang von Lernprozessen (vgl. Stary, 2006), die in der Folge beispielhaft vorgestellt wird.

3.2.1   Interaktionsgestaltung

Die fachlich relevanten Lerninhalte können in einer Plattform wie Scholion repräsentiert und manipuliert werden, wobei die Inhalte verschiedener Detaillierungsstufen aufeinander abgestimmt sind. Level of Detail 1 entspricht der Darstellung von Inhalt in der Granularität von Vortragsfolien. Level of Detail 2 jener von Volltext bzw. ausformulierter Hypermedien und Level of Detail 3 beinhaltet Zusatzinformation zu einem Inhaltselement in beliebiger Granularität.

Die Abbildung zeigt im linken Teil einen Navigationsbereich, der lebensgeschichtliche Kategorien von Information enthält. Neben fächerübergreifenden Elementen wir Hintergrundinformation kommen vor allem historisch relevante Inhaltselemente, wie beispielsweise Biographie zum Einsatz. Die Scholion-Instanz „Lebensgeschichten" wurde als selbstgesteuerte Lernumgebung für Mittelschulen konzipiert und soll auf Basis individueller Lebensabschnitte unmittelbar nach dem 2. Weltkrieg SchülerInnen die Lebenswirklichkeit vermitteln. Im Arbeitsbereich (hier auf Level of Detail 2) können die Lernenden Anmerkungen, Markierung sowie Verweise in anderen Inhalt und Kommunikationsmedien setzen. Diese werden in eigenen Sichten gespeichert, die über ein Menu verwaltet werden und individuell zugänglich sind – siehe aufgeklapptes Menu über dem Arbeitsbereich in der Abbildung.

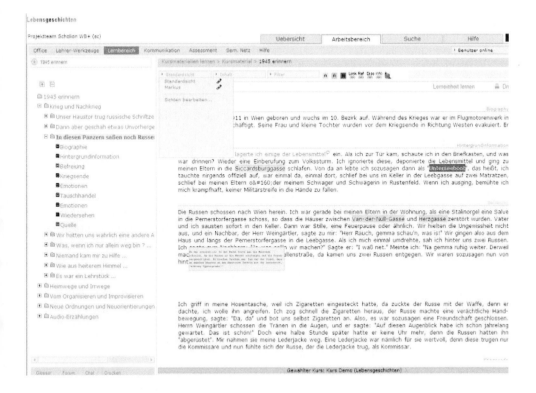

Abb. 3.4 *– Darstellung von invidualisiertem Content in Scholion zum Thema Lebensgeschichten*

In Scholion liegen folgende Features zur Individualisierung und Kooperation vor – sie sind im Balken über dem Arbeitsbereich in obiger Abbildung für Lernenden und LernbegleiterInnen zugänglich:

- Individualisierung von Inhalt: Die Individualisierung von Lernmaterialien erfolgt mithilfe des Annotationskonzepts und des Sichten(View)-Konzepts. Das Annotations-Konzept bedeutet in Scholion, dass die Lernmaterialien an das mentale Modell der Lernenden und ihre individuellen Verknüpfungen angepasst werden können. Dies kann mittels Markierungen oder Anmerkungen (Text, multimediale Elemente, unterschiedliche links) erfolgen. Alle genannten Markierungen oder Anmerkungen werden in benutzerInnenspezifischen Sichten (views) gespeichert. Die Individualisierung des Lernmaterials dient somit der Unterstützung aktiver Konstruktion von Wissen seitens der Lernenden.
- Individualisierung der Präsentation: Die Individualisierung betrifft auch die Benutzungsschnittstelle von Scholion. So kann die Browser-Oberfläche bezüglich Layout und Anordnung an spezifische Vorstellungen der NutzerInnen angepasst werden.
- Kommunikation (als Schlüsselmerkmal konstruktivistisch-orientierter Lernendenunterstützung) erfolgt in Scholion mit gängigen sowie erweiterten synchronen und asynchronen Kommunikationshilfsmitteln. Im Gegensatz zu herkömmlichen Plattformen können in Scholion sämtliche Kommunikationselemente mit Content-Elementen direkt verbunden werden.
- Die Verknüpfung von Content und Kommunikation betrifft unterschiedliche Elemente bzw. involviert unterschiedliche Funktionen:
  - Verbindung von Anmerkungen zu Inhalt mit Diskussionsbeiträgen im Diskussionsforum oder mit Chat-Logs
  - Verbindung von Beiträgen synchroner und asynchroner Kommunikationswerkzeuge (Diskussionsforum, textbasierter Chat, Infoboard oder e-mail) mit dem Inhalt.
  - Verknüpfungen von Beiträgen synchroner und asynchroner Kommunikationswerkzeuge mit Multimedia-Dateien, Bibliothekseinträgen, externen Quellen, Glossar-Einträgen oder Präsentationen.
  - Weitergabe von Sichten (views) mit Anmerkungen und links zu Contentteilen.
  - Einfügen von Inhaltselementen in Diskussionsbeiträge, e-mails oder Vernetzen von Wissenselementen mit Chat-Beiträgen.
- Kooperation wird in Scholion vornehmlich über das asynchrone Diskussionsforum sowie sämtliche synchrone Kommunikations-Features und Application-Sharing ermöglicht. Ersteres bietet sowohl Lehrenden als auch Lernenden die Möglichkeit, Beiträge unabhängig von anderen BenutzerInnen, von Zeit und Ort zu verfassen und diese elektronisch abzuschicken. Es werden allgemeine, themenspezifische, aber auch private Gruppendiskussionen angeboten. Lernende können dadurch ungestört in einer privaten Gruppendiskussion über ihre gemeinsame Projektarbeit oder Gruppenarbeit diskutieren und zusammenarbeiten. Das Diskussionsforum in Scholion erlaubt es BenutzerInnen auch, links, Dateien oder Bibliothekseinträge einzufügen. Auch links in Kursmaterialien oder das Einfügen von Wissensatomen aus dem Content-Pool, der Mediathek sind erlaubt. Die Diskussionen wurden in Scholion auf fünf Ebenen beschränkt, um den aus den Newsgroups bekannten endlosen Bäumen von Fragen und Antworten aus dem Weg zu gehen. Das Diskussionsforum kann beliebig viele Foren enthalten, die wiederum Diskussionen beinhalten, in denen Fragen, Antworten und Kommentare verfasst werden können.

3.2.2   Hinführung und Selbststeuerung

Die aktive Hinführung von Lernenden zur Selbststeuerung von Lernprozessen sowie zum reflektierten Umgang mit Material erfordert weitere Strukturmaßnahmen, die wir mit eigens adaptierten assignments realisiert haben. Sie orientieren sich am Pensenkonzept von Parkhurst (1924):

- eLearning-Pensum (Intelligibility Catcher) „Systemisches Denken"
- Fachgebiet: Wissensmanagement
- eLearning-Support-System: Scholion@PI.it
- Lehrgang: Reformpädagogik und Wissensmanagement
- Entwickelt für TeilnehmerInnen der online-Phase IV

Datum: 15.11.2008

Tab. 3.1 – assignment

1 – Hinführung	Denken in und von Zusammenhängen ergibt sich kaum durch lineares, im Detail vorstrukturiertes Tun. Es kann allerdings ebenso wie problemlösendes Handeln gelernt werden.
	Systemisches Denken stellt ein Denkkonzept dar, welches nicht nur aus struktureller Sicht, sondern auch aus Verhaltenssicht Zusammenhänge in den Mittelpunkt von Überlegungen stellt.
	Das Beachten von Feedbackschleifen erlaubt ausgleichendes Wirken, und zwar durch Erkennen von Verstärkungs- und Ausgleichsfaktoren in Vermittlungs- und Lernsituationen.
2 – Worum es geht	Systemisches Denken soll anhand der folgenden Fragestellung erschlossen und geübt werden:
	Welche Faktoren im Rahmen reformpädagogischer Bemühungen beeinflussen sich gegenläufig und erfordern daher Interventionen zu bestimmten Zeitpunkten?
	Sobald LernbegleiterInnen diese erkennen, können reformpädagogische Bemühungen verstärkend bzw. ausgleichend eingesetzt werden.
3 – Problemstellung und Aufgaben	Die Suche nach den Beeinflussungsfaktoren und deren Identifikation soll in zwei Stufen erfolgen. Sie erfordern eigene Überlegungen sowie das hierfür vorbereitete Material in Scholion.
	Die Bearbeitung umfasst sowohl strukturelles als auch verhaltensorientiertes Zusammenhangsdenken. Ersteres mündet in die Erstellung einer concept map, während letzteres zur Konstruktion eines Kausalkettendiagramms führt.
	Die erarbeiteten Inhalte werden dokumentiert und abschließend in der Gruppe zur Diskussion gestellt.
3(a) Dokumentation – die jeweilig zu nutzenden SCHO-LION-Funktionen sind *schräggestellt*.	Zunächst sucht sich jedes Gruppenmitglied eine/n LernpartnerIn für die erste Aufgabe.
	Jedes Lernpaar arbeitet in einem eigenen, gruppenspezifischen *Forumsbereich*.
	Jedes Gruppenmitglied erhält im *Forumsbereich* von seinem/r LernpartnerIn eine Liste von 4–6 Begriffen oder kurze Aussagen (z.B. ‚die Nebel lichten sich'), die mit einem ausgewählten reformpädagogischen Ansatz in direktem Zusammenhang stehen.
	Die beiden LernpartnerInnen sollten unterschiedliche reformpädagogische Ansätze vorgeben bzw. bearbeiten.
	Die Liste ist mit dem *markierten* Hauptbegriff aus dem Scholion-Inhaltsbereich verbunden. Zuerst ist also eine individuelle *Sicht* anzulegen, dann ist ein *Verweis*

	vom Inhalt zum Forumseintrag und umgekehrt zu setzen. Die Sicht ist schließlich zumindest dem/r LernpartnerIn frei zu schalten.
	Nun erstellt jede/r LernpartnerIn eine concept map auf Basis der vorgegebenen Einträge in der Liste - die 4–6 Begriffe stellen die Knoten dar, die Verbindungen sind selbst zu finden - und stellt diese in das *Forum*.
	Danach arbeitet jedes Gruppenmitglied für sich folgende Punkte aus:
	Studium der relevanten Einheiten zum Thema ,Systemisches Denken' in Scholion mittels *Auswahl* und Anzeige entsprechender Lerneinheiten
	Identifikation und *Markierung* von Kausalkettendiagrammen
	Suchen von Beispielen zu systemischem Denken oder Kausalketten aus dem Internet (z.B. mit Bildersuche nach Kausalkettendiagrammen). Setzen von *Verweis* aus Scholion-Inhalt (Kausalkette) zu Beispiel. Der Verweis wird somit Teil der Sicht.
	Erstellen eines Kausalkettendiagramms anhand einer ausgewählten Vermittlungssituation entsprechend des bereits bearbeiten Ansatzes zur Reformpädagogik. Es sind beide Schleifen, d.h. die verstärkende und ausgleichende, sowie die Verzögerungen (Interventionen) anzugeben. Das Diagramm wird als *Forumseintrag* den anderen Gruppenmitgliedern zur Verfügung gestellt
	Freischalten der eigenen *Sicht.*
	Fortsetzung der gemeinsamen Arbeit
	Zunächst erfolgt eine Diskussion der Kausalketten mit dem/r jeweiligen LernpartnerIn im *Forum* oder via *chat* – Jedes Gruppenmitglied muss mindestens eine Stellungnahme zu den jeweiligen Erkenntnissen des/r LernpartnerIn abgeben.
	Konsolidierung der Erkenntnisse in *Gruppensicht.* Diese hat Aussagen zu den jeweiligen Faktoren nach Ansätzen der Reformpädagogik strukturiert zu enthalten.
3(b) Verständnis	Anwendung theoretischer Konzepte und einer Methode
	Erkennen von Zusammenhängen anhand von Strukturbildungen und Verhaltenszusammenhängen
	Strukturierter Vergleich reformpädagogischer Ansätze anhand erkannter Zusammenhänge
	Feedback zu den individuellen Erkenntnissen
	Konsolidieren von Erkenntnissen
4 – Interaktion und Reflexion	Rückmeldungen der Betreuenden und TeilnehmerInnen im Forum oder via anderer Kommunikationsmedien
5 – Verweise und fachliche Bezüge	scholar.google.it
	Eigene Kreativität
	Einheit ,Grundlagen für den Umgang mit Wissen'
	Einheit ,Generierung von Wissen'
6 – Aktuelle Information	Im Infoboard von Scholion
7 – Anerkennung der Leistungen	Für die Arbeit an diesem IC ist pro Gruppenmitglied von einem Aufwand von etwa 10–15 Arbeitsstunden auszugehen.

Diese Verständnis bildenden Elemente werden im infoboard von Scholion verfügbar gemacht und bilden somit Kontrakte, die den gezielten Einsatz von Maßnahmen zur Schulung Selbststeuerung und Bildungsmündigkeit erlauben.

Die aus dem Umgang mit Inhalt- und Kommunikationsfeatures gewonnenen Erkenntnisse können in sämtlichen beschriebenen Aktivitäten angewandt werden: bei der fachdidaktischen

Zerlegung von Inhalt, der Medialisierung (Kodifizierung und Vernetzung durch links) von Information, der didaktischen Hinterlegung durch Wissenstransferakte, der Verlinkung von Inhalt, der Individualisierung, der Kommunikation und Kooperation.

3.3   Schlussfolgerung

Reflektieren wir die bisherigen Erkenntnisse, so stellt sich heraus, dass sowohl die mathetische Ausrichtung von Inhalt als auch die Individualisierung und die kooperative Wissensentwicklung die Integration von inhaltsbezogenen Features mit Kommunikationsmöglichkeiten erfordert. Erst diese Kopplung scheint eine weitere Erschließung lernrelevanter Faktoren bei computerunterstütztem Wissenserwerb zu ermöglichen. Lernen kann dann gleichermaßen als kognitiver, sozialer und emotionaler Vorgang begriffen und gelebt werden. Verständnisunterstützende, handlungsleitende Strukturen, wie am Beispiel der Intelligibility Catcher gezeigt, spielen dabei eine entscheidende Rolle.

3.4   Literatur

Ashour, R.; Auinger, A.; Stary, Ch.: Zur Differenzierung von Selbststeuerung von Lernprozessen bei web-basiertem Wissenstransfer. In: Proceedings DeLFI, 3rd Conference on "Design and Evaluation of Electronic Learning Systems". Gesellschaft für Informatik. Lecture Notes in Informatics. Bonn 2005

Auinger, A.; Stary, C.: Didaktikgeleiteter Wissenstransfer. Interaktive Informationsräume für Lern-Gemeinschaften im Web. Deutscher Universitätsverlag. Wiesbaden. 2005

Brunstein, J. C.; Spörer, N.: Selbstgesteuertes Lernen. In: Rost, D. (Hrsg.): Handwörterbuch Pädagogische Psychologie. 2. Auflage. Beltz. Weinheim. 2001

Brüning, L; Saum, T.: Erfolgreich unterrichten durch Visualisieren. 1. Auflage. Neue Deutsche Schule Verlagsgesellschaft. Essen. 2007

Dalkir, K.: Knowledge Management in Theory and Practice. Elsevier. Amsterdam. 2005

Eichelberger, H., Laner, Ch.; Kohlberg, H.-D.; Stary, E., Stary, Ch.: Reformpädagogik goes eLearning. Neue Wege zur Selbstbestimmung von virtuellem Wissenstransfer und individualisiertem Wissenserwerb. Oldenbourg. München. 2008

Greif S.; Kurtz, H.-J. (Hrsg.): Handbuch selbst organisiertes Lernen, 2. Auflage. Verlag für Angewandte Psychologie. Göttingen. 1998

Kienle, A.; Herrmann, T.: Integration von Kommunikation und Kooperation an Hand von Lernmaterial – ein Leitbild für die Funktionalität kollaborativer Lernumgebungen. In: Herczeg, M.; Prinz, W.; Oberquelle, H. (Hrsg.): Mensch & Computer 2002.

Vom interaktiven Werkzeug zu kooperativen Arbeits- und Lernwelten. Tagungsband. Teubner. Stuttgart. 2002

Knowles, M.: Self-directed Learning. A Guide for Learners and Teachers. Association Press. New York. 1975

Konrad, K.; Traub S.: Selbstgesteuertes Lernen in Theorie und Praxis. 1. Auflage. Oldenburg. München. 1999

Meder, N.: Didaktische Ontologien. In: Globalisierung und Wissensorganisation: Neue Aspekte für Wissen, Wissenschaft und Informationssysteme, Vol. 6: Fortschritte in der Wissensorganisation. Ohly, G.R.H.P.; Siegel, A. (Hrsg.). Ergon. Würzburg. S. 401–406. 2000

Parkhurst, H.: Education on the Dalton Plan. Introduction by T. P. Nunn, M.A.D., University of London; Contributions by Rosa Bassett, M.B.E., B.A., John Eades, and Belle Rennie, Hon. Sec. of the Dalton Association, 4. Auflage. London 1924

Siebert, H.: Pädagogischer Konstruktivismus. 3. Auflage. Beltz. Weinheim 2005

Stary, Ch.: Zur Verknüpfung von Content und Kommunikation im ELearning. In: ELearning, Vol. 1, No.1, September 2006

4   Die Entwicklung des eLearnings

John Bronkhorst

4.1   „New methodology in European education"

Wer die Zukunft im Auge behalten will, soll sicher nicht die Geschichte ignorieren. Hier erfährt man, dass es zwei wichtige Tendenzen gibt, die neue Entwicklungen anregen: Technische und psychologische Tendenzen. Die Technik erfüllt manchen mit einem Rausch von Erwartungen. Viele Trendwatcher und Wahrsager nehmen die Technik als absoluten Ausgangspunkt. Diese wird das Benehmen der Menschen ab sofort ändern und die Gesellschaft eindeutig und tiefgehend beeinflussen, meint man (Tiffin, Rajasingham, 1995). Technik würde also unser Benehmen grundlegend ändern.

Gegen diese Meinung wehrt sich aber die Psychologie. Sie macht klar, dass Menschen nur aus dem technischen Angebot herausholen, was ihnen passt. Und das ist, laut Untersuchungen der Neuropsychologie, schon einige Jahrtausende so (Spitzer, 2007). Technologen sind darüber enttäuscht. Sie haben aber den Menschen und sein Verhalten der Technologie gegenüber als grundlegenden Faktor nicht oder nur teilweise in ihre technische Begeisterung mit einbezogen.

Angesichts der neuen Techniken zeigen Menschen immer wieder ein ähnliches Verhalten, das mit Nachahmen, was ihnen bekannt ist, anfängt (Itzkan, 1994). Zuerst werden alte Modelle in den neuen technologischen Kontext transportiert (Substitution). So wurden zum Beispiel am Anfang ganze Bücher ins Netz gestellt; Bücher sind unser Leitfaden und unsere Metaphern bei der Konstruktion von Inhalten. Im nächsten Schritt finden Anpassungen und Änderungen statt (Transition). Der Text wird zum Hypertext, wodurch eine völlig andere Struktur und ein andere Betonung in Bezug auf Lernen entstehen. Bilder werden hinzugefügt so wie Ton und Filme. Langsam wird klar, dass alte Strukturen nicht mehr hinreichen, und es entstehen neue Betonungen für das Lernen und dessen Organisation (Transformation). Dabei kommt es auch schnell zur Reaktion, dass alte Modelle nicht völlig verschwinden sollen, sondern ihren Platz kriegen müssen in einem neuen, ausgeglichenen Modell. So wurde aus eLearning (als Substitionsmodell) schon bald blended learning (transition), und Experten versuchen jetzt, die letzte Phase neu an zu denken – zum Beispiel „Telematic enhanced learning".

Für die heranwachsende Generation ist die Nützung neuer Technologien fast selbstverständlich. Sie lernen, dass sich Technologie schnell ändert, bequem sein kann und Spaß macht, und sie suchen sich dabei das aus, was ihren Bedürfnissen entspricht. Die Techniken werden meistens durch Austausch unter einander außerhalb der Schule gelernt (Obliger, 2006). Weil neue Dinge immer anregen, werden diese ständig ausgewechselt. So sind manche Jugendliche besser imstande, mit den neuen Mitteln voran zu kommen als ihre Lehrer und ihre Schulen. Manche gehen so weit, eine neue Net-Generation zu sehen, mit eigenen Merkmalen und Möglichkeiten (Tapscott, 1998; Prensky, 1991). Für andere ist es noch nicht bewiesen, dass es so eine Net-Generation tatsächlich gibt (Schulmeister, 2008).

Schulen sind zum größten Teil noch eingerichtet auf eine industrielle Gesellschaft (Bereiter, 2002). Darin wurde Arbeit aufgeteilt in kleine Einzelteile, wofür bestimmte und manchmal beschränkte Kenntnisse hinreichend waren. Wo möglich wurden diese Aufgaben automatisiert. Lernen fand hinter geschlossenen Türen eines Gebäudes statt und hatte oft wenig aktuellen Kontakt zu der Gesellschaft.

In einer globalen Informationsgesellschaft hat sich inzwischen das Tempo der Änderungen von Inhalten und Strukturen schnell geändert. Angesichts einer ökonomischen Welt-Krise werden die Unterschiede erst klar. Arbeiter müssen schnell von einem Arbeitsplatz zum nächsten wechseln und auf verschiedene Inhalte eingehen können, dabei ist Teamarbeit notwendig. Erst in der Zusammenarbeit kann man mehr Kenntnisse gewinnen. Schnell und lebenslang neue Dinge lernen zu können, wird immer mehr gefördert. Wenn sich die Ökonomie rasch umstellen muss, weil die globalen Verhältnisse sich auf einmal ändern, soll auch ein Schulsystem dieser Flexibilität entsprechen. Gerade da liegt ein Problem, und gibt es Erwartungen an neue Formen des Lernens, die durch Kommunikation- und Informationstechniken ermöglicht werden. Eine davon ist eLearning, elektronisch unterstütztes Lernen, das online auf Desktop-PCs aber auch auf mobilen Geräten (mobile learning) stattfinden kann (Klopfer, 2008).

Schulen, die über eine klare Bildungsphilosophie und ein daraus abgeleitetes Unterrichtsmodell verfügen, schneiden in diesem Prozess besser ab als Schulen, denen es daran mangelt. Eine Philosophie ermöglicht gezielte Fragen zu stellen und auch das Reagieren auf neue (technischen) Impulse. Sie fokussiert die Diskussion und bringt deswegen Ruhe und gibt eine klare Richtung (Brummelhuis, 2000; SIIA, 2000; Bastiaens, 2007). Wenn Schulen noch nicht so weit sind, bringt jede einzelne Neuigkeit wieder Unruhe mit sich, weil nicht klar ist, wie man sich Neuerungen gegen über verhalten soll.

Die Entwicklung innerhalb des Internets hat in kurzer Zeit eine gravierende Evolution gezeigt: Vom Web 1.0, worin Einbahnverkehr vom Internet zum Lernenden statt fand, über Web 2.0, wo der Akzent in Richtung Kommunikation zwischen allen Teilnehmer verschoben wurde und zur Bildung von „learning-communities schließlich in Web 3.0, wo auch materielle Objekte an diesen zwei Richtungen in den Kommunikationsprozesses integriert wurden. Alles wird mit allem verbunden.

Nicht nur Schulen suchen nach einer klaren Bildungsphilosophie, die den neuen Entwicklungen gerecht sind. Produzenten von Software suchen auch ihre Begründungen und finden die manchmal in Modellen aus der Reformpädagogik (Zuckermann, 2006; Zuckerman, Arida,

Resnick, 2005). Dabei ist das Suchen nach Bildungsmodellen und ihren Erfolgen schon längst eine internationale Angelegenheit. Entwicklungen werden von neuen Untersuchungen unterstützt. Aus welcher Ecke kommen brauchbare Untersuchungen und wie verhalten die sich zu den manchmal überlieferten Bildungsphilosophien?

4.2 Auf welche Fundamente kann eLearning gebaut werden?

In diesem Bereich gibt es zwei Ansichten: beim Lernen sollen Lernende geführt werden, oder sie sollen völlig frei sein von Führung und ihrer Natur überlassen. Theodor Litt hat diese Polarität in seinem Buch „Führen oder Wachsen lassen" klar auseinander gesetzt. Jahrhunderte bleibt diese Polarität Objekt von Diskussion zwischen Praktikern und Wissenschaftlern.

4.2.1 Bildungsphilosophie als wichtigster Baustein

Objektivisten wenden sich mehr zum Standpunkt das Führen hin. Objektivisten sind der Meinung, dass Wissen objektiv ist. Es existiert außerhalb des menschlichen Verstandes. Viele Objektivisten glauben, dass die Struktur der Fachdisziplin ein den Unterricht gestaltendes Element ist. Lehrer, die diese Auffassung bevorzugen, benutzen direkten Unterricht als ihr bevorzugtes Unterrichtsmodell. Wissenschafter, die diese Auffassung vertreten, gebrauchen empirische quantitative statistische Methoden als bevorzugtes Instrumentarium.

Subjektivisten vertreten die Meinung, dass der Mensch das gesamte Wissen in seinem eigenen Verstand konstruiert, es durch Erfahrungen aus seiner eigenen Umwelt aufbaut und durch Emotionen und den Austausch zwischen Lernenden färbt und ständig präzisiert. Lehrer, die diese Auffassung vertreten, legen Wert auf mehr Freiheit der Lernenden, auf authentische Erfahrungen, soziales Lernen und situiertes Wissen. Wissenschaftler, die diese Auffassung vertreten, gebrauchen mehr qualitative Methoden, wie Fallstudien, partizipierende Untersuchungsmethoden und andere ähnliche Methoden.

Obwohl schon die Reformpädagogen darauf hingewiesen haben, dass es in dieser Frage keine „Entweder-oder-Situation" gibt, sondern eine Mischung von beiden Philosophien mit Betonung auf größerer Freiheit für Schüler, ist die Kontroverse bis auf den heutigen Tag vorhanden. Vertreter der objektivistischen empirischen Wissenschaft argumentieren, dass eine Fallstudie von zwei Kindern keine Richtlinie für ein ganzes Bildungssystem liefern kann. Sie legen Wert auf große Samples, die mit randomized random trials, so wie in der medizinischen Wissenschaft, zustande gekommen sind.

Beide Auffassungen haben Probleme mit der Anwendung der Ergebnisse in der Praxis. Reeves (2005) geht schon so weit, dass er behauptet, „educational research as a whole has been a failed enterprise". In seiner Auffassung gibt es keinen wirklichen Fortschritt. Auch die Zuwendung zu evidence based education, worin beide wissenschaftlichen Auffassungen Beiträge liefern können, bringt in den Augen von Reeves keine richtige Lösung.

Vielmehr soll die Lösung bei einer Auffassung gesucht werden, die sich „educational design research" nennt. Dazu einige Merkmale:

- Educational design research zielt auf Interventionen im Unterricht,
- ist iterativ: wiederholt sich im Zyklus;
- Ziel ist der Prozess, durch den man zu verstehen versucht, weswegen bestimmte Interventionen gemacht werden;
- Zielt auf Gebrauch und Anwendung in der Praxis. Wenn es hier gute Erfolge gibt, kann das als Beweis gelten.
- Zielt auf Theorie-Entwicklung.

Um das alles zu erreichen sollte jeder Forscher auch Lehrer sein, meint eine Gruppe von Wissenschaftler (Bulterman-Bos, 2008).

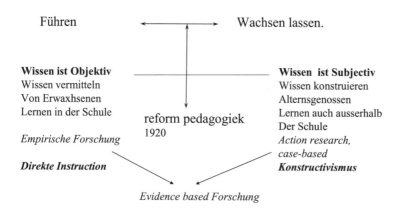

Abb. 4.1 – Schema: eLearning: welche Bildungsphilosophie?

Die Ausgangslage der Reformpädagogik, wobei neue Untersuchungen ihre hohen Ansprüche und ihre didaktischen Konkretisierungen aus einzelnen Reform-Bewegungen bestätigt haben, macht klar, dass Aspekte dieser Bildungsphilosophie als neue Grundlage für eine eLearning-Theorie sehr geeignet sind. (Bronkhorst, 2003) Nach ihrer Blütezeit um 1920 hat es bis heute zweimal einen neuen Aufschwung gegeben: um 1970 und um 2000 wurde wieder mit neuen Bildungsgedanken experimentiert und es wurden Experimente durchgeführt, wobei viel aus dem reformpädagogischen Erbe neu benutzt wurde. In den meisten Fällen gelingt es der Reformpädagogik aber noch nicht hinreichend, die Verbindung zwischen die Anforderungen einer Informationsgesellschaft, in der Kommunikation- und Informations-Techniken eine wichtige Rolle spielen, mit dem eigenen aktuellen Erbe klar zu machen (Eichelberger u.a., 2008).

Ein wichtiger Faktor dabei ist, dass es in manchen Ländern bei Schulpolitikern relativ unbekannt ist, wie reich das Europäische pädagogische Erbe ist. Vieles aus der Reformpädagogik eignet sich dazu, eine praktische und sofort wirksame Brücke zu schlagen zwischen den Anforderungen einer Informationsgesellschaft und der von Kommunikation- und Informationstechniken gewünschten pädagogischen Begründung.

4.3   Welche Theorien kann man als Basis für eLearning-Aktivitäten gebrauchen?

Ausgangspunkt dieser Theorie ist, dass unser Arbeitsgedächtnis nur eine beschränkte Menge an Belastung ertragen kann.

4.3.1   Cognitive load theorie (CLT)

Etwa sieben Einheiten (chunks genannt) kann das Gedächtnis behalten. Es sind also Maßnahmen notwendig, um das Gedächtnis nicht zu überfordern. Dabei denken die Nachfolger dieser Theorie unter anderem an:

- Vermeiden von irrelevanter Information. Nur sinnvolle Inhalte sollen das Arbeitsgedächtnis erreichen.
- Drei Typen von Belastung werden unterschieden: 1. intrinsic load – die Komplexität der Aufgabe an sich; 2. extraneous load – Belastung, die durch mangelhaft konstruierte Instruktion entsteht; 3. Germane load – positive Prozesse, die einen Beitrag leisten für den Lernprozess, so wie das Benutzen eines Schemas und anderer Techniken.
- Präsentieren von Information in mehreren Modalitäten (visuell, auditiv) (Mayer, 2001).

Vertreter dieser Theorie sind der Meinung, dass der Unterricht einfach und überblickbar sein soll. Es soll nicht zuviel Wahlfreiheit für Lernende geben und eLearning soll nach klaren Richtlinien vorgegeben werden. Nicht zu viel ablenkende Information geben und Bildelemente nur gebrauchen, wenn sie einen klaren Mehrwert haben. Über diesen Ansatz gibt es einige interessante Untersuchungen (Mayer, 2001; Mayer, 2006; Sweller, 2006). Vertreter dieser Theorie sprechen sich manchmal gegen die in ihren Augen zu große Freiheit in sozialkonstruktivistische Bildungsmodellen aus (Mayer, 2004).

Untersuchungen in Bezug auf Intelligenz haben angedeutet, dass Unterschiede in der Intelligenz mit der Geschwindigkeit der Informationsaufnahme zusammen hängen. Zwei Elemente spielen dabei eine Rolle: Inhibition und Kapazität unseres Gedächtnisses. Lernende, die unwichtige Information nicht beiseite schieben können, haben es schwerer zum Kern eines Problems zu gelangen. In einer eLearning-Situation im Internet kann man leicht den Überblick verlieren und sich in nicht relevante Nebenaspekte stürzen. Zusammen mit einer beschränkten Kapazität unseres Gedächtnisses kann das bedeuten, dass Lernende überfordert werden und auch nicht mehr den Blick auf das ursprüngliche Problem haben. Das kann entmutigen und zu einer Ablehnung von eLearning führen.

4.3.2   Self-determination theory (SDT)

Bei dieser Theorie handelt es sich zum größten Teil um Motivation. Hieraus können Prinzipien für das eLearning entnommen werden. Die self determination theory beschäftigt sich im Grunde genommen mit der Frage, welche Kriterien in einer Lernumgebung dazu beitragen, dass die „intrinsic motivation" nicht zerstört wird. „Intrinsic motivation" meint eine innere Motivation des Lernenden. Bei „extrinsic motivation" kommt die Motivation durch das gezielte Einsetzen von Belohnung und Strafe zustande, sie kommt also von außen.

Der Mensch hat – unter anderem – ein Bedürfnis nach drei Dingen: Kompetenz, Autonomie und soziale Verbundenheit (Ryan & Deci, 2000). Kompetenz hängt zusammen mit dem Gefühl sinnvoll tätig zu sein und dabei nicht etwas zu unternehmen, worin man schlecht ist. Autonomie oder Freiheit bezieht sich auf die Abwesenheit von ständiger Kontrolle und Lenkung. Soziale Verbundenheit beschreibt ein Gefühl von Verbundenheit und Vertrauen mit den Leuten im eigenen Umkreis, wie den Eltern, Lehrer und Mitschülern in wechselnden Kontexten.

Untersuchungen haben klar gemacht, dass Studierende, die aus einer „intrinsic motivation" heraus arbeiten, mehr auf das Verstehen fokussieren und weniger auf das Auswendig-Lernen, (Bruinsma, 2003) neugieriger sind, (Lewalter & Krapp, 2004) sich wohler fühlen in ihrer Gruppe, (Levesque, 2004) mehr bereit sind zusammen zu arbeiten und Information und Kenntnisse aus tauschen und mehr explorierend lernen (Martens, 2004). Auch sind ihre Lernergebnisse manchmal besser, (Ryan, 2000) und gibt es eine geringere Chance auf dropout (Hardre, 2003).

Dieses Lernen, das man von sich aus aufnimmt, weil es Spaß macht, ähnelt dem informellen Lernen. Angenommen wird, dass mehr als 80% der Kenntnisse, die Arbeitsnehmer haben, auf diese Weise zustande gekommen sind. Das meiste wurde nach der formellen Ausbildung gelernt, und ein richtiger Experte wird man erst nach dem Studium (Arts, 2007).

Diese Art von Motivation gibt es auch bei „gaming". Hier wird alles aus innerer Motivation gemacht, aber es gibt dabei hohe Anforderungen, die man sich selber stellt. Man unterwirft sich einem selbst gewählten Wettbewerb. In eine derartige Situation kommt man im flow: einer Situation, in der man optimal konzentriert ist, die Zeit vergisst und ein Gefühl von Freude und Vergnügen spürt (Szikszentmihalyi, 1996).

„Gaming" und auch andere Internet- und multimediale Aktivitäten haben klar gemacht, dass das meiste Lernen selbstständig stattfindet, ohne Intervention von einem Lehrer. Comenius (1592–1670) hat schon in seiner Zeit einen Unterschied gemacht zwischen der Kunst des Unterrichtens, die er Didaktik nannte und der Kunst des Lernens, die er als Mathetik bezeichnete (Kohlberg, 2007). Beim eLearning gibt es, abhängig von der gewählten Bildungsphilosophie, viel Mathetisches, vom Lehrer unabhängiges und selbst gewähltes Lernen.

Vertreter einer Self Determination Theory zielen mehr auf eine offene Lernsituation, worin aber gute Struktur und Begleitung vorhanden ist. Beim „gaming" sind diese Kriterien im voraus konstruiert worden. In wissenschaftlichen Auseinandersetzungen stehen Vertreter vom Cognitive Load Theory (CLT) und die der Self Determination Theory (SDT) manchmal konträr gegenüber. Reformpädagogik hat schon viele Elemente von SDT integriert und ausgearbeitet.

4.3.3   Neurowissenschaft

Eine der wichtigsten Entdeckungen in der Neurowissenschaft ist die Existenz von so genannten Spiegelneuronen. Untersuchungen an Affen und Menschen zeigten, dass wir, wenn wir anderen Leute zuschauen, Handlungen und Bewegungen neuronal nachvollziehen und unser Gehirn die Aktivitäten der beobachteten Menschen unbewusst nachahmt (Reed, 2008). Wir nehmen also an einer Aktivität auf unbewusste Weise teil. Nur durch Zuschauen vollzieht sich schon diese Aktivität. Sehen wir zum Beispiel jemandem gähnen, dann ahmen wir diese Tätigkeit nach und es kann auch zu einem richtigen Gähnen kommen. Werbung lässt uns Menschen sehen, die voll Freude etwas trinken. Das scheint uns nachahmenswert und wir spüren auch Lust auf einen Trunk. Auch bei Mitleid und Schmerz kommen die Spiegelneuronen zu ihrer Wirkung. Wir lernen so unbewusst, uns empathisch zu benehmen. Kinder, aber auch Erwachsene, ahmen Gesichtsausdrücke und Körperhaltungen nach.

Aber auch Sprache soll, nach der Meinung einer Gruppe von Wissenschaftern vielleicht teilweise über die Spiegelneuronen gelernt werden, einfach durch unbewusstes Nachahmen und später lebendige Imitation. Angenommen wird, dass nicht gut funktionierende Spiegelneuronen möglicherweise eine Rolle bei dem Entstehen von Autismus spielen (Arbib, 2005).

Nachahmen bezieht sich auch auf das, was Kinder in Multimedien und im Internet sehen, hören und schreiben. Da gibt es reiche Möglichkeiten zum Lernen, auch emotional betont. Vieles ist noch nicht hinreichend untersucht worden. Manche Wissenschaftler vermuten ein reiches Potential in den „games", besonders in den für Bildung und Erziehung gemachten „serious games". Man könne auf diese Weise, durch Nachahmen und Einfühlen, zu richtigem Expertenverständnis kommen. Die „games" mit diesen Eigenschaften werden als „epistemic games" bezeichnet (Shaffer, 2006). Diese „epistemic games" lehren uns auf innovative Art und Weise zu denken, dadurch, dass man im Spiel wie ein Experte sieht, fühlt, handelt, denkt und sich benimmt. Man spielt das Spiel nach, bewusst und unbewusst und so entsteht durch das Nachspielen eines guten Modells eine Art „modeling".

Die Neurowissenschaft macht auch klar, dass Multimodalität erwünscht ist: Schrift, Bild, Film, Simulationen, Games und andere tools geben mehr Erlebnismöglichkeiten. Lernerfahrungen werden so an mehreren Stellen in unserem Gehirn gespeichert und bilden ein zusammenhängendes System von Kognitionen und Emotionen. Tiefes Verstehen und Lernen wird dadurch ermöglicht. Wie am besten so eine digitale eLearning-Umgebung gestaltet werden kann, welche Modalitäten für wen in welchem Kontext optimal funktionieren, wissen wir noch kaum. Einige Ausgangspunkte sind aber schon klar (Mayer, 2001).

In der Lernpsychologie sind mit dem verankernden Unterricht (anchored instruction) gute Erfolge gemacht worden. Ein Anker bietet eine gemeinsame kognitive und emotionelle Erfahrung an. Damit kann man das Problem lösen, wie wir mit all den individuellen, persönlichen Erfahrungen zu Rande kommen. Alle haben bei der Begegnung mit dem Anker die gleichen Erfahrungen gesammelt. Multimedien und Internet können ganz erfolgreiche Anker sein. Nach der Präsentation des Ankers kann jeder Schüler seine eigene Fragen, Probleme und Interessensgebiete einbringen und ausarbeiten. Dieses lernpsychologische, didaktische Verfahren gibt Schülern eine optimale Freiheit, folgt ihren Interessen und gibt zu gleicher Zeit die notwendige Struktur (Bransford, 1999; Kinzer, 2008).

Neuropsychologie macht auch klar, dass es bis zur der Pubertät und bis zur frühen Adoleszenz (noch) nicht möglich ist, selber gute Planungen zu machen, zu ausgeglichenen Werturteilen zu kommen und unsere Emotionen zu kontrollieren. Kinder und Schüler brauchen also eine Struktur, die allerdings aber fast unsichtbar sein soll. Das wird auch von der Reformpädagogik angestrebt und im Bereich von „gaming" sind viele gelungene Beispiele vorhanden.

Für junge Kinder (ab einem Jahr) sind die Stimuli, die vom Internet und von Multimedien angeboten werden, noch zu einschränkend (Spitzer, 2005, Reed, 2008). Sehen, Hören, Riechen und Tasten sind nur beschränkt möglich. Was wir sehen, hören und fühlen wird optimal gespeichert in unserem Gehirn (Lickliter, Bahrick, 2004). Die neuesten Roboter, wie Nabaztag, verfügen über beschränkte Möglichkeiten zu riechen, mit Hilfe der „rfid"-Technik (radio frequency identification). Besonders auf dem Gebiet des Tastens sind bei Robotern wichtige Erfahrungen gesammelt worden. Der schon längst anwesende Robot „Aibo" von Sony, scheiterte bei vielen Kindern, weil er beim Betasten nicht angenehm war.

Unser Gehirn hat ein Alter von etwa 40.000 Jahren. Lesen ist für unser Gehirn eine relativ neue Fähigkeit, die erst seit fünftausend Jahre gepflogen wird. Lesen kostet unserem Gehirn viel Mühe und es kostet Zeit, um ein guter Leser zu werden. (Spitzer, 2007) Bilder werden anders und schneller verstanden, weil unser Gehirn damit längere Erfahrung hat. Schon im Mittelalter benützte man dieses Wissen, indem die Bibel für diejenigen Menschen, die nicht lesen konnten, multimedial zur Verfügung gestellt wurde. Die Glasmalerei (Bilder), das Orgelspiel (Musik) und Gerüche (zum Beispiel Weihrauch) bildeten eine sehr starke multimediale Umgebung, die unsere modernen Mittel noch nicht bieten können. Die Neurowissenschaft hat die besondere Kraft von Geruch und Musik als Element von Speichern und Hervorrufen von komplexen und tiefen Lernerfahrungen klar gemacht. Die „Biblia pauperum" (Bibel für die Armen") funktionierte sehr gut in der damaligen Zeit.

Im Katechismus von Tréguier, Frankreich, aus 1298 steht:

„Qu'est ce qu'on doit faire quand on entre dans une église? On doit faire le signe de la croix et puis admirer les vitraux et entendre la musique..."

„Was soll man machen, wenn man in eine Kirche hineingeht? Man bekreuzigt sich und danach sieht man sich die Glasmalereien an und hört der Musik zu…"

Neurowissenschaftler betonen manchmal, dass ihre Entdeckungen nicht ohne weiteres in der Alltagspraxis angewandt werden können. Es gibt aber schon eine Neurodidaktik, die angefangen hat, die Ergebnisse aus der Neurowissenschaft zu einem kohärenten neuen Zweig der Didaktik für die Praxis zugänglig zu machen (Arnold, 2002; Hermann, 2006; Eichelberger, 2008).

4.3.4   Evolutionary educational psychology (EEP)

Ziel der Evolutionary Educational Psychology ist es, das menschliche Gehirn zu entdecken und verstehen. Das Gehirn ist eine Sammlung von Informationsverarbeitungsmaschinen, die durch natürliche Selektion zustande gekommen sind mit dem Ziel, adaptive Probleme zu lösen, die unseren Jäger und Sammler-Vorfahren begegneten (Cosmides & Tooby, 1997).

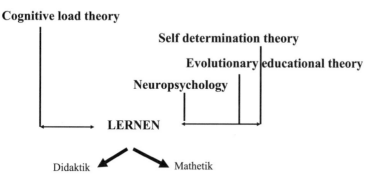

Abb. 4.2 *– Schema: eLearning: Wissenschaftliche Unterstützung.*

Dabei gelten einige Ausgangspunkte:

- Das menschliche Gehirn ist ein physisches System, funktionierend wie ein Computer. Es besteht aus Abläufen, die generiert wurden, um bestimmtes Verhalten zu generieren, das in einem Kontext funktioniert.

- Diese neuronalen Systeme sind durch natürliche Selektion entstanden.

- Was wir bewusst wissen und erfahren, ist nur ein unbedeutender Teil von all dem, was in uns vorgeht. Was weiter in unserem Gehirn vorgeht, bleibt verborgen.

- Neuronale Systeme sind spezialisiert auf das Lösen bestimmter Probleme.

- Unser Gehirn ist aus der Steinzeit und hat sich seit 40.000 Jahren nicht wesentlich verändert (Stern, 2005).

Neben diesen Ausgangspunkten benützt die Evolutionary Educational Psychology folgende Prinzipien:

- Verhalten ist immer funktionell, auch wenn es beim ersten Anblick nicht so erscheint. Neugier ist zum Beispiel ein wichtiges Merkmal des Menschen und müsse auch funktionell erklärt werden können.

- Wir müssen in die Geschichte zurück blicken, um unser heutiges Verhalten zu erklären.

- Ein Missverständnis ist es zu denken, dass auf Evolution gegründete Prozesse nur primitiv sind, wie zum Beispiel unser Sexualverhalten, essen und Aggression. Auch Intelligenz, soziale Kognition, Motivation und Lernfähigkeit kann aus der Evolution erklärt werden.

- Funktionelle Erklärungen müssen Falsifikationen und Verifikationen unterliegen.

Die Anwendung dieser Prinzipien und die Ausgangspunkte sind wesentlich für die Theorie, dass unser Wissen aus einem angeborenes Teil besteht (primary knowledge) und einem erworbenen Teil (secondary knowledge). Das Erkennen von Gesichtern wird zum Beispiel als primary knowledge gesehen (Sweller, 2006).

Menschen sind dafür gerüstet, um in Gruppen zu kommunizieren, mit wenigen körperspezifischen Spezialismen. Web 2.0, in dem Kommunikation das zentrale Element ist, wird von evolutionary educational psychologists dann auch als eine normale gehirngerechte Evolution verstanden.

Spezialisierung ist ein Merkmal unserer menschlichen Art meint diese Wissenschaft. Zwischen Jungen und Mädchen finden schon von Geburt an Spezialisierungen statt. Schulen sollten diesen Voraussetzungen folgen, indem sie die Schüler und deren Möglichkeiten als Ausgangspunkt nehmen. Internet und Multimedien können hier gute Dienste leisten, weil individuelle Anpassung und mathetisches Lernen mit diesen Mitteln gut und motivierend möglich sind. Die Reformpädagogik hat vieles von diesen Behauptungen schon in ihre Ausgangspunkte aufgenommen und vielseitig ausgearbeitet.

4.4   eLearning integrieren

4.4.1   Eine gut begründete Wahl

Beim Integrieren von Multimedia und IKT gibt es ständig einige Fragen:

- Welche ist die grundlegende Bildungsphilosophie, die man vertritt?
- Wird diese Philosophie von aktuellen Forschungen unterstützt?
- Gibt es Praxiserfahrungen zu dieser Philosophie und anlegende Theorien?
- Wie macht man das IKT-Design und das Multimedia-Design so reichhaltig und so gut wie möglich?

Bevorzugt wird im Moment ein Lernverfahren, worin eine Mischung von beiden Polen (Führen und Wachsen lassen) vorhanden ist, mit Akzentuierung in der Richtung des „Wachsen lassens" (vgl. Abb. 4.1.). Festgestellt wurde schon, dass die Bildungsphilosophie einzelner Reformbewegungen, wie zum Beispiel Freinet-Pädagogik, Jenaplan-Pädagogik, Daltonplan-Pädagogik und Montessori-Pädagogik gute Ausgangspunkte bieten für eine sofortige Integration von IKT/eLearning. Alte und neue Elemente lassen sich hier leicht verbinden.

Kinder sollen entdeckend lernen, ihrer Neugier folgen können, zusammen arbeiten, eigene Verantwortung übernehmen für gelieferte Arbeit. Struktur ist notwendig, aber sie muss kaum spürbar sein und individuell abgebaut werden können. Dabei soll ein eLearning-, Multimedia- und IKT-Design den meist aktuellen Forschungs-Sachstand beachten, damit die Produkte unserem Wissen angemessen sind.

Das Gedächtnis nicht überfordern (cognitive load theory) ist selbstverständlich und damit müsse man sich fragen, was sinnvolle Information ist. In Sachen der Motivation, Kompetenz, Freiheit, sozialen Verbundenheit und Autonomie sehen wir nach den Forschungsergebnissen der Self Determination Theory und passen diese in den Entwurf ein. Die Neurowissenschaften zeigen uns, wie unser Gehirn funktioniert und machen uns, zusammen mit der Neurodidaktik klar, was zu empfehlen ist und was nicht.

4.4.2   Sind alle Lernumgebungen geeignet für unser Lernziel?

Die Entscheidung über eine Lernumgebung und damit auch über die Lernprozesse, die darin hervorgerufen werden, werden nicht selten von den Behörden gemacht, ohne dass die Lernenden in diesen Entscheidungsgremien eine Stimme haben. Das bringt große Unterschiede beim Beantworten der Frage nach den Lernzielen. Für manche Behörden gilt eine Lernumgebung als eine finanzielle Möglichkeit Kosten zu sparen, oder organisatorische Probleme zu lösen. Das führt in vielen Fällen zu einer Wahl für mehr geschlossene, auf das Führen eingerichtete Lernumgebungen. Darin gibt es kaum Freiheit für die Lernenden. Zu dieser Gruppe gehören die ersten Lernumgebungen wie Blackboard, BSCW und andere.

Die Explosion an sozialer Software, durch die das Web 2.0 gekennzeichnet ist, machte das Defizit solcher Umgebungen für große Gruppen von Studenten offensichtlich. Außerdem wurde klar, dass diese Umgebungen nur einen geringen Beitrag an die Reform der Schulen leisteten. Sie waren eine Substition des klassischen alten direktiven Modells (Hermans, Verjans, 2008). Es gab unter Studierenden eine wachsende Unzufriedenheit mit den mangelhaften sozialen Möglichkeiten und der Einschränkung der Freiheit (Young, 2004; Ullman & Rabinowitz, 2004). Manche Produzenten haben das verstanden und die Umgebungen rasch geändert. Social Software wie wikis, weblogs, Youtube, Flickr und andere wurden integriert. Die Lernumgebung Moodle lieferte ein schnelles Beispiel davon.

Aus mehreren Gründen ist eine solche verbesserte Umgebung noch zu statisch für manche Lernenden. Tools, Anwendungen und Möglichkeiten ändern sich so schnell, dass es für große Lernumgebungen schwierig ist, hier eine schnelle Antwort zu haben. Außerdem ist der zutritt und das Verhalten innerhalb der neuen Tools manchmal freier, übersteigt die eigene Lernerwartung und kann schnell geändert werden.

Studierende stellen ganz einfach ihre eigene Lernumgebung zusammen, auf Grund der Lernziele, die sie haben und mit Einbeziehung der neuesten Technologie. Die Schule wird als unfähig gesehen, um die schnelle Änderung mit zu machen. Wo sich Lernziele, Tools und Bedürfnisse ändern, ändert sich auch die selbst zusammengestellte Lernumgebung. Ständig werden auch Modelle solcher Lernumgebungen angeboten, die von anderen übernommen werden, wobei man nicht alles selber zusammenstellt. Deutsche Jugendliche benutzen am meisten Suchmaschinen, instant messaging, online communities, e-mail und Musik-Sites (Rathgeb, 2008). Geschätzt werden die Möglichkeiten der Social Software und auch das Selbermachen und Benutzen von Stichwörtern (folksonomy)an Stelle des Suchens von Stichwörtern aus dem Bibliothekskatalog. Nachfolger der Theorie von Piaget und des Konstruktivismus sind hierüber begeistert, weil Klassifizieren jetzt von unten nach oben statt findet (von den Benutzern gefördert) statt umgekehrt.

Angesichts dieser Entwicklung, wobei es eine Kluft zwischen schulischen Lernumgebungen und persönlichen Umgebungen gibt, haben eLearning-Spezialisten versucht, die Umgebungen der Studierenden bei der Entwicklung von eLearning-Umgebungen durch die Integration der Studierenden mit einzubeziehen. Das hat in den meisten Fällen zu Enttäuschungen geführt, weil die Studierenden nicht wollten, dass die Lehrer sich in ihre privaten Umgebungen einmischten (Hoare, 2007). Nur in den Fällen, in denen Lehrer sich auch als gleichwertige Teilnehmer präsentierten, gelang es, zusammen diese Umgebungen zu nützen. Lehrer haben dann auch den Unterschied zwischen privat und Schule beiseite geschoben und bieten Studierenden einen Blick auf ihre eigene Welt.

Es gibt auch Wissenschaftler die die Meinung vertreten, die Schule sei nie imstande mit den schnellen Änderungen in der Informationsgesellschaft mitzuhalten. Sie stecken ein Plädoyer ab für eine Rolle von KIT außerhalb der Schule. „The knowledge Age has not yet come to the schoolhouse. To many school people, knowledge is old fashioned, the stuff of pedants and test makers. Knowledge is what reactionary parents keep trying to force schools to go back to" (Bereiter, 2002).

„Third places" nennen sie die Umgebungen, wo Kinder den Entwicklungen schneller und besser folgen können als in der Schule (Shaffer, 2006; Mitra, 2006). Sugata Mitra machte in Indien Experimente mit Computern, die in Armenviertel in Häusern auf Straßenecken eingebaut waren und woran ohne Hilfe Kinder den Umgang mit Computern lernten. Andere arbeiteten mit Jugendheimen oder sonstigen öffentlichen nicht schulgebundenen Zentren.

Das Lernen in „third places" findet mathetisch statt, ohne einen Lehrer. Kinder kümmern sich selbständig um ihre eigene Lernprozesse. Dieses Lernen wird mit verschiedenen Begriffen manchmal als „independent learning" (unabhängig von Schule und Lehrer) bezeichnet, manchmal als „informal learning" (gegenüber das formelle oder schulische Lernen) und auch „minimal invasive education" (wenig pädagogische Einmischung; nur die notwendige Struktur wird geboten) diskutiert.

4.4.3   IKT-Technik auf der Suche nach einer bildungstheoretischen Begründung

Die rasche Umwandlung des Hauptakzentes beim Gebrauch des Internets von der Information hin zur Kommunikation hat auch die Techniker überrascht. Mittlerweile kann man auch besser von KIT (Kommunikation und Informations-Technologie) reden anstatt von IKT (Informations- und Kommunikations-Technologie). Hinter dieser Wörterverschiebung steckt eine ganze klare bildungstheoretische Umwandlung. Unser Gehirn ist seit Jahrtausenden auf Kommunikation eingestellt und daraus holen wir Information.

Mit Web 3.0 wird es auch möglich, Objekte in die Kommunikation mit ein zu beziehen. Objekte können mit Hilfe eines RFID-chip (Radio Frequency Identification), Informationen mitnehmen und diese interaktiv teilen. So kann ein Fahrrad, Auto, Moped mir sagen, wo es jetzt ist, kann ein Möbel in einer Fabrikhalle vom Roboter abgeholt werden und kann auch ein Gebäude, ein Baum, eine Malerei andere Informationen haben und diese vermitteln.

Nachdem wir Lernumgebungen haben, worin die Realität virtuell repräsentiert wird (Multimedia Produktionen über Reformpädagogik zum Beispiel), kann jetzt die echte Realität mit ergänzenden Informationen ausgestattet werden (Bronkhorst, Paus, Verhoeven, 2008). Eine derartige Situation wird mit verschiedenen Begriffen als „pervasive learning", „ambient learning", „augmented reality" und „ubiquitous learning" bezeichnet.

Dabei bezieht sich „pervasive learning" auf den Prozess des Verbindens von Personen und Objekten mit dem Ziel sinnvolle Lernerfahrungen zu sammeln. „Ubiquitous" und „ambient" learning betont das permanente Vorhandensein von eLearning-Möglichkeiten. „Augmented reality" zeigt die Möglichkeit auf, die echte Welt mit Informationen aus der virtuellen Welt zu ergänzen. Techniker, die übe diese neuen Möglichkeiten verfügen, sind auf der Suche nach Begründungen für ihre neuen Erfindungen. Nicht selten wird dabei nach der Reformpädagogik geschaut, wo viele Ansätze für Antworten studiert werden können.

So hat Zuckermann (2006) eine Klassifikation von traditionellen und digitalen Lernobjekten präsentiert, wobei er versucht, eine Verknüpfung unter anderem mit der Reformpädagogik herzustellen. Lernobjekte sind haptische Objekte, entworfen um Lernen durch die Interaktion mit unseren Händen zu ermöglichen.

Er unterscheidet drei Kategorien von Lernobjekten: „Konstruktion und Entwurf" (verbunden mit Fröbel), „Konzeptuelle Manipulation" (verbunden mit Montessori) und „Realistische Rollenspiele" (verbunden mit Dewey). Sein Ausgangspunkt ist die Theorie von John Locke (1632–1704): Alle Ideen entstehen durch sinnliche Erfahrungen und Reflexion. Dies führt zu einem Vorschlag einer Klassifikation von digitalen Lernobjekten, wobei die Beispiele ständig wechseln werden, wenn neue Anwendungen auf dem Markt kommen.

Konstruktion und Entwurf

Tab. 4.1 – Konstruktion und Entwurf

Konstruktion und Entwurf (Fröbel)	Konzeptuelle Manipulation (Montessori)	Realistische Rollenspiele (Dewey)
Fröbel gaben	Montessori material	Puppen
Lego Mindstorms	Neurosmith Music blocks	Digital Kitchen appliances
MIT's Cricket	Queensland Univ. Electronic Duplo Blocks	Digital pets
Osaka University Active Cubes	MIT's system Blocks	Epistemic games
Colorado University smart tiles	MIT's Flow Blocks	
Colorado University Cell Blocks	Sussex Univ. Chromarium	

Zu den realistischen Rollenspielen könnten Aspekte der Freinet-Techniken gerechnet werden. Zuckermann meint, dass Fröbel sich mehr beschäftigt mit der Auseinandersetzung der ganzen Welt, die durch Modelle überblickbar gemacht wird. Montessori nimmt abstrakte Konzepte als Ausgangspunkt und versucht sie mit Materialien zu repräsentieren. Dewey will die Realität zugänglich machen durch Reduktion von Komplexität. Freinet versucht diese

Reduktion aufs Minimum zu beschränken und möglichst viel die echte Welt als Ausgangspunkt zu nehmen, die dann noch zu einer reduzierten Essenz zurück gebracht werden kann. Auf diesen Gedanken basierend konstruierte Zuckerman von M. Montessori inspirierte Materialien, die er „tangibles" nannte (Zuckerman, 2005) und von denen positive Effekte im Bereich eLearning gemeldet wurden (Marshall, 2007; Eichelberger, 2008).

Auch in der Freinet-Pädagogik suchen sich Wissenschaftler Modelle und Techniken. So entstand das Europäische Projekt „Viseus", wo virtuelle Sprachwerkstätten in sechs Europäischen Ländern eingerichtet werden. Ein digitales Europäisches Wörterbuch (My own dictionary) und eine Virtuelle Schreibumgebung (Vis@Vis) bilden das Rahmenwerk für ein Verfahren, womit Kinder ihren eigenen Wortschatz vergrößern, ihre Wörter selbst definieren und dabei mit anderen Kindern zusammen arbeiten und mehrere Sprachen benützen. Die Umgebung ist auf den neuen Einsichten der „New Literacy" gegründet, worin die Multimodalität integriert anwesend ist.

4.4.4   Europäische Projekte auf dem Weg zu Schulentwicklung in der Informationsgesellschaft.

Gruppen von Wissenschaftlern, Dozenten der Lehrerausbildung und Lehrer an sämtlichen Schulkategorien (Grundschule, Sekundarschule, Hochschule und andere) versuchen schon seit einigen Jahren zu einer Schulentwicklung auf Europäischer Ebene zu kommen. Dabei wird nach der richtige Bildungsphilosophie gesucht, nach der Frage, welches didaktische und mathetische Verfahren am besten ist, welche Rolle eLearning dabei spielen kann und wie das alles zu einer neuen Europäischen Methodologie ausgearbeitet werden kann. Einige Beispiele davon seien kurz erwähnt.

Im Projekt „Active Learning in European Teacher Training (ALERT)" wurden Modelle des Aktiven Lernens erprobt. IKT spielte eine unterstützende Rolle. Auf der Grundlage der Reformpädagogik wurden Studienmodelle zum Thema „Inclusive Education" im Projekt T.E.L.M.I.E. (Telematic European Learning Materials for Inclusive Education) konstruiert Website und CD-ROM blieben als Produkte zur Verfügung. Die Entwicklung und Erprobung reformpädagogischer Seminardidaktikmodelle und Schulentwicklungsmodelle wurden im Projekt EUROMOBIL (European Mobile Learning Center) durchgeführt (Kohlberg, 2002).

Einen Europäischen Ergänzungsstudiengang mit Masterabschluss „Bildungsmanagement und Schulentwicklung" erbrachte das Objekt des Projekts TRADE (Teaching, Reactivating, Accompanying, Developing, Evaluating). Reformpädagogik war hier eine der grundlegende Ansichten, zusammen mit IKT-Konzepten über eLearning. Das Gesamtangebot wurde in einer eLearning-Umgebung angeboten, wobei Studenten aus ganz Europa auf der Lernplattform SCHOLION die Online-Vorlesungen mitmachen konnten.

Die Entwicklung von virtuellen Studienmodulen mit der Absicht reformpädagogisch ausgebildete Innovatoren zu bilden, war das Ziel des Projektes EISWEB. Reformpädagogik, Mathetik und grundlegende Theorien der IKT wurden zu einer Synthese gebracht. eLearning hat wesentlich zur positiven Lernerfahrung beigetragen, und mathetische Fähigkeiten wurden signifikant vergrößert (Bronkhorst, Bakker, 2007).

Mit den Ausgangspunkten Reformpädagogik, Mathetik und Theorien in Bezug auf „new literacy" wurde eine Europäische Sprachumgebung konstruiert (VISEUS), worin eine digitale Schreibumgebung (vis@vis) und ein digitales Wörterbuch (my own dictionary) Sprachentwicklung auf Basis van IKT, Bildungsphilosophie und neuen didaktischen Ansichten über Sprachentwicklung zustande kamen.

Das Bild einer langsam vorangehenden und gelungenen Betonung auf eine eLearning-Umgebung, die sich von Reformpädagogik inspirieren lässt und sich dabei bewusst ist der Notwendigkeit des selbständigen und außerschulischen Lernens (Mathetik) und die KIT mittel immer mehr gezielt und erfolgreich anwendet, ist klar. Der Weg zu einer Europäischen Didaktik/Mathetik liegt vorbereitet und wartet auf weitere Untersuchungen und besonders politische Unterstützung. Wenn nicht, dann besteht die Gefahr, dass KIT und Reformpädagogik ihren eigenen Weg verfolgen und nicht zu einem gemeinsamen übergreifenden, kräftigen und effizienten Motor für Schulentwicklung werden kann.

4.5   Anforderungen an Lehrer und Schule

Internet und Multimedien haben klar gemacht, dass Lernen meistens außerhalb der Schule stattfindet. Die neuen eLearning-Möglichkeiten können darauf eine gute Antwort sein und diese Entwicklungen in einen nVorteil für die Lernenden umwandeln. Es kann nicht nur die Realität leicht mit Bildern, Ton und Film ergänzt werden. Auch in der realen Welt kann man virtuellen Informationen begegnen, wodurch Lernen individualisiert wird und motivationsgerecht verläuft (augmented learning).

Um die alten mit den neuen Möglichkeiten zu verbinden müssen Lehrer anders als früher ausgebildet werden. Sie sollen einen guten Überblick auf die KIT-Möglichkeiten haben, schnell neue Dinge lernen können und in einem Team von Experten operieren können. Vor allem sollen sie aber über higher order thinking skills (HOTS) verfügen. Bloom/Anderson (2001) haben eine Taxonomie von Lernfähigkeiten produziert, die eine Gliederung von einfachen nach komplizierten Fähigkeiten zeigt.

- Erinnern,
- Verstehen,
- Anwenden,
- Analysieren,
- Evaluieren,
- Produzieren.

Die letzten drei Fähigkeiten (Analysieren, Evaluieren und Produzieren) zählen zu den HOTS. Im amerikanischen Report „Tough choices or tough times" (NATIONAL CENTER ON EDUCATION AND THE ECONOMY, 2007) wird klar gemacht, dass jeder Lehrer über diese HOTS in einer Informationsgesellschaft verfügen muss. Neben diesen so genannten „hard skills" (Mathematik, Sprache, Geographie) sollen Lehrer über „soft skills" verfügen (Problem lösen, kommunikations- Fähigkeiten, in Gruppen arbeiten können und so weiter).

Lehrer müssen mehr als früher über zwei Gruppen von Fähigkeiten verfügen: Denken wie ein Experte und komplexe Kommunikation beherrschen. Zum Expertendenken gehören große Kenntnisse von Fachbereichen. Probleme löst man nicht nur durch das einfache Folgen eines zugrunde liegenden Regelablaufs, sondern durch tiefes Verstehen des Problemgebietes und der Basisprozesse. Zur komplexen Kommunikation gehören Fähigkeiten, wie induktives Argumentieren, mit Kollegen argumentieren, Lehrende und Lernende verstehen, komplexe Dinge in einfachen Worten erzählen können und noch mehr.

Diese Fähigkeiten sind bei verschiedenen Reformpädagogen schon integriert. So erwähnten wir die Zuwendung Montessoris zu konzeptuelle Manipulation (Zuckermann, 2006), wobei Wert gelegt wird auf die zugrunde liegenden Prozesse. Freinet hat eine reiche Erfahrung in Bezug auf komplexe Kommunikation und konstruierte sämtliche didaktische Techniken zur Konkretisierung.

Lernen ohne Schule ist schon nichts Neues mehr, besonders in den Bereichen der „home schooling", wo man, mit gutem Erfolg, Kinder zuhause unterrichtet, meistens mit Hilfe oder Unterstützung von eLearning. Auch an den schon erwähnten „third places" wird die Hegemonie der Schule durchbrochen. Mit der neuen Rolle von Lehren und Schule ist das eLearning als weitaus akzeptiertes neues Mittel des Lernens engstes verbunden. Englische Schüler, die sich auf ihr Examen vorbereiten, lassen sich über eLearning von Lehrern aus Indien unterstützen.

4.6   Neue Wege zum Wissenserwerb

Die vor vielen Jahren diskutieren Vorteile des eLearnings sind inzwischen breit akzeptiert. Es handelt sich hierbei um die Verfügbarkeit von Information, immer und überall, die Unabhängigkeit von Ort und Zeit, die Möglichkeiten von multimodalen und Möglichkeiten der Hypertexte. Auch hat man schon längst entdeckt das in den meisten Fällen eine klare Struktur notwendig ist, mit Hilfe bei der Planung, Orientierung und eine hohe Transparenz. Forschung hat auch klar gemacht, dass die Attraktivität, Motivation und die Möglichkeit verschiedene Lernwege zu bieten bei guter Anwendung Vorteile bieten.

Diskussionen über Lernumgebungen werden auf verschiedenen Ebenen geführt: die der Behörden, Lehrer und Schüler. Hier werden manchmal Unterschiede in den Interessen klar: geht es um Organisation, Geld, Lernprozesse oder um alles? Lernende sind, mit Hilfe von web 2.0 und in die Zukunft 3.0 noch besser imstande, ihre eigenen Lernziele zu realisieren und dabei passende Lernumgebungen zu gestalten. Die von Instituten gewählten Umgebungen werden dann manchmal als altmodisch, hemmend und wenig relevant gesehen. Allerdings setzt dies voraus, dass man sich aktiv vernetzen kann, life und virtuell. Das ist nicht jedem gegeben und es gibt alte Klüfte in einer neuen Dimension.

Die Explosion von immer neue Anwendungen hat auch als Effekt gehabt, dass es Bewegungen gibt, die sich fragen, ob eine Aufgabe der Schule vielleicht darin liegen könnte, dass zielbewusst Abläufe verzögert werden. Manchmal sieht man dabei eine Ähnlichkeit zur

Bewegung des „slow blogging", die sich dafür einsetzt bloggen langsamer und inhaltsvoller zu gestalten. So wie in den siebziger Jahren das „close reading" für den Lese Unterricht modern wurde. (mathetics, 2008).

Seit langem suchen Wissenschaftler auch noch nach neuen Testverfahren, die den neuen Zielen gerecht werden. Im individuellen Wissenserwerb hat eLearning seinen Platz eingenommen. Nun warten wir auf die Initiativen, die die erwünschten Begründungen mit Bildungsphilosophie und relevanten Theorien herstellen können. Ansätze dazu gibt es schon. Das Informieren und Aufklären von Politiker hat dabei eine hohe Priorität.

4.7 Literatur

Anderson, L., Krathwohl (Eds.). (2001). A taxonomy for learning, teaching and assessing: a revision of Bloom's Taxonomy of educational objectives. New York: Longman.

Arnold, M. (2002): Aspekte einer modernen Neurodidaktik. Emotionen und Kognitionen im Lernprozess. München: Ernst Vögel Verlag

Arbib, M.(2005). From Monkey-Like action recognition to human language: an evolutionary framework for neurolinguistics. Behavioral and brain sciences, 28, 105–167.

Arts, J. (2007). Developing managerial expertise. Doctor Arbeit, Maastricht: Universität Maastricht.

Bastiaens, Th. (2007) Onderwijskundige innovatie: Down to earth. Over realistische elektronische ondersteuning bij leren en instructie. Heerlen: Open Universiteit.

Bereiter, C. (2002) Education and Mind in the knowledge age. Mahwah N.J.: Lawrence Erlbaum and Associates.

Bransford, J., Brown, Al, Cocking, R. (Eds.)(1999). How people learn. Brain, Mind, Experience and School. Washington D.C.: National Academy Press.

Bronkhorst, J. (2003) Freinet Pädagogik und neue Medien. In: Eichelberger, H.: Freinet Pädagogik und die moderne Schule. Wien: Studien Verlag.

Bronkhorst, J., Bakker, F. (2007). Eisweb. Interne Evaluation. Hengelo: Hogeschool Edith Stein/OCT

Bronkhorst, J., Paus, H., Verhoeven, L. (2008). Examining a national online community in case-based preservice education. In: Kinzer, C., Verhoeven, L.: Interactive Literacy environments through technology. New Jersey: Lawrence Erlbaum.

Bruinsma, M. (2003) Leidt hogere motivatie tot betere prestaties? Motivatie, informatieverwerking en studievoortgang in het hoger onderwijs. Pedagogische Studiën, 80, 226–238.

Brummelhuis, A.(2004) Rendementsnotitie ICT op school 2004. Den Haag: Stichting ICT op School.

Bulterman-Bos, J. (2008). Relevance in educational research. Will a clinical approach make education research more relevant for practice? In: Educational Researcher, 37/7.

Cosmides, L. & Tooby, J. (1997). Evolutionary Psychology: A Primer. Center for evolutionary psychology. Santa Barbara: university of California.

Eichelberger, H., Laner, C., Kohlberg, W., Stary, E, Stary, S. (2008) Reformpädagogik goes ELearning. München: Oldenbourg Verlag.

Hardre, P., Reeve, J. (2003). A motivational model of rural students intetions to persist in, versus drop out of, high school. Journal of educational Psychology, 95, 347.

Hermans, H., Verjans, S. (2008). Van www naar een persoonlijk kennisweb. Heerlen: Open universiteit.

Herrmann, U. (Hrsg.) (2006): Neurodidaktik – Grundlagen und Vorschläge für gehirngerechtes Lehren und Lernen. Weinheim und Basel: Beltz Verlag.

Hoare, S. (2007). Students tell Universities: Get out of MySpace! Education Guardian, November 5th, 2007.

Itzkan, S. (1994) Assessing the future of telecomputing environments: implications for instruction and administration. In: The computing teacher, 22–24.

Kinzer, C., Verhoeven, L. (2008) Interactive literacy education. Facilitating Literacy environments through technology. Mahwah N.Y.: Lawrence Erlbaum Associates Inc.

Klopfer, E. (2008). Augmented learning. Research and design of mobile educational games. Cambridge MA: The MIT Press.

Kohlberg, W. (2002). Europäisches Handbuch Reformpädagogischer Schulentwicklung. Osnabrück: Universität Osnabrück.

Kohlberg, W., Unseld, T. (2007) Mathetik, Mathetics, Mathetique. Osnabrück: Universität Osnabrück

Lewalter, D.,Krapp, A. (2004). The role of contextual conditions of vocational education for motivational orientations and emotional experiences. European Psychologist, 9, 210–221.

Lickliter, R., Bahrick, L. (2004). Perceptual development and the origins of multisensory responsiveness. In: Clavert, G., Spence, C., Stein, B. (Eds.): The Handbook of multisensory Processes. Pp. 643–654. Cambridge MA: The MIT Press.

Martens, R., Gulikers, J. & Bastiaens, Th. (2004). The impact of intrinsic motivation on ELearning in authentic computer tasks. Journal of computer assisted learning, 20, 368–376.

Marshall, P. (2007). Do tangible interfaces enhance learning? In: TEI '07: Proceedings of the 1st international conference on tangible and embedded interaction. P. 163–170 New York: ACM Press.

Mayer, R. (2001). Multimedia Learning. Cambridge: Cambridge University Press.

Mayer, R. (2004). Should there be a three-strikes rule against pure discovery learning? The case for guided methods of instruction. American Psychologist, 59, 14–19.

Mayer, R. (2006). The Cambridge Handbook on multimedia learning. Cambridge: Cambridge University Press.

Mitra, Sugata (2006) The Hole in the Wall: Self-Organising systems in Education. New Delhi: Tata-McGraw-Hill Pub. Co. Ltd.

National center on education and the economy(2007).: Tough choices tough times. The report of the new commission on the skills of the American workforce. Hoboken N.Y.: John Wiley and sons.

Obliger, D. (2006). Learning spaces. Washington D.C.: Educause.

Prensky, M. (2001). Digital Natives, Digital immigrants. On the Horizon. NCB University Press, Vol. 9, no. 5, Dezember 2001.

Rathberg, T. (2008). Jugend, Information, (Multi-)Media. Basisstudie zum Medienumgang 12- bis 19- Jähriger in Deutschland. Stuttgart: Medienpädagogischer Forschungsverbund Südwest.

Reed, J., Warner-Rogers, J. (2008). Child Neuropsychology. Oxford: Wiley-Blackwell.

Reeves,T.(2005) Design based research for advancing educational technology. In: Valcke, M., Cock de, K., Gombeir, D., Vanderlinde, R. (Eds.) Meten en Onderwijskundig onderzoek. Proceedings of the 32 Educational Research Days (pp. 33–39). Gent: University Gent.

Ryan, R., Deci, E. (2000). Self-determination theory and the facilitation of intrinsic motivation, social development, and well being. American Psychologist, 55, 68–78.

Schulmeister, R. (2008) Gibt es eine „Net Generation"? Work in Progress. Hamburg: Universität Hamburg.

Shaffer, D. 2006). How computer games help children learn. New York: Palgrave-Macmillan.

Spitzer, M. (2005). Vorsicht Bildschirm! Elektronische Medien, Gehirnentwicklung, Gesundheit und Gesellschaft. Stuttgart: Ernst Klett Verlag.

Spitzer, M. (2007) Lernen. Gehirnforschung und die Schule des Lebens. München: Elsevier.

Stern, E., Grabner, R. & Schumacher, R. (2005). Lehr-lern Forschung und Neurowissenschaften, Erwartungen, Befunde, Forschungsperspektiven. Berlin: Bundesministerium für Bildung und Forschung (BMBF)

Sweller, J., & Sweller, S. (2006). Natural information processing systems. Evolutionary Psychology, 4, 434–458.

Szikszentmihalyi, M. (1996) Creativity: Flow and the psychology of discovery and invention. New York: HarperCollins.

Tapscott, D. (1998). Growing up digital. New York: McGraw Hill.

Tiffin, J., Rajasingham, L.(1995) In search of the virtual class. Education in an Information Society. New York: Routledge.

Ullman,C., Rabinowitz, M. (2004). Course management systems and the reinvention of instruction. T.H.E. Journal online. http://thejournal.com Last retrieved at 23-12-2008.

Young, J. (2004). When good technology means bad teaching. http://chronicle.com Section: Information Technology, Volume 51, Issue 12. Last retrieved at 23-12-2008.

Zuckerman, O. (2006). Historical overview and classification of traditional and digital learning objects. Cambridge MA: MIT Media laboratory.

Zuckerman, O., Arida, S., Resnick, M. (2005) Extending tangible interfaces for education: digital Montessori-inspired manipulatives. CHI 2005, April 2-7, Portland Oregon.

4.7.1   URLs

http://www.viseus.eu   Website vom Viseus Projekt

http://www.myowndictionary.eu   Website vom Europäischen Wörterbuch

http://www.blikk.it/forum/blog.php?bn=viseus_visessen   Website vis@vis

http://mathetic.blogspot.com   Blog über Mathetik

http://www.nabaztag.com/en/index.html   Robot Nabaztag

http://www.blikk.it/blikk/scholion/eisweb/start.html   Projekt Eisweb

5 Lehren und Lernen in weltgesellschaftlichen Zusammenhängen

Renate Kock & Günther Henning

Dieses Thema beschäftigt uns nicht zufällig. Eine lange Auseinandersetzung mit den Vertretern der Education Nouvelle, der Progressiven Erziehung oder Reformpädagogik hat uns gelehrt, dass die Schule sich dem Leben öffnen sollte. Bereits Rabelais und Rousseau fordern die Öffnung der Schule für die Welt des 20. Jahrhunderts. Die Hamburger Gemeinschaftsschulen in Deutschland, Makkarenko in Russland, Dewey in Amerika, Decroly in Belgien, Montessori in Italien und Freinet in Frankreich haben diese Idee, die Schule im Leben zu verankern, in die Tat umgesetzt. Der Rekurs auf diese Autoren kann als Plädoyer dafür aufgefasst werden, der Globalisierung von Schule die reformpädagogische Tradition nahe zu legen. In diesen Kontext gehören weiter auch Autoren wie Bernstein und Wygotski, Freire und Illich mit ihren Konzepten der Anpassung an sprachliche Umgebungen (Bernstein), der Anpassung von Entwicklung an vorheriges Lernen (Wygotski) sowie des Widerstands bei Freire und Illich mit den Konstrukten einer selbst gesteuerten Alphabetisierung.

Vor diesem Hintergrund haben sich von August 2004 bis Mai 2006 Lehrerinnen und Lehrer aus verschiedenen Teilen Europas getroffen und in einem Lehrgang, konzipiert nach dem Konzept des blended learning, neue reformpädagogische Formen des Lernens auf der Lernplattform Scholion studiert (zum Konzept des blended learning vgl. Mandl/Kopp 2006). Die Ausgangsfrage dabei lautete, ob und wie es möglich ist, mit einer entsprechend vorbereiteten, virtuellen Lernumgebung im Internet Lehrerfortbildung nach reformpädagogischen Grundsätzen zu organisieren und durchzuführen (vgl. dazu Eichelberger/Laner 2006).

Eine Bezugnahme auf den Konstruktivismus an dieser Stelle ist notwendig – hat doch der Konstruktivismus der Reformpädagogik die stets vermisste philosophische Begründung nachgeliefert und stellt zugleich ein zentrales Paradigma bei der Konzeption virtueller Lernumgebungen. Hier soll nur auf das unverträgliche Nebeneinander von radikalem und gemäßigtem Konstruktivismus verwiesen werden. Der gemäßigte Konstruktivismus, wäre er zwingend gedacht, verunmöglicht den radikalen und umgekehrt. Eine Schule, autopoietisch in sich selbst abgeschlossen, ist in diesem Kontext nur schwer vorstellbar. Die Öffnung des Lernens für das Befremdliche ist geradezu ein Starterkit für jede Didaktik. Es gehört zum Wesen des Menschen – und damit der Erziehung – sich auf die Welt hin zu öffnen und mit der Umwelt in Beziehung zu treten. Welt und Wirklichkeit werden dabei als der menschlichen Erkenntnis zugänglich betrachtet. Dieses verweist auf die Formel vom experimentellen Tasten und die Konzepte der offenen Schule in der Freinettradition.

Mit der Globalisierung oder – um den französischen Begriff aufzugreifen – Mondialisierung stehen wir dabei heute vor einer neuen und unumkehrbaren Entwicklung. Die Globalisierung ist nicht minder ein kultureller Prozess als ein ökonomischer. Die Welt scheint zu einem globalen Dorf zu werden – ermöglicht durch die neuen Kommunikationsmittel wie Internet, Satellitentechnik, Fax und Telefon. Wir nehmen vermittels Medien die Wirklichkeit wahr; Wirklichkeit wird durch Medien konstituiert. Grundsätzlich kann alles, was der Wahrnehmung dient bzw. für diese konstitutiv ist oder Wirklichkeit konstituiert ein Medium sein. Medien haben eine konstituierende Funktion in Kommunikations-, Handlungs- und Erkenntniszusammenhängen. Ein Buch, ein Schulbuch, die Schrift, Sprache, Musik (in Form von CD, Cassette, Klavier, Flöte), ein Dia, Bild, die Stimme, Geld kann Medium sein, aber auch personal das Kind. Das Kind bei Montessori zum Beispiel soll die Erwachsenen lehren zu sein. Das Kind ist somit konstitutiv für die Welterfahrung der Erwachsenen. Auch Gedanken und unser Denken sind Medium. Der Computer verknüpft dabei die Potenziale bisheriger Medien und steigert diese durch seinen interaktiven Charakter zu einem hochkomplexen Lebens- und Erfahrungsraum. Ausgehend von den Ingenieurwissenschaften, der Informatik, der Wirtschaftswissenschaft und der Kommunikationswissenschaft ist der Begriff Multimedia (computergestützte Integration vormals getrennter Medien auf einer einzigen Nutzerschnittstelle) so auch in der Pädagogik und der Psychologie zu einem zentralen Gegenstandsbereich aufgerückt.

Globalisierung ist mit rapiden Veränderungen verbunden. Sie beseitigt en passant die traditionellen Schranken, mit denen die Nationen bisher ihren totalitären Anspruch begrenzt haben. Jede Nation muss sich auf die globalen Veränderungen einstellen und in Politik, Wirtschaft und Gesellschaft, in den Sozialsystemen und im Bildungswesen Reformen durchführen. Die Schule steht dabei nach wie vor im Mittelpunkt vielfältiger Überlegungen und ist geradezu ein Spiegel der Gesellschaft, die sie konstituiert.

Was heißt nun „sich dem Leben öffnen"? Ist das unmittelbare sozio-kulturelle Umfeld gemeint, die Arbeitswelt, die Geschäftswelt, die Wirtschaft in ihren verschiedensten Bezügen? Oder denken wir dabei an einen größeren Zusammenhang: Europa oder gar die Welt? Oder ist damit gemeint, dass die Schule sich anderen schulischen Systemen öffnen sollte? Was wissen wir über das schulische System in Asien und Afrika, die Schulen des Koran?

Es kann hier nicht die Absicht sein, eine Hypothese über die Vereinbarkeit oder Unvereinbarkeit von Regionalkultur und Weltkultur zu begründen. Es soll vielmehr verständlich gemacht werden, welches schulpädagogische Reisegepäck helfen könnte, wenn eine Kultur in die Globalisierung einzutreten gezwungen ist. Unstrittig ist bei allem, dass die Schule bei allen diesen Überlegungen ihre eigentliche Aufgabe, das Unterrichten der nachwachsenden Generation, nicht aus den Augen verlieren kann. Und hier sofort ist ein gewisser Skeptizismus angebracht: Seit Bestehen der Schule ist allgemein bekannt und unstrittig, dass Schule auch soziale Ungleichheit reproduziert und sozialen Ausschluss produziert. Bereits Bourdieu und Passeron warnen in ihren unter dem Titel Les Héritiers. Les Etudiants et la Culture im Jahr 1964 veröffentlichten Untersuchungen (1971 unter dem Titel Die Illusion der Chancengleichheit ins Deutsche übersetzt) davor, die emanzipatorische Wirkung des bürgerlichen

Bildungssystems zu überschätzen und entwickeln die These, das Sozialsystem gebe dem Bildungswesen nur dann die Möglichkeit relativer Autonomie, wenn es prinzipiell dazu disponiert bleibe, das bestehende Sozialsystem zu legitimieren. Die Theorie der Globalisierung muss somit auch Konzepte des Lehrens und Lernens bereitstellen, um bei den Zielen des Friedens und der Förderung der sozial Ausgeschlossenen (vgl. Kock/Günther 2008) zu bleiben. Es gibt dabei – wie 2001 und danach die Pisa-Studie erneut belegt hat – keine Lösung des Problems – nur eine Komplexitätssteigerung des Problembewusstseins.

Die vorliegenden Konzepte sind vielfältiger Art (vgl. Kock 2005). Als zentrale werden hier genannt: das globale Lernen, die Civic-Education als Demokratieerziehung oder zivilgesellschaftliche Bildung aus dem anglo-amerikanischen Raum sowie New Learning Konzeptionen verbunden mit der These vom Weltbildungssystem, der folgend die Ziele der Delors-Kommission learning to know, learning to do, learning to live together, learning to be sich weltweit durchsetzen, die Curricula, besonders im Primarschulbereich, sich angleichen, eine einheitliche Bildungssemantik sich herausbildet, und zentrale Daten in Weltbildungsberichten erfasst werden. Mit dem Begriff Weltbildungssystem wird dabei der Weltsystemansatz aufgegriffen, der bei der Suche nach zur Evolutionsperspektive alternativen Theorien sozialen Wandels auf erziehungswissenschaftliche Fragestellungen übertragen und für die Schulforschung nutzbar gemacht wird.

5.1   Globales Lernen

Die Frage nach dem Lehren und Lernen im Horizont einer globalisierenden Weltgesellschaft ruft Konzepte globalen Lernens auf den Plan – im angloamerikanischen Raum bereits seit den siebziger Jahren, in Deutschland seit etwa Mitte der neunziger Jahre. Die Konzeption der Global education wird am International institute for global education der Universität Toronto und zuvor am Institute for global education der Universität York (U.K.) entwickelt. Im niederländischen meint dieser Ansatz Mondiale vorming. In der deutschen Übersetzung von Global education: Globales Lernen hat sich diese Konzeption auch in der Bundesrepublik seit einigen Jahren im Sinne fächerübergreifender Ansätze, die weltweite Zusammenhänge thematisieren und auf ganzheitliche Lernprozesse zielen durchgesetzt (vgl. Rathenow 2000). Allen Ansätzen globalen Lernens gemeinsam ist der Rückgriff auf Inhalte der Friedens- und Menschenrechtserziehung (Human rights education), der Umwelt-/Ökopädagogik (Environmenet education), der Dritte-Welt-Pädagogik bzw. entwicklungspolitischen Bildung (Development education). Als pädagogische Vorläufer der Idee des globalen Lernens werden die Gründung des pädagogischen Netzwerks The new era im Jahre 1929 in Helsingör genannt, wo sich über 2000 Delegierte aus 50 Ländern versammeln und Ziele wie internationale Verständigung, World citizenship, eine gerechte Weltordnung und das Bewusstsein für eine Weltgemeinde: Sense of world community formulieren, der Ende der dreißiger Jahre entstehende Council for education in world citizenship (CEWC) sowie kritische Denkansätze aus der Reformpädagogik und verschiedene Ansätze der interkulturellen Pädagogik.

5.1.1   Möglichkeiten und Grenzen globalen Lernens

Globales Lernen umfasst Postulate wie z.B. die dialogische Aufmerksamkeit, die Ausbildung eines eigenen Ich als Handlungs- und Orientierungszentrum (vgl. Hufer 2002, S. 62) und die Wiederentdeckung handlungsorientierter Ansätze (vgl. Koopmann 2002; Leidig 2002) ebenso wie die wechselseitige Anerkennung von Bildungsabschlüssen zwischen den Staaten und die Bereitstellung elementarer Schlüsselkompetenzen der internationalen Kommunikation, darunter in erster Linie von Fremdsprachenkenntnissen. Globales Lernen insgesamt steht für einen konstruktiven Umgang mit kultureller Vielfalt. Die Frage gemeinsamer Verantwortung für eine Welt durch gemeinsame bildungspolitische und pädagogische Handlungsaufgaben wie Berufsbildung, Menschenrechtserziehung, Friedenserziehung, Interkulturelle Bildung (vgl. Lenhart 2000) wird als so bedeutsam erkannt, dass sie Bestandteil der Allgemeinbildung werden soll. Bereits in der Grundschule soll zu einer umfassenden Einbettung der sozialen Lebenswelt der Schüler und der lokalen Heimat in weltweite Bezüge ermutigt werden sowie dazu, deren multikulturelle Genese und Struktur zu erschließen (vgl. Seitz 2002, S. 49). Lernende sollen befähigt werden, Globalität wahrzunehmen, sich selbst mit ihren Fähigkeiten und Möglichkeiten im Netz weltweit gespannter Wechselwirkungen zu verorten, individuelle und gesellschaftliche Lebensgestaltung an offenen und zu reflektierenden Wertvorstellungen zu orientieren; persönliches Urteilen und Handeln in globaler Perspektive zu verfolgen.

Der Ansatz des globalen Lernens hat insbesondere zwei kritische Punkte. So ist es zweifelhaft, Schlüsselprobleme, -qualifikationen, -kompetenzen für das 21. Jahrhundert zu entwickeln, ohne dass deutlich wird, welcher Gesellschaftsdiagnose oder informierter Bedarfsanalyse sich solche Postulate verdanken. Weiter verweist globales Lernen auf die in erster Linie nationalen und regionalen politisch-ökonomischen Eigeninteressen. Das Programm einer Global education in den sechziger und siebziger Jahren verdankt sich zuallererst dem Umstand, dass sich US-amerikanische Politiker und Manager nach der Veröffentlichung bestürzender Umfragergebnisse über den provinziellen Bewusstseinszustand der Jugend ihres Landes höchst alarmiert zeigten. Die spärlichen internationalen Kenntnisse der amerikanischen Bevölkerung schienen den Anforderungen, die an eine politische und ökonomische Weltmacht zu stellen sind, nicht mehr angemessen. So war die gezielte Förderung internationaler Bildung in die Bestrebungen der USA eingebettet, ihre hegemoniale Stellung in wirtschaftlicher wie politischer Hinsicht auszubauen (vgl. Seitz 2002, S. 55 f).

Wenn globales Lernen handlungstheoretisch erklärt wird, werden unterschiedliche Akteure und Strukturen (wie z.B. die des kapitalistischen Marktes) benannt. Ein Hauptmerkmal von Unterricht und Erziehung liegt dann auf Herausbildung von kritischem Bewusstsein und auch auf der Schaffung und Unterstützung einer Gegenöffentlichkeit. Wenn globales Lernen hingegen evolutionär betrachtet wird, müssen Lernaufgaben anhand dieser Entwicklung identifiziert und muss z.B. der Umgang mit abstrakten Dingen gelernt werden. Hier wird auch das Angebot kognitiver Orientierung wichtige Aufgabe sein. Diese beiden Zugänge zu globalem Lernen sind im Menschenbild und in der Beschreibung der Weltgesellschaft different. Kößler ist hier als Ansprechpartner der handlungstheoretischen Perspektive zu sehen; Treml ist der evolutionstheoretischen Perspektive zuzuordnen.

Für Treml stößt aus evolutionstheoretischer Sicht globales Lernen an innere und äußere Grenzen. Nahbereichsfixierung, sekundäre Motivation und Ressourcenbedarf werden als innere Grenzen definiert. So neige der Mensch beispielsweise dazu, Lernen in konkreten Handlungsvollzügen einem abstrakten Lernen vorzuziehen. Komplexität, Kontingenz und Risiko werden als äußere Grenzen definiert (vgl. Treml 2000). Nach Bühler ist globales Lernen aus postmoderner Sicht nicht sonderlich attraktiv, weil es insgesamt zu prinzipientreu, zu programmatisch der Aufklärung verpflichtet, allzu sehr mit Betroffenheit geschwängert, weil es noch zu sehr von den Machern globalen Lernens, nicht aber von den Lernern und deren Lehrern formuliert ist (vgl. Bühler 2000).

In der Praxis greifen die verschiedenen Ansätze globalen Lernens mit Vorschlägen wie Weltbilder auf den Kopf stellen, Begrüßung in einer multi-kulturellen Gesellschaft, der Kaffeeparcours oder auch Textrekonstruktionen (vgl. Habig/Kübler 2000; Nestvogel 2000) oft auf Elemente ehemaliger Dritte-Welt-Pädagogik sowie entwicklungspolitischer oder reformpädagogischer Bildung zurück.

5.2   Civic Education

Mit dem Begriff Civic education werden Formen zivilgesellschaftlicher Bildung zusammengefasst, theoretische und praktische Ansätze und Methoden zur Demokratieerziehung und zum sozialen Lernen aus dem anglo-amerikanischen Kulturraum (Kanada, Großbritannien, USA, Australien, Neuseeland). Die verschiedenen Formen der Demokratieerziehung bewegen sich zwischen passiv-rezeptivem Lernen auf der einen und aktiv-partizipativem Lernen auf der anderen Seite. Sie finden im Kontext einer einzelnen Klasse, der gesamten Schule oder auch eines Netzwerkes von Schulen statt. Methoden und Formen einer Civic education sind Lehrervortrag, Schülervortrag, Quellenstudium, Fallstudium, Schülerversammlungen, Einladung von Experten, kooperative Arbeitsgruppen, Rollenspiele, Projekttage, Wahlen für das Schulparlament, Wandzeitung, Wahl einer Klassenpräsidentin, Briefpartnerschaften (vgl. Sliwka 2002). Zwei Grundformen zivilgesellschaftlicher Bildung sind Lernen durch Sprechen und Lernen durch Handeln.

5.2.1   Lernen durch Sprechen

Lernen durch Sprechen verweist auf schwache Demokratiekonzepte. Beim Lernen durch Sprechen werden drei Formen unterschieden: das Debattieren, das Deliberieren und das Diskutieren (vgl. Sliwka 2002).

Debattieren wird im Großbritannien des 19. Jahrhunderts an Schulen und Universitäten mit dem sogenannten Debating umgesetzt. Es ist eine klar strukturierte und auf Spielregeln des Fair Play basierende Methode zur Diskussion einer kontroversen Fragestellung in der Gruppe. Für diese Methode gibt es Techniken. Die Debatte wird von einem Präsidenten geleitet, während der Sekretär auf die Einhaltung der Redezeit achtet. Die Debatte mündet in Abstimmungen. Eine Weiterentwicklung der Debating-Methode ist die akademische Kontroverse.

Deliberieren als vernunftgeleitetes und freies Sprechen mit dem Ziel einer grundlegenden Verständigung unterscheidet sich deutlich von der Debatte. Deliberatives Sprechen zeichnet sich gerade dadurch aus, dass Teilnehmer von ihrer eigenen Position zurücktreten und sich grundlegender auf eine gemeinsame Analyse eines Problems einlassen. Die Teilnehmer verständigen sich dabei über Prämissen und gedankliche Muster, die gegenseitiges Verstehen erschweren können, wenn sie nicht explizit gemacht werden. Deliberative Verständigungsprozesse überwinden das Bestreben zu rhetorischer Brillanz oder Schlagfertigkeit, das Debatte und oft auch Diskussion bestimmt. Das Deliberationsforum, als didaktische Großform zur Förderung demokratischer Kompetenzen beispielsweise thematisiert Fragen wie die ob eine Schule Ganztagsschule werden oder ob Verantwortungsübernahme durch Schüler ein fester Bestandteil des Curriculums werden soll. Teilnehmer solcher Foren können neben Schülern und Eltern auch Poltiker und Experten sein. Entscheidungen können so an demokratischer Legitimation gewinnen. Prototyp eines solchen Unterrichts ist der Ansatz Célestin Freinets, der mit dem Begriff des erfahrungsbasierten Lernens durch experimentelles Tasten und seiner Idee vom Klassenraum als Demokratie im Kleinen eine Grundlage für ein solches Verständnis bietet.

Zur Simulation deliberativer Kommunikationsprozesse wird auf den Dialogprozess zurückgegriffen. In einem offenen Lernprozess bewusster Kommunikation und konstruktiven, generativen Sprechens werden kreative Lösungen komplexer Probleme und Konfliktsituationen gefunden. Der Dialogprozeß bietet die Möglichkeit, bestimmte Fähigkeiten und Einstellungen als Grundvoraussetzungen demokratischen Sprechens zu üben: bewusst und aufmerksam zuhören; Stimmungen in der Gruppe genau wahrnehmen; den Kommunikationsprozess verlangsamen, um das Gesagte zu reflektieren; Gewissheiten zurückstellen; Vorannahmen hinterfragen; sich für Wahrnehmungen und Vorstellungen anderer öffnen; die eigene Position im Lichte neuer Argumente und Fakten in Frage stellen; Spannungen aushalten. Im Unterschied zur Debatte sitzen beim Dialog die Teilnehmer ohne Führung und feste Agenda zusammen. Die einzige Vorgabe lautet, die Aufmerksamkeit auf das zu richten, was zwischen ihnen entsteht. Es gibt dabei für niemanden die Verpflichtung zu sprechen, noch die Verpflichtung, zu gemeinsamen Ergebnissen zu kommen. Ähnlich wie der Begriff Bildung entzieht sich auch der Begriff Dialog dem Übereinkommen. Als Ansatz demokratischen Sprechens greift das deliberative Sprechen auf den deutsch-jüdischen Philosophen Martin Buber zurück, der mit seiner 1923 erschienenen Schrift Ich und Du zum Lehrer des dialogischen Prinzips wird. Dialog heißt für Buber, sich ohne Vorbehalt und frei von allem Schein dem anderen zu öffnen. Zu nennen ist hier auch Paulo Freire. Dialog und Erfahrungsaustausch werden bei Freire rückgebunden an eine soziale Praxis, die Reflexion und Aktion, Hören und Sprechen umfasst. Die Sprache ist dabei die Verbindung zwischen Reflexion und kultureller Aktion zur Veränderung der menschlichen Welt (vgl. Freire 1997, S. 303–308).

Die Diskussion ist eine Zwischenform zwischen Debatte und Deliberation und enthält Elemente beider Kommunikationsformen. Methodisch für diese Form steht die sogenannte Fishbowl-Methode. Ein Moderator stellt Einstiegsfragen. Jeder, der sich (punktuell) an der Diskussion beteiligen möchte, begibt sich aus einem Aussenstuhlkreis in den Innenstuhlkreis. Nach Abgabe des Redebeitrags begibt man sich wieder in den Außenstuhlkreis. Im Innenstuhlkreis befindet sich ein Kern fester Diskutanten. Formen des demokratischen Sprechens sind an den meisten deutschen Schulen noch nicht institutionalisiert (vgl. Sliwka

2004). Regelmäßige Vollversammlungen der Schulgemeinschaft zur Regelung gemeinsamer Angelegenheiten bleiben hier die Ausnahme und konzentrieren sich in der Regel auf private Schulen oder Reform- und Alternativschulen wie z.B. die Freinetschulen mit ihren wöchentlichen Klassenratsitzungen zur Besprechung gemeinsamer Angelegenheiten. Auch unter Lehrern ist eine Kultur der Kooperation immer noch unterentwickelt. Erst in den letzten Jahren haben einige Schulen die Schulprogrammentwicklung zum Anlass genommen, über Fächergrenzen und Schulstufen hinweg, sich auf Standards einer demokratischen Schulkultur zu verständigen.

5.2.2   Lernen durch Handeln

Lernen durch Handeln ist ein Ansatz der so genannten starken Demokratie und ist eine normativ ausformulierte Konzeption. Für die Vertreter dieses Ansatzes geht der Auftrag schulischer Demokratieerziehung über die Befähigung zur fairen Deliberation und Konsensfindung hinaus. Zivile Tugenden einer starken Demokratie umfassen hier auch die Fähigkeit zum sozialen und politischen Handeln. Aufgaben und Probleme in der Lebenswelt sollen erkannt, Lösungsansätze entwickelt und diese einzeln oder in Gruppen umgesetzt werden. Lernen und Verstehen werden durch die Koppelung von Erfahrung und Reflexion ermöglicht. Handlungskompetenz zu erwerben erfordert authentische Situationen sozialen Lernens in der realen Welt (Gemeinde, Stadt) und im Umfeld der Schule. Modelle eines Lernens durch Handeln sind das Youth leadership training, der Ansatz der individuellen und kollektiven Lernverträge und das Service learning (vgl. Sliwka 2002).

Youth leadership training. Im Kontext des Pragmatismus (insbesondere in der Tradition Deweys) misst die amerikanische Pädagogik dem Begriff Leadership für die Umsetzung von Projekten groß Bedeutung bei. Leaders sind Personen, die Gestaltungsideen haben, diese umsetzen und dabei andere zur Mitarbeit und Teilhabe an einem Projekt nachhaltig bewegen. Leaders gelten als kreative Ressource einer kreativen Demokratie. Youth leadership programs existieren in fast allen englischsprachigen Ländern; sie dienen der Vorbereitung auf gesellschaftliche Führungsaufgaben. Grundannahme ist, dass zivilgesellschaftliche Initiativen von einzelnen Individuen ausgehen und auf die Fähigkeit zur Führung durch diese Individuen angewiesen sind. Youth leadership programs finden sowohl in Schulen als auch im Rahmen außerschulischer Jugendarbeit statt. Wegen der Problematik des Führerbegriffs im deutschen Kontext sind Youth leadership Programme an deutschen Schulen nicht entwickelt.

Individuelle und kollektive Lernverträge. Hier geht es um eine gezielte Entwicklung der Fähigkeit zum Treffen von Wahlentscheidungen durch Lernverträge, die die Möglichkeit zur Wahl eigener Lernprojekte bieten. Der Lernende ist dabei an der Bestimmung eigener Lernziele beteiligt. Der Lernende wird für seinen Lernerfolg aktiv in die Verantwortung genommen. Durch die Setzung struktureller Rahmenvorgaben wie Umfang der Lernleistung, zeitlicher Rahmen, Bewertung wird Ablaufverbindlichkeit, Standardsicherung und Zielorientierung im Prozeß des Lernens mit Lernverträgen gesichert. Reformpädagogische und demokratietheoretische Wurzeln dieser Idee werden bei Freire und Dewey gesehen. Die Hauptverantwortung für die Erfüllung eines Lernvertrages liegt auf dem Lernenden selbst.

Service learning – d.h. Dienst (Service) am anderen Menschen und Gemeinwohl und eigenes Lernen (Learning) an einer realen Aufgabe und authentischen Herausforderungen – vollzieht sich in verschiedenen Schritten: es beginnt mit einer Recherche Phase in der eigenen Gemeinde; die Lernenden erforschen ihr Umfeld und identifizieren die wichtigsten Herausforderungen und Probleme; in der zweiten Phase werden in Teams Ideen zur Lösung eines dieser Probleme gesucht; dabei wird eng mit den Partnern in der Gemeinde zusammengearbeitet; in regelmäßigen Abständen werden die Erfahrungen und der Lernprozess reflektiert; die Erfahrungen außerhalb der Bildungsinstitution werden zurückgebunden.

Die Meinungen über diesen Ansatz gehen auseinander. So ist die Meinung nicht zu unterschätzen, dass Dienst an der Gemeinschaft freiwillig sein sollte, so dass verpflichtende Service learning Programme daher abgelehnt werden. Dagegen steht die Auffassung, Service learning sei für das Erleben von sozialer Interdependenz und demokratischer Partizipation notwendig und deswegen ebenso legitimiert wie andere curriculare Vorgaben. Citizenship wird als eine erlernte Kunst gesehen, die zum Demokratielernen dazugehört. Service learning ist situiertes Lernen, erfahrungsreich, verständnisintensiv, hat eine Nähe zur Projektmethode und steht in der Tradition anglo-amerikanischer Community education (vgl. Frank/Sliwka 2004, S. 21). Der Unterschied zur Projektmethode liegt vor allem darin, dass die Schüler unmittelbar an der Lösung von Problemen in ihrem Umfeld mitarbeiten. Auf diese Weise werden Wissen und Kompetenzen in authentischen Problemsituationen angewandt bzw. erworben. Es entstehen soziale Bindungen und Kommunikationsstrukturen in der Gemeinde, die das zivilgesellschaftliche Verantwortungsbewusstsein der Schüler stärken und demokratische Haltungen entwickeln (vgl. Frank/Sliwka 2004, S. 9).

Bereits während der ersten beiden Drittel des 20. Jahrhunderts finden sich in der US-amerikanischen Pädagogik eine Reihe einzelner Initiativen zur Entwicklung des Service Gedankens im Kontext von Unterricht und Erziehung. Seit Mitte der achtziger Jahre ist eine systematische Vernetzung all dieser Einzelinitiativen zugunsten einer Bewegung für Service learning zu beobachten. Zwischen 1984 und 1990 werden in den USA eine Reihe von Assoziationen und Netzwerken gegründet, die aus der Idee des Sercvice learning eine Reformbewegung machen. Der Durchbruch in den USA kommt mit einer Reihe von Gesetzen seit Beginn der neunziger Jahre, die z.B. öffentliche Mittel für die Entwicklung von Service learning Programmen verfügbar machen. Weiter werden Service learning Projekte an Schulen und Hochschulen gefördert. In einzelnen Staaten ist die Beteiligung an Service learning Projekten ein fester Bestandteil schulischer Bildung.

Ein deutscher Pilotversuch zum Service learning findet im Schuljahr 2002/2003 an zehn verschiedenen Schulen statt (vgl. Frank/Sliwka 2004, S. 13). Seit Januar 2003 wird Service learning im Rahmen eines bundesweiten Modellprogramms Demokratie leben und lernen an unterschiedlichen Schulformen in ganz Deutschland erprobt und weiterentwickelt (vgl. Frank/Sliwka 2004, S. 24f). Internationale Forschungsergebnisse zum Service learning kommen zu positiven Resultaten bezüglich: der Persönlichkeitsentwicklung von Schülern; der Verbesserung des Klassenunterrichts; der Verbesserung der Zusammenarbeit zwischen Schülern und Gemeinden; der Definition zivilgesellschaftlicher und demokratischer Ziele von Bildung (vgl. Frank/Sliwka 2004, S. 13 f).

5.3 Demokratie-Erziehung als normative Erziehung

Konzepte und Formen einer zivilgesellschaftlichen Bildung werden im anglo-amerikanischen Kulturraum entwickelt. Sucht man nach einem Transfer dieser Methoden nach Deutschland, muss man nach den kulturellen, institutionellen und personellen Bedingungen fragen, die diesen Transfer erlauben. In der gegenwärtigen deutschen Lehreraus- und -fortbildung gibt es anders als in anderen Demokratien keinen fachübergreifenden Konsens, dass zivilgesellschaftliche Erziehung für eine funktionierende Demokratie notwendig ist (vgl. Sliwka 2002, S. 49). Die Bezugnahme auf eine liberal-demokratische Pädagogik und die dazugehörige Unterrichtsdidaktik ist normativ-weltanschaulich begründet. Eine zentrale Frage ist somit, inwieweit Demokratie Erziehung normative Erziehung ist, insofern der Lehrer – gestützt durch ein relativ stabiles Wertesystems in Familie und Gesellschaft und ein hohes Niveau kognitiven Wissens – aufgefordert ist, aus einer liberal-demokratischen Grundhaltung heraus demokratische Werte und Anläufe selbstverständlich zu verkörpern und in einem komplexen Sinn zu vermitteln. Hier ist der Akzent auf den Aspekt eines demokratischen Unterrichts zu richten. Demokratie Erziehung in einem schülerorientierten demokratischen Unterricht ist nicht normativ, stellt nicht ein Prinzip in den Mittelpunkt des Unterrichts, sondern Demokratie ist Weg und Ziel des Unterrichts selbst. Emanzipation, Mündigkeit und Entscheidungskompetenz als Ziele eines auf Demokratiefähigkeit gerichteten Unterrichts verlangen, dass wer diese zum Ziel hat, diese auch in der Situation immer schon unterstellt. Die Bedeutung der Lehr/Lernsituation eines auf Demokratiefähigkeit zielenden Unterrichts ist von daher der zentrale Aspekt. D.h. die These von der Interpretierbarkeit unterschiedlicher Situationen durch alle in ihr Agierenden; die Rehabilitation der Lerner in ihren Rechten auf Situationsdefinition; der Ausgang der lehrtheoretischen Reflexion vom Alltagswissen und von den darin sedimentierten privaten Theorien über Lehrer, Lehrersein, Schülersein; die Erzeugung von Intersubjektivität und Verständnis in der Lehr/Lernsituation.

5.4 New learning

Zusammengefasst unter dem Namen New learning hat die neue Komplexität und Dynamik gesellschaftlicher Verhältnisse eine andere Bewegung konstituiert, die charakterisiert ist durch den Gedanken des selbsttätigen und selbstgesteuerten Lernens, des aktiven Konstruierens von Wissen, der Selbstregulierung oder kurz: der Fähigkeit, das Lernen zu lernen – eine Fähigkeit, die angesichts des immer schneller wachsenden Wissenspool einer Kommunikations- und Netzwerkgesellschaft als die entscheidende betrachtet wird (vgl. Dam u.a. 2000, S. 141).

New Learning Lernprozesse sollen dauerhaft sein, flexibel, funktional, bedeutungsvoll, generalisierbar und anwendungsorientiert. Wissen soll dauerhaft sein meint, dass das Gelernte über längere Zeit präsent bleibt. Es soll nicht um das Lernen für heute oder morgen gehen, sondern für Monate, Jahre oder das Leben: Nicht für die Schule, für das Leben lernen wir. Flexibel soll heißen, dass das Gelernte mehrperspektivisch ist und auch in neuen, variierten Kontexten Bedeutung hat; bedeutungsvolles Lernen soll ein tiefes Verständnis von den zu lernenden Dingen hervorbringen. New learning fragt nach neuen Arten von New learning outcomes. Neue Fertigkeiten des Lernens, des Denkens, der Zusammenarbeit, der Regulation sollen erzeugt werden. Fertigkeiten, die angesichts der Überfülle des Informationsflusses dringend benötigt werden. Anders gesagt: New learning meint: Wichtiger als die Information selbst ist, was Menschen mit der Information tun können (vgl. Hout-Wolters u.a. 2000).

Die verschiedenen Ziele von New learning resultieren in erziehungs- und instruktionspsychologischer Sicht aus verschiedenen theoretischen Annahmen über die Repräsentation im Gedächtnis. Drei verschiedene Arten, Informationen im Gedächtnis zu repräsentieren, werden unterschieden:

(A) Episodische Repräsentationen. Repräsentationen, die mit konkreten Ereignissen verbunden sind und erzählende Anteile enthalten. Sie gründen auf personalen, situierten und affektiven Erfahrungen; z.B. ... like I love the little bird, that I have at home. (B) Konzeptuelle Repräsentationen. Repräsentationen, die allgemeine Bedeutungen und Beziehungen repräsentieren. Diese beziehen sich auf Konzepte und Prinzipien mit ihren bestimmten Charakteristika; z.B. ... like a bird is an animal with feathers. (C) Handlungsorientierte Repräsentationen. Repräsentationen, die prozeßhaft und handlungsorientiert sind. Hier geht es darum, was man mit der semantischen und episodenhaften Information machen kann; z.B. ... like birds can bring over messages.

Lernen wird dann als gutes Lernen bezeichnet, wenn es mit reichen und komplexen Gedächtnisrepräsentationen verbunden ist und eine hohe Dichte aufweist, d.h., wenn Beziehungen zwischen den verschiedenen Arten von Gedächtnisre-präsentationen existieren. Die weitere Frage ist dann, wie diese Lernprozesse und ihre Ziele erreicht werden. Hier werden drei verschiedene Arten von Lernen genannt, die sich sowohl auf das Lernen i.e.S. wie auch das alltägliche Leben beziehen sollen. Unterschieden wird zwischen angeleitetem Lernen, experimentellem Lernen, Handlungslernen:

Beim (A) angeleiteten Lernen trägt im Wesentlichen der Lehrer die Entscheidungen und der Lerner folgt. Entscheidend beim (B) experimentellen Lernen ist nicht der Lehrer, auch nicht ein vorgegebenes Ziel, sondern entscheidend sind die Umstände, die persönliche Motivation, andere Personen, Innovationen, Entdeckungen, Experimente usw. Sie bestimmen mit wie und was jemand lernt. (C) Handlungslernen spricht dem Lerner eine aktivere und explizitere Rolle für sein Lernen und die Wahl seiner Ziele zu als das experimentelle Lernen. Beim Handlungslernen ist Lernen das Zentrale und nicht wie beim experimentellen Lernen eine Art Nebeneffekt. Als handlungsorientiert gilt Lernen, wenn es aktives, kumulatives, konstruktives, zielgerichtetes, diagnostisches und reflexives Lernen ist; als experimentell, wenn es entdeckend, kontextuell, problemorientiert, fallorientiert und intrinsisch motiviert ist.

Als eine besondere Leistung wird der Übergang von angeleitetem zu handlungsorientiertem Lernen gesehen, da er eine hohe Kreativität vom Lerner verlangt (vgl. Hout-Wolters u.a. 2000). Hier wird auch die ansonsten problematische Unterscheidung zwischen aktivem und passivem Lernen festgemacht, insofern Lernen in kognitionstheoretischen Ansätzen immer als aktiver konstruktiver Prozess aufgefasst wird (vgl. Mandl, Friedrich, Hron 1993):

Lernen gilt in dem Maße als aktiv wie der Lerner die Möglichkeit hat, über Aspekte seines Lernprozesses mit zu entscheiden und Lernen ist weiter in dem Maße aktives Lernen wie der Lerner aufgefordert ist, seine mentalen Fähigkeiten während des Lernprozesses zu nutzen. Aktives, selbst gesteuertes Lernen soll dabei drei Dimensionen umfassen: Ein selbst bestimmter Lerner ist in der Lage und bereit, Lernen selbständig vorzubereiten, selbständig durchzuführen und selbständig abzuschließen. Aktives Lernen betrifft nicht zuletzt auch die Leistungsbewertung. Es gibt Aufgaben mit mehr als nur einer guten Antwort; die Bewertung von Lernprozessen tritt in den Vordergrund; die Bewertung von Gruppenleistungen erhält Bedeutung; ebenso die Selbstbewertung (vgl. Stokking u.a. 2000, S. 101).

5.4.1   Begründungsstränge von New learning

Verschiedene, auf den Lerner, den Lehrer, die Schule, die Gesellschaft und ebenfalls auf die Gedanken der traditionellen Schulreformer bezogene Aspekte werden für die Begründung aktiven Lernens heute herangezogen. Aktives Lernen ist für die Lerner interessanter als passives Lernen. Die Lerner sind motivierter und interessierter, wenn sie Entscheidungen über ihr eigenes Lernen treffen können und ihre mentale Aktivität gefordert wird. Aktives Lernen zerstört den Mythos, dass der Gedanke das Lernen zu lernen nur für eine Elite bestimmt sei. Für Lehrer wird das Lehren eine größere intellektuelle Herausforderung, wenn die Lerner aktiv und unabhängig lernen. Da Wissen und Fertigkeiten immer schneller wechseln, ist aktives Lernen auch für die Schulen wichtig. Und nicht zuletzt benötigen Gesellschaften im großen Rahmen Menschen, die in der Lage sind, selbständig zu lernen. Gesellschaften sind Lern-Gesellschaften geworden und deshalb müssen Schüler schon in der Schule lernen, aktive Lerner zu sein (vgl. Hout-Wolters u.a. 2000, S. 23).

Die lernpsychologische Begründung für aktives, selbst gesteuertes Lernen rekrutiert sich aus Literatur zum Konstruktivismus, zur Erziehungs- und Unterrichtspsychologie sowie zu bedeutungsvollen Lernumgebungen (vgl. Kanselaar u.a. 2000, S. 74), wobei die konstruktivistische Begründung die Zentralste ist. Weiter wird mit der Frage "Is there anything new in the present wave of emphasis on active learning? In the beginning of this century the traditional school reformers à proposed new types of schools à all stressing active learning in various forms" (Hout-Wolters u.a. 2000, S. 23) auch der Bezug zu den klassischen Reformpädagogen und ihren Forderungen nach aktivem, selbsttätigem, kindorientiertem, sozialem Lernen gesehen.

5.4.2   Die New learning economy

Als Teil der Trias New economy, New world, New learning hat sich die New learning economy etabliert. Diese geht davon aus, dass in der heutigen Gesellschaft, die als Wissensgesellschaft bezeichnet wird, Wissen und Können eine entscheidende Voraussetzung für eine erfolgreiche Volkswirtschaft und globales wirtschaftliches Wachstum darstellen. Wissen bzw. Lernen wird dabei auf zwei Ebenen angesetzt (vgl. Eckert 2002, S. 52):

- Auf einer individuellen Ebene. Hier geht es um den Erwerb von Kenntnissen, Wissen und Fertigkeiten durch einzelne Personen, die an formellen oder informellen Lehr/Lern-

Prozessen teilnehmen. Das Ergebnis dieser vielen individuellen Lernprozesse ist in der Terminologie der Autoren das Humankapital;

- Auf einer organisatorischen Ebene. Hier geht es auch um individuelle Lernprozesse, diese aber sind unabhängig von bestimmten Personen. Dieses Wissen ist z.B. in Form von Datenbanken oder technischen Handbüchern vorhanden. Es wird durch Interaktionen innerhalb bestimmter Netzwerke lebendig und erweiterbar. Die Autoren sprechen hier von strukturellem Kapital.

In Zusammenhang mit der New learning economy entsteht 2001 eine nationenübergreifende Studie der OECD unter dem Titel Cities and regions in the new learning economy bestehend aus einer Fallstudie und einer Analyse statistischer Daten. Anhand von unterschiedlichen, Regionen bezogenen Indikatoren der amtlichen Statistik wie der Prozentzahl Erwachsener, die einen bestimmten Schulabschluss erreichen, dem Brutto-Sozialprodukt, Ausgaben für Forschung und Entwicklung, Anzahl von Patentanmeldungen und Arbeitslosenquoten werden drei unterschiedliche Fragestellungen untersucht:

1. Inwieweit beeinflusst individuelles Lernen das wirtschaftliche Wohlergehen?

2. Wie wichtig sind individuelle Lernprozesse für organisatorische Lernprozesse?

3. Welcher Zusammenhang besteht zwischen individuellem Lernen und sozialem Zusammenhalt?

Die Förderung des Humankapitals wird zunehmend als entscheidender Faktor in der internationalen Standortkonkurrenz betrachtet, die sich im Zuge der ökonomischen Globalisierung verschärft hat (vgl. Seitz 2002, S. 56). Investitionen in das Humankapital sind aus wirtschaftlichen Gründen notwendig.

Ziel der New learning economy ist der Mensch, der Lerner, der sich selbstreflexiv und selbst regulierend lernend problemlos der neuen globalen Wirtschaft, dem globalen Markt und seinen Anforderungen einfügen kann. So verlangen die globale Wissens-, Informations- und Mediengesellschaft und die sich rasch beschleunigende globalisierende Ökonomie den selbst organisierten, flexiblen, anpassungswilligen und permanent verfügbaren Lerner, der mit den ständig wechselnden Anforderungen in einem globalisierten, informations- und kommunikationstechnologisch gestalteten Arbeits- und Konsummarkt umzugehen gelernt hat und der die geforderte Anpassungsleistung als lebenslange Lernnotwendigkeit zu seinem ganz persönlichen Projekt macht. Es geht um die optimale Selbstbehauptung des Subjekts, nicht um den Widerstand, der gesellschaftlichen Zumutungen entgegengesetzt werden könnte (vgl. Bernhard 2003).

Lernen und Bildung werden erneut zum Motor gesellschaftlichen Fortschritts. Während die „alten" Reformpädagogen jedoch mit ihren Ideen vom aktiven Lernen immer auch die größeren Ziele und Visionen einer neuen Gesellschaft, Gemeinschaft oder Kultur verbanden und zugleich die maximale Entfaltung der Fähigkeiten eines jeden Einzelnen und der Maturanasche Konstruktivismus noch eine Ethik der Liebe postulierte, sind diese Ziele im Plädoyer für New learning gefallen. Das Postulat der Teamfähigkeit z.B. ist daraufhin zu befragen, ob Manager oder Reformdidaktiker hier wirklich von denselben Zielen sprechen. Und ebenso das Postulat der Handlungsorientierung, wenn diese nicht gleichzeitig die Frage nach ihren Strukturbedingungen in den Mittelpunkt stellt (vgl. Nonnenmacher 2002). Die New learning economy steht für den (sich inzwischen als vergeblich erwiesenen) Versuch, Wissen und Fachkompetenz zu Produkten auf einem unkontrollierten Weltmarkt zu machen und zugleich allen Menschen Zugang zu gesellschaftlicher und sozialer Teilhabe zu ermöglichen. Richten wir daher den Blick abschließend auf einige Zahlen bezüglich Alphabetisierung, Einschulung, Schulqualität, Bildungsausgaben.

5.5 Lernen und Lehren im Weltbildungssystem

Auch wenn sich seit den fünfziger Jahren die Zahl der Kinder, die das Primarschulwesen besuchen, mehr als verdreifacht, von 206 Millionen im Jahr 1950 auf 680 Millionen im Jahr 1998, und die Alphabetisierungsrate seit 1960 50 % überschritten hat und auch wenn in den neunziger Jahren der Prozentsatz der Kinder, die die Primarschule vollständig durchlaufen, von 63 % auf 73 % gestiegen ist, wenngleich also mehr Kinder insgesamt mit größerem Erfolg die Schule besuchen, bleiben dennoch Millionen von Kindern von Schulbildung ausgeschlossen, insbesondere in einigen Regionen des subsaharischen Afrika, der arabischen Welt und Südasiens (vgl. Lenhart 2000, S. 53).

Neueren Zahlen zufolge sind über 12,5 Millionen Kinder zwischen sechs und elf Jahren ohne jeden Zugang zu schulischer Erziehung und Bildung. Das sind mehr als alle primarschulpflichtigen Kinder, die in den USA, Europa und den weiter entwickelten Ländern die Schule besuchen. Frauen und Mädchen sind auch hier mit nahezu 60 % immer noch die am meisten Betroffenen (vgl. Le monde diplomatique 2003, S. 66). In den am wenigsten entwickelten Ländern vollenden 40 % aller Kinder, die in die Primarschule eintreten, nicht das fünfte Jahr und damit das Minimum dessen, was notwendig wäre, um grundlegende Alphabetisierung zu erreichen. Und nur 1/4 aller Jungen und 14 % aller Mädchen in diesen Ländern wechseln in die Sekundarschule über. Aber auch in Ländern und Regionen, in denen Primar- und Sekundarerziehung in großen Teilen zugänglich sind, bedeutet dieses nicht zwangsläufig Zugang zu qualitativ gleicher Erziehung und Bildung für alle. Millionen Menschen verlassen die Schule, ohne jemals Fertigkeiten erworben zu haben, die ihnen den Lebensunterhalt sichern könnten. Gerade das Fehlen qualitativ hinreichender Bildung führt mehr und mehr zu Dropout, sozialem Ausschluss und anti-sozialem Verhalten.

Bei Untersuchungen zur Schulqualität wird zwischen Struktur- und Prozessmerkmalen als Input-Variablen sowie der kognitiven Leistung der Schüler als Output-Variable unterschieden. Strukturmerkmale sind z.B. Bildungsausgaben, Bauzustand und materielle Ausstattung der Schulgebäude, Form der Schulverwaltung, Relation Lehrer-Schüler; Prozessmerkmale klar definierte Curricula mit regionalen Bezügen oder Klassenmanagement (vgl. Lenhart 2000, S. 53). Regierungen wie Unternehmen betrachten Bildung und Ausbildung noch immer als Kostenfaktor und nicht als notwendige und sinnvolle Investition. In den staatlichen Bildungsausgaben bestehen drastische Unterschiede. 84 % der weltweiten Ausgaben für Bildung entfallen auf die OECD-Länder, die nur 19 % der Weltbevölkerung stellen. Die anderen 16 % fallen auf die Entwicklungsländer, in denen 78,5 % der Menschen leben. Nach

Einschätzung der Weltbank sind international jährlich zusätzlich unterstützende Ausgaben von 2,5 bis 5 Milliarden Dollar notwendig, um dem auf der zweiten Weltkonferenz für Erziehung in Dakar, Senegal, im Jahr 2000 gesteckten Ziel, bis zum Jahr 2015 allen Kindern Zugang zum Primarschulwesen zu sichern, nachzukommen (vgl. Le monde diplomatique 2003, S. 67). Von 155 Entwicklungsländern haben 66 Länder gute Chancen, dieses Ziel zu erreichen. Für etwa 60 Länder erscheint es zweifelhaft, 29 Länder sind regelrecht abgeschlagen. Legt man gegenwärtige Zahlen von Wachstum und Entwicklung zugrunde, werden auch im Jahr 2015 noch mindestens 100 Millionen Kinder aus der Primarschulerziehung herausfallen.

Das Ziel grundlegende Primarschulbildung für alle Kinder, seit der Weltbildungskonferenz Education for all im Jahre 1990 in Jomtien (Thailand) als weltweites Bürgerrecht deklariert, haben sich sowohl Oneworld Initiativen als auch verschiedene NGO (Non govermental organisation) zueigen gemacht und sich in der Basic education coalition zusammengeschlossen. Diesem Zusammenschluss gehören an: Academy for educational development; Africare; American institutes for research; Bread for the world; Care; Christian children|s fund; Creative associates international; Educational development center; International youth foundation; Plan; Save the children; World education; World learning; World vision. Ein weiteres Ergebnis der Weltbildungskonferenz sind die im Zweijahresabstand herausgebrachten Weltbildungsberichte der UNESCO. Mit der Behandlung von Themen wie Analphabetismus und Alphabetisierung; Bildung der Frauen und Mädchen; Bildung für Demokratie, Frieden und Menschenrechte; Bildungsfinanzierung setzen sie Standards.

5.6   Zusammenfassung

Lehren und Lernen im globalen Kontext bedeutet mehr als nur neue Inhalte zu integrieren, sondern umfasst auch neue Aspekte der Vermittlung und erfordert soziale und methodische Kompetenzen. Angesichts der Tatsache, dass weiterhin ein großer Prozentsatz der Kinder die Schule mit Schwierigkeiten durchläuft und mit Ergebnissen, die einen sicheren Zugang zur Erwerbsarbeit in Frage stellen, muss die Institution Schule mit ihren Lehrformen in Frage gestellt werden. Sie muss sich durch Pluralisierung ihrer Methoden und Formen und damit zugleich auch ihrer Inhalte auf den kulturellen Kontext der Kinder einstellen und so vorliegende Erkenntnisse und Ergebnisse empirischer Forschung, die Entwicklung, Bildung und Wissen an die Gegensätze unterschiedlicher Klassen und sozialer Gruppen zurück binden, aufarbeiten. Auf diese Weise kann es einer möglichst großen Zahl an Schülern oder Lernenden ermöglicht werden, sich möglichst schnell, umfassend und gründlich der Fähigkeiten und Fertigkeiten und des Wissens zu bemächtigen, die zu einem gegebenen Moment das charakterisieren, was schulische Bildung ausmacht (Bourdieu/Passeron). Weder kann fehlendes Wissen durch Metawissen ersetzt noch kann mangelnde Qualifikation durch Schlüsselkompetenzen kompensiert werden (vgl. Helmke 2005, S. 24).

Betrachten wir die verschiedenen Lehr-Lern-Konzeptionen, stellt der weltgesellschaftliche Zugang auf Weltsystemebene die Ungleichheit der Menschen weltweit heraus (Massenarmut, sozialer Ausschluss, Analphabetisierungsquote, Zugang zu Bildung und Bildungsqualität). Ein Hauptmerkmal von Unterricht und Erziehung sollte von hierher die Herausbildung von kritischem Bewusstsein sein (handlungsorientierte Perspektive). Weiter sollten Lernaufgaben identifiziert und kognitive Orientierung ermöglicht werden (evolutive Perspektive). Der zivilgesellschaftliche Ansatz der Deliberation könnte eine bedeutende Rolle spielen auf der Suche nach einem vernünftigen Zusammensein verschiedener Kulturen. Deliberation setzt analytische und rhetorische Fähigkeiten voraus. Der – von Rousseau (Natur als allgemeines Gesetz) bereits korrigierte – Primat der Vernunft ist dabei nicht nur ein aufklärerisches, westliches Erbe. Wenn gleich der Tradition des Argumentierens möglicherweise ebenso wirksame Arten der menschlichen Interaktion aus anderen Kulturen und Zeiten entgegengesetzt werden können (vgl. Allemann-Ghionda 2003, S. 160), lässt sich beispielsweise genauso nachweisen, dass Amartya Sens diskursiver Inder einer rationalen, humanistischen und säkularen Mittelschicht Indiens entstammt (vgl. Chaudhuri 2006, S. 49).

Der vorliegende Text ist Ergebnis einer Suche nach und Auseinandersetzung mit Konzepten, die für Unterricht und Schule in einer globalisierenden Welt nützlich sein könnten. Er legte diesen die reformpädagogischen Begründungen nahe (vgl. auch Eichelberger, Laner, Kohlberg, Stary & Stary 2008). Es stellte sich dabei im Vorfeld die Aufgabe, dieses für einen online E- bzw. Blended-Learning Lehrgang zu tun, der im Kontext eines gemäßigt konstruktivistischen und auf neurophysiologischen Erkenntnissen basierenden Paradigmas virtuelle Lernumgebungen im Internet erschuf. Adressaten waren dabei Lehrerinnen und Lehrer aus verschiedenen Teilen Europas.

eLearning konnte sich dem Widerstand einer neuen Entschulung der Schule gegenüber bislang keineswegs behaupten. Es entstehen jedoch zunehmend Konzepte, die das Fortschreiben der literalen Bildungs- und Lerntradition unter Legitimationsdruck setzen. Nur aus einer monoliteralen Perspektive wird der Computer als eine isolierte Maschine und technisches Dienstleistungsgerät verkannt. An Stelle des literalen Bildungsmonopols tritt zunehmend ein Netzwerk multimedialer Kulturaneignung. Insofern die Fragestellung, wie ein solcher online Lehrgang konzipiert werden kann, in anderen Beiträgen dieses Bandes aufgegriffen wird, werden hier diesbezüglich nur einige grundlegende Anmerkungen gemacht.

Für die Internetbenutzer ist das Online Informationssystem eine virtuelle Welt und zugleich ein künstlicher Raum. Der Internet Benutzer erlebt den virtuellen Raum des Informationssystems als einen lebendigen und realistischen Ort, wenn seine Anwesenheit dort zu sozialen Interaktionen mit anderen Benutzern oder dem System selbst führt, durch die er die System-Umgebung beeinflussen kann. Realistisch ist der virtuelle Raum jedoch nicht hinsichtlich einer photo-realistischen Simulation einer physischen Umgebung. So diskutiert Castells unter dem Stichwort interaktive Gemeinschaft die Frage nach der Bedeutung des Internet für das Entstehen neuer virtueller Gemeinschaften versus persönlicher Isolation positiv zugunsten der online aufgebauten Gemeinschaft, verweist jedoch zugleich auf erste analytische Studien, die zu dem Schluss kommen, dass der Begriff der Wirklichkeit zurückschlägt, wenn die Wünsche, der Schmerz und die Sterblichkeit des physischen Ich verdrängt werden, sowie auf Diskussionen um die Enthumanisierung sozialer Beziehungen, das Entstehen von Entfremdung, Isolation und Depression (vgl. Castells 2003, S. 407 f). Die Glaubwürdigkeit des Mediums Internet als sozialer Begegnungsraum hängt von der Seriosität, der Lebendigkeit und von der störungsfreien Durchführbarkeit der Interaktion ab. Die System-Umgebung muss einen hohen Grad an Interaktivität ermöglichen durch eine schnelle Datentransport- und Abbildungszeit, eine Mindestanzahl an Diskussionsteilnehmern und eine hochqualitative Archivierung des vorangegangenen Diskurses, um Rückbezüge zu ermöglichen, Dopelungen zu vermeiden und dem andernfalls flüchtigen Diskurs Permanenz zu geben (vgl. Günther 2005, S. 360 ff). Die Kombination von Präsenz- und eLearning Phasen im blended-learning stützt dieses Bemühen.

5.7 Literatur

Allemann-Ghionda, C.: Zum Problem der Bildung in kulturell pluraler Gesellschaft. In: Unger-Heitsch, H. (Hrsg.): Das Fremde verstehen, Münster, Hamburg, London 2003, S. 145–166

Bernhard, A.: Bildung als Bearbeitung von Humanressourcen. In: UTOPIE kreativ, H. 156, Oktober 2003, S. 924–938

Bourdieu, P., Passeron, J.-C.: Die Illusion der Chancengleichheit. Untersuchungen zur Soziologie des Bildungswesens am Beispiel Frankreichs, Stuttgart 1971

Bühler, H.: Globalisierung und Umgang mit Komplexität – ein szenisches Arrangement. In: Scheunpflug, A.; Hirsch; K. (Hrsg.): Globalisierung als Herausforderung für die Pädagogik, Frankfurt/M. 2000, S. 65-77

Bühler, H.: Spuren – zur paradigmatischen Anschlußfähigkeit globalen Lernens. in: In: Overwien, B. (Hrsg.): Lernen und Handeln im globalen Kontext, Frankfurt/IKO 2000, S. 303–314

Chaudhuri, A.: Amartya Sens diskursives Indien. In: Neue Rundschau, Heft 3 2006, S. 41–50

Dokumentation des 8. Forums zum Produktiven Lernen in der Europa-Universität Viadrina am 23. Juni 2003 in Frankfurt/Oder, Berlin 2004

Eckert, T.: Konsequenzen aus internationalen Bildungsstatistischen Studien für eine regionenbezogene Bildungsforschung. In: Bildung und Erziehung 55 (2002), Heft 1, S. 45–57

Eichelberger, H., Laner, C.: Internet(t)e Schulentwicklung. Europäische innovative Schulentwicklung durch blended learning, Bozen 2006

Eichelberger, H., Kohlberg, W.-D., Laner, C., Stary, E., Stary, C.: Reformpädagogik goes ELearning. Neue Wege zur Selbstbestimmung von virtuellem Wissenstransfer und individualisiertem Wissenserwerb, Oldenbourg 2008

Frank, S., Sliwka, A.: Service Learning – Verantwortung lernen in Schule und Gemeinde, Weinheim, Basel 2004

Günther, D.: Encountering Nietzsche on the Internet. The Conceptualization of an Online Information and Communication System dealing with the Life and Work of Friedrich Nietzsche, Konstanz 2005

Habig, B., Kübler, A., Impulse für die pädagogische Praxis des globalen Lernens. In: Overwien, B. (Hrsg.): Lernen und Handeln im globalen Kontext, Frankfurt/IKO 2000, S. 342–354

Helmke, H.: Unterrichtsqualität, Seelze 2005

Hout-Wolters, B. v., Simons, R. J., Volet, S.: Active Learning: Self-Directed Learning and Independent Work. In: Simons, R.-J. (Ed.): New Learning, London 2000, S. 21–36

Hufer, K.-P.: Politische Bildung auf dem Weiterbildungsmarkt. In: Butterwegge, C., Hentges, G. (Hrsg.): Politische Bildung und Globalisierung, Opladen 2002, S. 283–296

Institut für Produktives Lernen in Europa (IPLE): Was ist produktives Lernen? Theoretische Grundlagen dieser Bildungsform, Informationsbroschüre, Berlin 2002

Kanselaar, G., Jong, T. d., Andriessen, J., Goodyear, P.: New Technologies. In: Simons, R.-J. (Ed.): New Learning, London 2000, S. 55–81

Kock, R.: Unterricht und Erziehung in einer globalen Bürgergesellschaft. Anpassung – Widerstand – Ichstärkung, Frankfurt/M. 2005

Kock, R., Günther, H. (Hrsg.): Lasst uns leben – lebt mit uns. Pädagogik der sozial Ausgeschlossenen, Frankfurt/M. 2008

Koopmann, F.-K.: Politik handelnd erfahren und lernen. In: Butterwegge, C., Hentges, G. (Hrsg.): Politische Bildung und Globalisierung, Opladen 2002, S. 197–215

Le monde diplomatique (Hrsg.): Atlas der Globalisierung, Berlin 2003

Leidig, T.: (Computergestützte) Planspiele in der politischen Bildung. In: Butterwegge, C., Hentges, G. (Hrsg.): Politische Bildung und Globalisierung, Opladen 2002, S. 217–234

Lenhart, V.: Bildung in der Weltgesellschaft. In: Scheunpflug, A., Hirsch, K. (Hrsg.): Globalisierung als Herausforderung für die Pädagogik, Frankfurt/M. 2000, S. 47–64

Mandl, H., Kopp, B.: Blended Learning: Forschungsfragen und Perspektiven. In: Forschung zu Blended Learning: österreichische F & E Projekte und EU-Beteiligungen". Tagungsband, Wien 2005 (Hrsg.: Verein „Forum Neue Medien" Graz 2006), S. 5–24

Nestvogel, R.: Sozialisation unter Bedingungen von Globalisierung. In: Möglichkeiten und Grenzen menschlichen Lernens im Kontext der Weltgesellschaft – aus handlungstheoretischer Perspektive. Scheunpflug, A., Hirsch, K. (Hrsg.): Globalisierung als Herausforderung für die Pädagogik, Frankfurt/M. 2000, S. 169–194

Nestvogel, R.: Zuschreibungen von „Anderssein": Erfahrungen von Kindern aus verschiedenen Gesellschaften In: Overwien, B. (Hrsg.): Lernen und Handeln im globalen Kontext, Frankfurt/IKO 2000, S. 364–381

Nonnenmacher, F.: Schule im „nationalen Wettbewerbsstaat" -Instrumentalisierung der politischen Bildung? In: Butterwegge, C., Hentges, G. (Hrsg.): Politische Bildung und Globalisierung, Opladen 2002, S. 237–250

Seitz, K.: Lernen für ein globales Zeitalter. Zur Neuorientierung der politischen Bildung in der postnationalen Konstellation. In: Butterwegge, C., Hentges, G. (Hrsg.): Politische Bildung und Globalisierung, Opladen 2002, S. 45–57

Sliwka, A.: Das Deliberationsforum als neue Form des politischen Lernens in der Schule. In: Journal für politische Bildung. Heft2/2004, S. 74–82

Sliwka, A.: Lernen für Demokratie und Zivilgesellschaft, Institut für berufliche Bildung und Weiterbildung e.V., Göttingen 2002

Stokking, K., Voeten, M.: Valid Classroom Assessment of Complex Skills. In: Simons, R.-J. (Ed.): New Learning, London 2000, S. 101–118

Treml, A. K.: Möglichkeiten und Grenzen menschlichen Lernens im Kontext der Weltgesellschaft - aus evolutionstheoretischer Sicht. In: Scheunpflug, A., Hirsch, K. (Hrsg.): Globalisierung als Herausforderung für die Pädagogik, Frankfurt/M. 2000, S. 27–43

6 Mathetik – Learning by „Order from noise"

Wolf Dieter Kohlberg

6.1 Pädagogische Grundlagen für individuellen Wissenserwerb via eLearning

Mathetik (Subjektive Didaktik) als Lehre des Lernens stellt den Gegen- und Erweiterungsbegriff zur Didaktik (Objektive Didaktik) als Lehre des Lehrens dar. Dieses traditionelle lehrtheoretische Didaktik- Modell ist einerseits durch einen hohen pädagogischen Anspruch – die systemische Verknüpfung von Ziel, Inhalt, Methode und Medium – andererseits aber durch zunehmende Überforderung der Lehrer gekennzeichnet. Bedingt durch die allumfassende Verantwortung des den Lernenden (in bester pädagogischer Absicht) verobjektivierenden Lehrers, und bedingt durch die zunehmende Divergenz und Komplexität von Lerngruppen und -situationen kommt es im Unterricht immer häufiger zu einer völligen Überforderung des sich am objektiven Didaktik-Modell orientierenden Lehrers.

Im Zuge der Entwicklung einer neuen Reformpädagogik und der steigenden Bedeutung des eLearnings entsteht zurzeit ein alternatives, das Lehrerleitbild zunehmend prägende, „Subjektives Didaktik-Modell" (vgl. Kösel 1993). Dieses neue Modell wird in Anlehnung an Comenius als Mathetik bezeichnet werden. „MATHETIK geht auf das griechische Verb „mathein" bzw. „manthanein" zurück. Beide Verbformen stehen im Infinitiv und bedeuten „lernen". „Manthanein" steht im Infinitiv Präsens und „mathein" im Infinitiv Aorist. Der zuerst genannte meint eine lineare, abfolgende Tätigkeit, während der zweite ein punktuelles, plötzliches Tun bezeichnet. „Manthanein" weist also auf einen Prozess hin, während „mathein" auf ein plötzliches Erkennen deutet. Beide Verben bedeuten lernen um der Bildung willen. MATHETIK ist demnach die Klärung des im Unterrichts stattfindenden Lerngeschehens – und zwar aus der Sicht des Schülers" (Chott 1998, S. 392).

Auf dem Hintergrund neuer reformpädagogischer Überlegungen, gestützt durch konstruktivistisch-systemtheoretische/ kybernetische Erkenntnisse und Forschungsergebnisse der Neurophysiologie und der Psychoneuroimmunologie (PNI) entwickelt sich ein Mathetik-Modell, das sich nicht mehr am Leitbild des allgegenwärtigen Lehrers orientiert, sondern weite Bereiche der Lernsituation in die Verantwortung der Lernenden überführt. Die Mathetik „(…) nimmt den Lernenden in die „Holpflicht", verlangt Anstrengung und Leistung" und „(…) ist gekennzeichnet durch eine nachhaltige Konsolidierung des konditionalen und meta-kognitiven Wissens und dient der Erprobung von Lernstrategien" (Anton 2003, S. 76).

Konstruktionsgrundlage für die Mathetik ist das von v. Foerster entwickelte kybernetische Modell der „Nicht – trivialen Maschine" (v. Foerster 2002, S. 62) – des Nicht – trivialen Systems (NTS). Das Triviale System (TS) „verbindet fehlerfrei und unveränderlich durch seine Operationen >>Op<< gewisse Ursachen (Eingangssymbole, x) mit gewissen Wirkungen (Ausgangssymbolen, y) (vgl. v. Foerster 2002, S. 60).

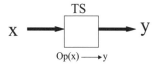

Op(x) ——→ y   *Abb. 6.1 – triviales System*

Das NTS unterscheidet sich vom TS dadurch, dass die Operationen dieses Systems „von ihren jeweiligen >>inneren Zuständen<< z abhängen, die selbst wieder von den vorangegangenen Operationen beeinflusst werden" (v. Foerster 2002, S. 62). Diese inneren Zustände können als Ergebnis eines Selbstorganisationsprozesses betrachtet werden. Auch lernende Systeme als so genannte geschlossene Systeme können in der Zeit durch Selbstorganisation zielgerichtete Ordnung konstruieren, die nicht von außen bestimmt, sondern durch „Order from noise" – durch Perturbation – entsteht (vgl. v. Foerster/Pörskens 1999, S. 92–93).

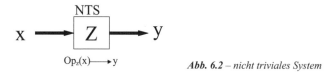

Op$_z$(x)——→ y   *Abb. 6.2 – nicht triviales System*

Auf der Basis dieser kybernetischen Grundstruktur wird im Folgenden ein Selbstorganisations-modell lernender Systeme (Menschen, Organisationen) konstruiert – das Modell der Mathetik. Dieses Modell wird entsprechend dem folgenden Schaubild in zehn Argumentationslinien neurodidaktisch begründet und in seiner praktischen Ausformung reformpädagogisch handlungsleitend.

Tab. 6.1 – Zusammenhänge

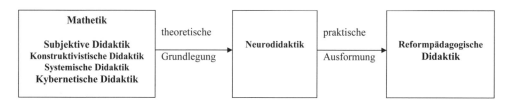

Tab. 6.2 – Übersicht

MATHETIK ➡ DIDAKTIK	NEURODIDAKTIK ➡	REFORMPÄD.
Erkenntnis als Konstruktion	Erkenntnis als subsymbolische neuronale Vernetzung	Experimentelles Tasten
Unterstützung von Selbstorganisation	Selbstorganisation von Neuronengruppen	Selbsttätiges Lernen in Anregenden Lernumgebungen
Lern- und Kommunikations-gesellschaft	Strukturelle Kopplung	Lernen in der Gemeinschaft
Selbstgesteuertes Lernen	Autopoietisches Lernsystem	Individuelle Lernwege
Pluralität der Wirklichkeits-konstruktionen	Differierende Verknüpfungsqualität neuronaler Netzwerke	Individuelle Lernergebnisse
Holistisches Weltbild	Multisensorische Integration	Ganzheitlichkeit von Lernsubjekt und –objekt
Anregung von Fragen	Perturbation des autopoietischen Systems	Sokratischer Dialog
Differenz Vielfalt	Umwelteinflüsse als Zufallsgeneratoren unterschiedlicher neuronaler Vernetzung	Individuelle Lernmethoden, Lernrhythmen, Lernprodukte
(vgl. Siebert 1999) Irrtums-wahrscheinlichkeit	Hypothesenverifikation oder –falsifikation durch Interaktion von niederen und höheren Gehirnarealen	Entdeckendes und erforschendes Lernen Projektlernen
Kognition und Emotion	Emotionen als Operatoren neuronaler Vernetzung	Lernen im positiven Lernklima Schule als Lebensraum

6.2   Mathetik

Erkenntnis (Lernen) als Konstruktion: „Die Kernthese des Konstruktivismus lautet: Menschen sind autopoietische, selbstreferenzielle, operational geschlossene Systeme. Die äußere Realität ist uns sensorisch und kognitiv unzugänglich. Wir sind mit der Umwelt lediglich strukturell gekoppelt, das heißt, wir wandeln Impulse von außen in unserem Nervensystem „strukturdeterminiert", das heißt auf der Grundlage biographisch geprägter psycho-physischer kognitiver und emotionaler Strukturen, um. Die so erzeugte Wirklichkeit ist keine Repräsentation, keine Abbildung der Außenwelt, sondern eine funktionale, viable Konstruktion, die von anderen Menschen geteilt wird und die sich biografisch und gattungsgeschichtlich als lebensdienlich erwiesen hat" (Siebert 1999, S. 5–6).

Der Begriff des autopoietischen Systems geht auf die chilenischen Neurobiologen Maturana und Varela zurück. Autopoietische Systeme sind strukturdeterminiert, von außen nicht direkt beeinflussbar und erzeugen sich selbst (vgl. Maturana/Varela 1987). Nach konstruktivistischer Auffassung entwickeln Menschen im Lernprozess viable Modelle, die es ihnen ermöglichen, sich in einer ihnen im Prinzip unzugänglichen Welt zu orientieren (vgl. von Glasersfeld 1995), oder um es im Sinne des verwandten Pragmatismus zu formulieren, Probleme zu lösen (Dewey-Projektunterricht).

6.2.1   Neurodidaktik

Erkenntnis (Lernen) als subsymbolische, neuronale Vernetzung: Neuronale Netze haben keine Regeln (Zuordnungsregeln) z.B. zur Mustererkennung „gespeichert", sondern das „Regelwissen" wird durch die Konstruktion neuronaler Vernetzungen bzw. durch die Verstärkung neuronaler Verbindungen repräsentiert (lernende Netzwerke). „… dann erscheinen geistige Prozesse in einem ganz neuen Licht. Solche Prozesse sind nicht regelhaftes Hantieren mit Symbolen, sondern ein nur schwer mit Regeln beschreibbarer subsymbolischer Prozess, in dessen Verlauf interne Repräsentationen sich beständig verändern. Regeln sind nicht im Kopf, sie sind lediglich brauchbar, um bestimmte geistige Leistungen im nachhinein zu beschreiben" (Spitzer 2000, S. 29).

6.2.2   Reformpädagogische Didaktik

Experimentelles Tasten: Insbesondere die Freinet-Pädagogik scheint eine gewisse innere „konstruktivistische" Struktur zu besitzen, die sich in der systemischen Vernetzung von Arbeitsbedürfnis, Arbeitsstrukturen, Arbeitstechniken und Arbeitsdokumenten im Lernprozess widerspiegelt (vgl. Hagstedt 1997). Insbesondere der Begriff des „experimentellen Tastens" bei Freinet scheint für eine konstruktivistische Interpretation besonders geeignet zu sein. „Zweifelsohne existieren Gemeinsamkeiten zwischen dem informationstheoretisch geschlossenen Modell der Kognition und dem Modell des tâtonnement experimental. So ist z.B. auch der Theorie des experimentellen Tastens folgend Wissen nicht Abbildung sondern Konstruktion, wobei auch Freinet mit dem Aspekt der Homöostase bzw. der Aufrechterhaltung oder Wiederherstellung des inneren Gleichgewichts die große Bedeutung des subjektiven Faktors, d.h. die jeden Wahrnehmungs-, Interpretations- oder Konstruktionsprozess begleitende subjektiv-interpretative Komponente, herausstellt und damit genau wie Maturana (vgl. Maturana 1985, S. 29f) die Suche nach der Wahrheit und dem Absoluten, nach einer festen und sicheren Welt und nach letztmöglicher Stabilität durch Ausschluss allen Wandels aufgibt" (Kock 2003, S. 51).

Darüber hinaus lassen sich konstruktivistische Elemente in den in reformpädagogischen Traditionen entwickelten Bereichen Freiarbeit, Wochenplanarbeit, entdeckendes Lernen und handlungsorientiertes Lernen wieder finden.

6.3   Mathetik

Unterstützung von Selbstorganisation: Sowohl kognitive als auch soziale Systeme sind durch Nicht-Linearität und Selbststeuerung gekennzeichnet. Didaktisches Handeln kann daher Lernprozesse nur anregen, aber nicht determinieren. Diese Sichtweise hat weitreichende Auswirkungen auf didaktische Modelle. Der einzelne Lernende oder eine Gruppe Lernender kann somit nicht direkt durch Lehrende zu einem Verhalten bzw. zu einer Verhaltensänderung – als weiteste Umschreibung von Lernen – veranlasst werden. Komplexe Systeme (Lernende/Gruppen von Lernenden) können aus dieser Perspektive nur zu je eigenen – durch ihre interne Struktur vorgegebene – Operationen angeregt, aber nicht determiniert werden. Hieraus leitet sich eine prinzipielle Unsicherheit didaktischen Handelns ab. Folgen wir dieser Orientierung, müssen wir als Lehrende akzeptieren, dass Lernende sich die angebotenen Lerninhalte nach ihren Regeln und Vorerfahrungen, nach ihren eigenen Verständniszugängen und im Kontext ihrer je individuellen Lebenswelt aneignen. Grundlage jeder didaktischen Handlungsmöglichkeit ist somit die prinzipielle Fähigkeit komplexer Systeme, mit der Umwelt zu interagieren und je eigene Modelle von Wirklichkeit zu konstruieren. Lehren (Lernmanagement) ist somit der Versuch, komplexe Systeme, die nach ihrer eigenen Logik operieren, anzuregen. Das heißt, es ist prinzipiell unmöglich (direkt) zu lehren, sondern es ist nur möglich, Lernprozesse zu aktivieren.

Selbstorganisiertes Lernen ist kein technokratisch zu planender und zu steuernder Prozess, sondern hier geht es um die verantwortliche Konstruktion von förderlichen Lernwelten.

Selbstorganisiertes Lernen erfordert die Überwindung einer Defizit- zu Gunsten einer Fähigkeitsorientierung. Die didaktische Herausforderung liegt hierbei in der Vermeidung einer überheblichen „Besserwisserdidaktik" zu Gunsten einer konstruktiven Grundhaltung der Lehrenden.

Selbstorganisiertes Lernen überwindet gleichschrittiges, lehrzentriertes Lernen, das sich an der Illusion von homogenen Lerngruppen orientiert. Stattdessen wird die Entwicklung einer didaktischen Kultur der Lernförderung und Lernbegleitung und die damit verbundene Gestaltung von motivierenden Lernlandschaften für die Lernenden in ihrer Unterschiedlichkeit betont (vgl. Werning 1996).

6.3.1   Neurodidaktik

Selbstorganisation von Neuronengruppen: Spezielle systemische Funktionen des neuronalen Netzwerkes gepaart mit sich wiederholendem gleichbleibenden Input führen zu selbstorganisiertem Lernen. Jedes Neuron ist in säulenartigen Schichten mit jedem anderen Neuron dieser Schicht verbunden und erregt damit diese in der näheren Umgebung und hemmt entferntere. Bedingt durch diese Struktur kommt es zu einer Verstärkung der Systemverbindungen, „dass bestimmte Merkmale des Input in gesetzmäßiger Weise auf einen bestimmten Ort des Netzwerkes abgebildet werden" (Spitzer 2000, S. 104).

6.3.2   Reformpädagogische Didaktik

Selbsttätiges Lernen in anregenden Lernumgebungen:

Reformpädagogischer Unterricht öffnet sich gegenüber der Individualität der Lernenden. Nicht mehr der Lernende muss sich den Bedingungen und Anforderungen der Bildungseinrichtung anpassen, sondern die Bildungseinrichtung ist aufgefordert, möglichst für alle Lernenden eine lernförderliche Arbeitswelt zu werden (z.b. didaktische Materialien bei Montessori).

Reformpädagogischer Unterricht erfordert die Wahrnehmung und Berücksichtigung der Potenziale der Lernenden. Die didaktische Herausforderung liegt dabei in der Einbeziehung von Erlebnissen und Erfahrungen, von Ängsten, Wünschen und Hoffnungen der Lernenden (z.B. freier Ausdruck bei Freinet)

Reformpädagogischer Unterricht ist insbesondere durch Handlungsorientierung gekennzeichnet. Die Zielperspektiven heißen hier „Förderung eines positiven Selbstwertgefühls" und „Förderung kooperativen, solidarischen Handelns". Entscheidend ist hierbei die Realisierung von Handlungsprodukten, auf die sich Lernende und Lehrende gemeinsam einigen (z.B. Pädagogische Situation bei Petersen) (vgl. Werning 1996).

6.4   Mathetik

Lern- und Kommunikationsgesellschaft: Nach konstruktivistischer Auffassung lernen wir rekursiv, d.h. zu Lernendes wird von bereits Gelerntem überformt, strukturdeterminiert. Im Kommunikationsprozess (Lernprozess) wird also nicht Sinn transportiert sondern dem eingehenden codierten Energiestrom wird vom Lernenden erst Sinn zugeordnet.

6.4.1   Neurodidaktik

Strukturelle Kopplung: Neuronale Netzwerke sind mit anderen neuronalen Netzwerken (mit der Umwelt) strukturell gekoppelt, das heißt interne Modelle werden mit anderen (externen) Modellen abgeglichen, es kommt zu einer koevolutiven Modellkonstruktion.

6.4.2 Reformpädagogik

Lernen in der Gemeinschaft: Insbesondere Peter Petersen hat den Gemeinschaftsbegriff in den Mittelpunkt seiner reformpädagogischen Bemühungen gestellt. „Wie muss diejenige Erziehungsgemeinschaft gestaltet werden, in welcher sich ein Menschenkind die für es beste Bildung erwerben kann, eine Bildung, die seinem in ihm angelegten und treibenden Bildungsdrange angemessen ist, die ihm innerhalb dieser Gemeinschaft vermittelt wird und die es reicher, wertvoller zur größeren Gemeinschaft zurückführt, es ihr als tätiges Glied wiederum übergibt. Oder kürzer: Wie soll die Erziehungsgemeinschaft beschaffen sein, in der und durch die ein Mensch seine Individualität zur Persönlichkeit vollenden kann" (Petersen 1927).

6.5 Mathetik

Selbstgesteuertes Lernen: „Selbstgesteuertes Lernen ist eine Form des Lernens, bei der die Person in Abhängigkeit von der Art ihrer Lernmotivation selbstbestimmt eine oder mehrere Selbststeuerungsmaßnahmen (kognitiver, volitionaler oder verhaltensmäßiger Art) ergreift und den Fortgang des Lernprozesses selbst (metakognitiv) überwacht, reguliert und bewertet" (Konrad/Traub 1999, S. 13).

6.5.1 Neurodidaktik

Autopoietisches Lernsystem: Autopoietische Systeme sind strukturdeterminiert und können daher nicht von außen direkt beeinflusst werden, sie können lediglich perturbiert (gestört) werden.

6.5.2 Reformpädagogische Didaktik

Individuelle Lernwege: In fast allen reformpädagogischen Modellen sind ähnliche Schrittfolgen selbst gesteuerten Lernens wieder zu finden: Lernzielprojektion, Lernprozessplanung, Lernprozessrealisierung, Lernprozessreflexion (Metakognition), Ergebnisevaluation.

6.6 Mathetik

Pluralität der Wirklichkeitskonstruktionen: Menschen sind Menschen – Außenwelt – Rückkopplungssysteme, sie konstruieren ihre je eigenen internen Modelle der Wirklichkeit. „Das Subjekt-Objekt-Verhältnis ist relational interdependent und dynamisch. Der Konstruktivismus bestätigt die grundsätzliche Anthropozentrik und auch Egozentrik menschlicher Existenz" (Siebert 1999, S. 7).

6.6.1   Neurodidaktik

Differierende Verknüpfungsqualität neuronaler Netzwerke: Werden bestimmte Input-Signale aus der je individuellen Stimulus-Welt des lernenden Individuums regelmäßig angeboten, kommt es zu einer Stabilisierung der Output-Struktur. „Die Hebbsche Lernregel besagt somit, dass immer dann, wenn zwei miteinander verbundene Neuronen gleichzeitig aktiv sind, die Verbindung zwischen ihnen stärker wird" (Spitzer 2000, S. 44).

6.6.2   Reformpädagogische Didaktik

Individuelle Lernergebnisse: Die relative Offenheit von projektorientiertem Lernen (Dewey), von Ausgangslernen in pädagogischen Situationen (Petersen), von freien Ausdruckswegen (Freinet) führt zu je individuellen Lernprodukten, die sich in ihrer differierenden Vielfalt zu einem synergetischen Lernergebnis der Gemeinschaft formen.

6.7   Mathetik

Holistisches Weltbild: Die Konstruktion/erweiternde Konstruktion von inneren Modellen erfolgt auf der Grundlage unterschiedlicher und vielfältiger externer Stimuli und trifft dabei auf komplexe innere Vernetzungsstrukturen, die in keiner Weise einer einschränkenden fachstrukturellen Außenwelt entsprechen.

6.7.1   Neurodidaktik

Multisensorische Integration: Lernen mit allen Sinnen heißt nicht, dass es aufgrund eines vielfältigen Reizimpuls zu einer automatischen Verstärkung einer subsymbolischen Verbindung (Repräsentation) kommt, sondern dass unterschiedliche Anschlussmöglichkeiten geschaffen werden..

„Die aus verschiedensten Sinneskanälen einströmenden Informationen werden miteinander verglichen, d.h. z.B. auf Ähnlichkeiten, Gemeinsamkeiten und Wiedersprüchen hin „durch–gecheckt". Da wir über eine ganze Anzahl von Sinnen verfügen, über die wir Informationen aus der Umwelt und das eigene Selbst „hereinholen", gestaltet sich dieser Prozess der Feststellung von Konkordanzen und Diskonkordanzen ganz schön aufwendig. Praktisch gleichzeitig werden alle diese Sinnesinformationen – je einzeln, aber auch das Ergebnis des gerade genannten „Durch-Checkens" auf Passung untereinander – mit dem gesamten Bestand an früheren Erfahrungen abgeglichen, die in den diversen Speichersystemen vorgehalten werden. Je nach Passung zu diesen früheren Erfahrungen werden die neuen Informationen abgewertet oder aufgewertet, umgruppiert, in die Zeitschiene als dringlich oder weniger dringlich eingeordnet, an frühere Erfahrungen „angedockt" oder von diesen abgegrenzt abgespeichert" (Schusser 2002).

6.7.2   Reformpädagogische Didaktik

Ganzheitlichkeit von Lernsubjekt und -objekt: Die Reformpädagogen haben durchgängig die
ganzheitliche Sicht des Lernenden und des zu Lernenden betont (z.B. die Handlungsorientierung in der Arbeitsschulpädagogik (Kerschensteiner), die Definition von fächerübergreifenden Lernbereichen: Gott, Natur und Mensch (Petersen) und die selbsttätige Schaffung von
Ganzheiten durch die Schüler (Freinet).

6.8   Mathetik

Anregung von Fragen: Die Präsentation (Existenz) von Phänomenen, die bestehende (zunächst viable) Modelle in Frage stellen, führen zu deren Umbau (Erweiterung).

6.8.1   Neurodidaktik

Perturbation des autopoietischen Systems: „Neue Situationen und Umgebungen können zu
Perturbationen, das heißt zu Störungen führen. Dabei determiniert oder instruiert die Umwelt
nicht das autopoietische System, sondern löst Veränderungen aus" (Siebert 1999, S. 200).

6.8.2   Reformpädagogische Didaktik

Sokratischer Dialog: Reformpädagogischer Appell an Lehrer: Stellen Sie möglichst oft Fragen, die keine präzisen Reproduktionsleistungen erfordern, sondern formulieren Sie weitreichende Impulse, die konstruktiv-produzierende Schüleraktivitäten initiieren.

6.9   Mathetik

Differenz-Vielfalt: „Der Konstruktivismus betont Differenzen, Heterogenität, Unterschiede,
Vielfalt und weniger Konsens, Homogenität, Identität. Lernen setzt die Wahrnehmung von
Differenzen, Fremdheit, anderen Perspektiven voraus" (Siebert 1999, S. 198).

6.9.1   Neurodidaktik

Umwelteinflüsse als Zufallsgeneratoren unterschiedlicher neuronaler Vernetzung: „Während
die Entwicklung der grundlegenden Struktur des Gehirns genetisch vorbestimmt ist, ist es
verblüffend festzustellen, dass ein Großteil der elektrischen Aktivität, das Wachstum von
Dendritenbäumen, die synaptischen Verbindungen zwischen den Neuronen, die Bildung
einer Myelinscheide, die das Axon schützend umgibt und die für eine schnelle Reizweiterlei-
tung verantwortlich ist, durch Erfahrung beeinflusst werden. Die lebenslange Veränderungs-

bereitschaft und -fähigkeit des Gehirns bei Erfahrungen mit der Umwelt, nennt man Plastizität („plasticity"). Als Lehrer muss man wissen, dass mit Lernen kein „Füttern" mit Informationen gemeint ist, sondern: Lehrer unterstützen Schüler darin, Neuronengruppen, die gleichzeitig feuern, zu entwickeln. Das Ergebnis davon ist die Entstehung von immer größeren und komplexeren neuronalen Netzwerken, die der Aneignung von Fertigkeiten und Ideen, die an Ziele und Sinnhaftigkeit gebunden sind, entsprechen" (Arnold 2002, S. 122).

6.9.2   Reformpädagogische Didaktik

Individuelle Lernmethoden, Lernrhythmen, Lernprodukte: Ein Beispiel – Hugo Gaudigs Prinzip der freien Tätigkeit: „Selbsttätigkeit fordere ich für alle Phasen der Arbeitsvorgänge. Beim Zielsetzen, beim Ordnen des Arbeitsganges, bei der Fortbewegung zum Ziel, bei den Entscheidungen an kritischen Punkten, bei der Kontrolle des Arbeitsganges und des Ergebnisses, bei der Korrektur, bei der Beurteilung soll der Schüler freitätig sein. Der freitätige Schüler bedarf keiner Fremdeinwirkung, um den Antrieb zur Tätigkeit zu gewinnen. Er bedarf während der Arbeit keiner Erregung der Kraft von außen, er bedarf nicht der Wegführung, damit er den Weg zur Lösung seiner Aufgaben findet. Das Prinzip der Selbsttätigkeit beherrscht den gesamten Schulkursus, vom ersten bis zum letzten Tag (Gaudig 1922, S. 93).

6.10   Mathetik

Irrtumswahrscheinlichkeit: Wenn wir konstruktive, rekonstruktive und dekonstruktive Lernprozesse durchlaufen (vgl. Reich 1996), indem wir in der Lerngemeinschaft Hypothesen (Modelle) zur Lösung von Problemen konstruieren, die viabel oder nicht viabel sind, die verifiziert oder falsifiziert werden, dann haben wir – auch im Falle der Modellfalsifikation – vermutlich mehr gelernt.

6.10.1   Neurodidaktik

Hypothesenverifikation oder -falsifikation durch Interaktion von niederen und höheren Gehirnarealen: Nach Spitzer werden in so genannten höheren Arealen des ZNS konstruierte Modelle mit dem sensorischen Input niederer Areale verglichen. „Dieser Vergleich ergibt entweder, dass der Input der von „oben" kommenden „Interpretation" vollständig entspricht oder dass noch ein Rest bleibt, der durch die vorgeschlagene Interpretation nicht „erklärt" wird. Im ersten Fall hat das System einen stabilen Zustand erreicht; im zweiten Fall wird der noch nicht erklärte Rest von der tieferen Schicht zur höheren Schicht als neuer Input zur weiteren Bearbeitung (d.h. zum „Errechnen" neuer „Interpretationsvorschläge") zurückgemeldet. Diese Vorschläge werden in Form neuer Muster an die tiefere Schicht gemeldet, bis entweder der gesamte Input eine hinreichende „Interpretation" gefunden hat oder die ursprüngliche Hypothese verworfen und eine neue Hypothese „probiert" wird" (Spitzer 2000, S. 140).

6.10.2   Reformpädagogische Didaktik

Entdeckendes und erforschendes Lernen, Projektlernen: Problemorientiertes Lernen – wie es
Dewey und andere Reformpädagogen fordern – führt zu einer produktiven Unterrichtssitua-
tion, in der die Schüler konkurrierende Hypothesen entwickeln, die im Praxistest verifiziert
oder falsifiziert werden, wobei auch der Weg zu einem nicht viablen Modell hohes Lern-
potenzial enthält. „Doch in allen Bereichen des Lernens gilt das Prinzip, dass nicht unbedingt
das Wissen, sondern vielmehr das Entdecken und das Forschen für die Entwicklung des
Kindes von entscheidender Bedeutung sind" (Eichelberger 2002, S. 54).

6.11   Mathetik

Kognition und Emotion: Der Konstruktivismus hat in seiner ersten Ausprägung die Interaktion zwischen Systemen primär auf der kognitiven Ebene zu erklären versucht. Es gilt inzwischen jedoch als relativ gesichert, dass jede kognitive Leistung von Emotionen begleitet oder
von dieser beeinflusst wird.

6.11.1   Neurodidaktik

Emotionen als Operatoren neuronaler Vernetzung: „Es setzt sich immer stärker die Tendenz
durch, Emotionen von ihrem neuronalen Ursprung her zu beschreiben. Emotionen sind, in
diesem Licht gesehen, dann psychoneurale Prozesse, die besonders wirksam darin sind, die
Intensität und Strukturierung von Handlungen im dynamischen Strom intensiver Interaktionen mit anderen Lebewesen oder Objekten zu regeln. Dabei besitzt jede Emotion ihren ganz
speziellen Gefühlsunterton, der direkt erlebbar und der besonders wichtig bei der Speiche-
rung des intrinsischen, lebenserhaltenden Werts dieser Interaktion ist. Im Rahmen der hier
vertretenen Argumentation ist es notwendig hervorzuheben, dass gerade diese emotionalen
Wertzuschreibungen bewirken, dass neuen Informationen besser gespeichert und bei späte-
ren Gelegenheiten auch besser rekapituliert werden!" (Arnold 2002, S. 43).

Ciompi hat in seiner sogenannten Affektlogik Emotionen als Motoren und Einflussfaktoren
von kognitiven Prozessen bezeichnet. „Affekte sind entscheidende Energielieferanten oder
Motoren und Motivatoren einer kognitiven Dynamik. Affekte bestimmen andauernd den
Fokus der Aufmerksamkeit. Affekte wirken wie Schleusen oder Pforten, die den Zugang zu
unterschiedlichen Gedächtnisspeichern öffnen oder schließen. Affekte schaffen Kontinuität;
sie wirken auf kognitive Elemente wie ein Leim oder Bindegewebe. Affekte bestimmen die
Hierarchie unserer Denkinhalte. Affekte sind eminent wichtige Komplexitätsreduktoren"
(Ciompi 1997, S. 95–99).

6.11.2   Reformpädagogische Didaktik

Lernen im positiven Lernklima, Schule als Lebensraum: Nicht nur Petersen hat immer wieder gefordert, die Lehr- und Lernanstalt in eine Lebensgemeinschaftsschule umzuwandeln. „Peter Petersen versteht die Schule als „Lebensstätte" und nicht als Unterrichtsanstalt, weil letztere nur am Schüler interessiert sein kann, der Jenaplan aber an der „ganzen Person" des Kindes. Der Klassenraum darf nicht länger „Belehrungszelle" sein, er muss vielmehr zur „Schulwohnstube" ausgestaltet werden, die den Kindern Geborgenheit bietet und zugleich reiche Möglichkeit zur Erweiterung des Horizonts. Peter Petersen zweifelt energisch daran, ob der „Fetzenstundenplan" mit seinen permanent expandierenden Fächerkombinationen ein geeigneter Zugang zur Welt für Kinder sein kann. Er entwarf einen „rhythmischen Wochenarbeitsplan", der die Woche für ein Kind sinnvoll gliedert ..." (Eichelberger 2002, S. 68).

Eine über die neurophysiologische Argumentation hinausgehende Begründung der Mathetik ist durch die so genannte Psychoneuroimmunologie (PNI) entwickelt worden. Die PNI-Forschung hat den Nachweis der engen Verbindung zwischen Psyche, ZNS, Hormonsystem und Immunsystem erbracht. Das ZNS steht mit dem Immunsystem durch Nervenfasern und mit dem Hormonsystem durch Hormonausschüttung in engem Kontakt. Mit dem Hintergrund des neuen Organismuskonzepts versteht die PNI den Menschen als bio-psycho-soziales Wesen, und beleuchtet das „Netzwerk Mensch" auf molekularer Ebene. Krankheit ist demnach eine Kommunikationsstörung zwischen biologischen, psychischen und sozialen Vorgängen. Positiv formuliert: Der menschliche Organismus lernt optimal, wenn er sich im Zustand der Homöostase befindet.

Zusammenfassend ergibt dich für die Mathetik die folgende strukturelle Kopplung:

Dieses strukturelle Kopplungsmodell darf jedoch nicht als statisches verstanden werden, sondern muss als transdisziplinärer Prozess verstanden werden, dessen Ergebnis ein eigenständiges Fachgebiet ist.

Mathetik

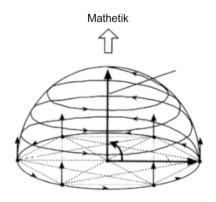

Abb. 6.3 – Mathetik

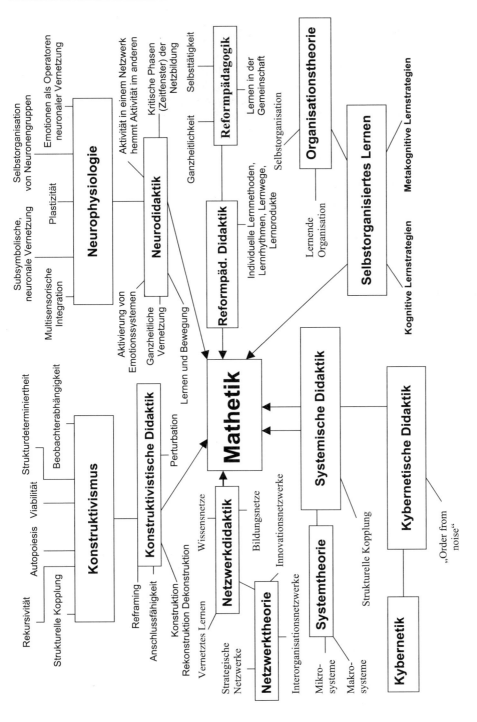

Abb. 6.4 – *strukturelle Kopplung*

6.12   Mathetik des eLearning

In einer durch die Informations- und Kommunikationstechnologie geprägten Wissensgesellschaft wird in einem hohen Maße selbst organisiert gelernt, was mit einem Bedeutungsver-
lust von Lehre einhergeht. Mehr noch als für die allgemeine Unterrichtstheorie gilt es daher
neben einer bereits bestehenden Didaktik des eLearning eine transdisziplinäre Mathetik des
eLearning zu entwickeln (vgl. Bronkhorst, 2002):

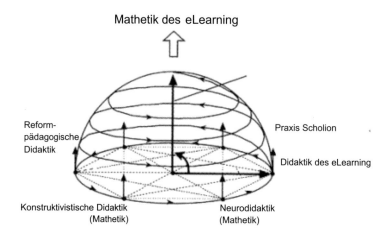

***Abb. 6.5** – Mathetik des eLearning*

Unterrichtswissenschaftlich kann auch zwischen einer mediendidaktischen und einer me-
dienmathetischen Qualifikation der Lehrenden – im folgenden Schaubild – unterschieden
werden.

Die bisher im allgemeinen unterrichtswissenschaftlichen Kontext verfolgte Unterscheidung
zwischen Didaktik und Mathetik lässt sich auch auf die medienpädagogischen Ansätze von
Tulodziecki/Herzig und Kerres projizieren. Tulodziecki/Herzig (T./H.) haben eine Didaktik
(vertikaler Lerntransfer) des eLearning auf kognitionstheoretischen und eine Mathetik (hori-
zontaler Lerntransfer) des eLearning auf konstruktivistischen Grundpositionen entwickelt.
Das Didaktikkonzept von T./H. kann vereinfacht im folgenden Schema dargestellt werden
(vgl. T./H. 2002, S. 80–83):

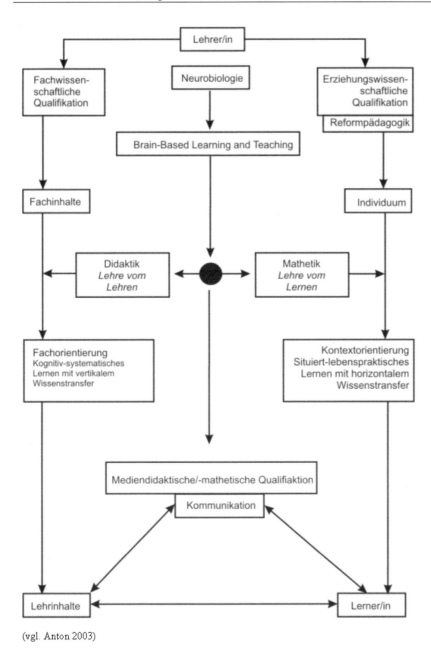

(vgl. Anton 2003)

Abb. 6.6 *– medienmathetische Übersicht*

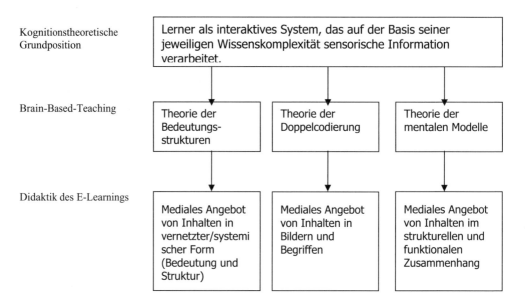

Kognitionstheoretische Grundposition — Lerner als interaktives System, das auf der Basis seiner jeweiligen Wissenskomplexität sensorische Information verarbeitet.

Brain-Based-Teaching — Theorie der Bedeutungsstrukturen / Theorie der Doppelcodierung / Theorie der mentalen Modelle

Didaktik des E-Learnings — Mediales Angebot von Inhalten in vernetzter/systemischer Form (Bedeutung und Struktur) / Mediales Angebot von Inhalten in Bildern und Begriffen / Mediales Angebot von Inhalten im strukturellen und funktionalen Zusammenhang

Abb. 6.7 *– Didaktikkonzept*

Das Mathetikkonzept ist von T./H. nicht so detailliert wie das Didaktikkonzept entwickelt worden (vgl. T./H. 2002, S. 83 f.). Das folgende Schaubild stellt eine Weiterentwicklung des Ansatzes von T./H. dar:

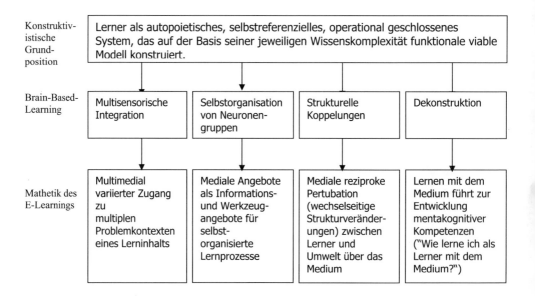

Konstruktivistische Grundposition — Lerner als autopoietisches, selbstreferenzielles, operational geschlossenes System, das auf der Basis seiner jeweiligen Wissenskomplexität funktionale viable Modell konstruiert.

Brain-Based-Learning — Multisensorische Integration / Selbstorganisation von Neuronengruppen / Strukturelle Koppelungen / Dekonstruktion

Mathetik des E-Learnings — Multimedial variierter Zugang zu multiplen Problemkontexten eines Lerninhalts / Mediale Angebote als Informations- und Werkzeugangebote für selbstorganisierte Lernprozesse / Mediale reziproke Pertubation (wechselseitige Strukturveränderungen) zwischen Lerner und Umwelt über das Medium / Lernen mit dem Medium führt zur Entwicklung mentakognitiver Kompetenzen ("Wie lerne ich als Lerner mit dem Medium?")

Abb. 6.8 *– Mathetikkonzept*

Die pädagogisch- praktischen Konsequenzen aus einer Synthese von Didaktik und Mathetik sind nicht wirklich neu. Die Ergänzung (teilweise Ersetzung) des Lehrer-Instruktions-Modells durch das Schüler-Konstruktions-Modell (vergleiche Hermann 2006, S. 112) ist schon durch die Reformpädagogik realisiert worden. Neu ist jedoch der transdisziplinäre Begründungshintergrund aus konstruktivistisch-systemtheoretischen, kybernetischen, neopragmatischen und neurophysiologischen (psycho-neuro-immunologischen) Modellen.

6.13   Literatur

Anton, M.A.: Lehrwissenschaftliche Qualifikationen. www.chemie.uni-muenchen.de/didaktik 2003

Anton, M.A.: Erziehen und Sich-bilden – Lehren und Lernen – Didaktik und Mathetik. In: Lernwelten 2/2003

Arnold, M.: Aspekte einer modernen Neurodidaktik. Emotionen und Kognitionen im Lernprozess. München 2002

Bronkhorst, J.: Basisboek ICT en Didactiek, HBuitgevers, Baarn 2002.

Chott, P.O.: Die Entwicklung des MATHETIK-Begriffs und seine Bedeutung für den Unterricht der (Grund-)Schule. In: Pädagogisches Forum Heft 4, 1998

Chott, P.O.: www.schulpaed.de, 2003, S. 1

Ciompi, L.: Die emotionale Grundlage des Denkens. Göttingen 1997. Zit. nach: Siebert, H.: Pädagogischer Konstruktivismus. Neuwied 1999, S. 29–31

Eichelberger, H.: Die Bedeutung der Reformpädagogik. In: Kohlberg, W.D. (Hrsg.): Europäisches Handbuch Reformpädagogischer Seminardidaktik. Osnabrück 2002

Foerster, H.v. et. al.: Einführung in den Konstruktivismus. München 2002

Foerster, H.v./Pörskens, B.: Wahrheit ist die Erfindung eines Lügners. Gespräche für Skeptiker. Heidelberg 1999

Gaudig, H.: Die Schule im Dienste der werdenden Persönlichkeit. Leipzig 1922

Glasersfeld, E.v.: Aspekte einer konstruktivistischen Didaktik. In: Landesinstitut für Schule und Weiterbildung (Hrsg.): Lehren und Lernen als konstruktive Tätigkeit. Soest 1995

Hagstedt, H. (Hrsg.): Freinet-Pädagogik heute. Weinheim 1997

Hermann, U.: Neurodidaktik. Weinheim, Basel 2006

Kock, R.: Freinet – Ein Vorläufer konstruktivistischer Didaktik? In: Fragen und Versuche Heft 105, September 2003

Koizumi, H.: In OECD (Hrsg.):Wie funktioniert das Gehirn? Paris: OECD Publikation, 2003. S. 113f.

Konrad, K. / Traub, S.: Selbstgesteuertes Lernen in Theorie und Praxis. München 1999

Kösel, E.: Die Modellierung von Lernwelten. Elztal-Dallau 1993

Maturana, H./Varela, F.: Der Baum der Erkenntnis. München 1987

Petersen, P.: Der Jena-Plan einer freien allgemeinen Volksschule. Langensalza 1927

Schusser, G.: Sensorische Integration. Unveröffentlichtes Seminarmanuskript. Osnabrück 2002

Siebert, H.: Pädagogischer Konstruktivismus. Neuwied 1999

Spitzer, M.: Geist im Netz: Modelle für Lernen, Denken und Handeln. Heidelberg, Berlin 2000

Stachowiak, H.: Allgemeine Modelltheorie. Wien 1973

Stachowiak, H. (Hrsg.).: Modelle – Konstruktion der Wirklichkeit. München 1983

Tulodziecki, G.; Herzig, B.: Computer & Internet im Unterricht: medienpädagogische Grundlagen und Beispiele. Berlin: Conelsen Scriptor 2002. (=Studium Kompakt).

Wagenschein, M.: Die Pädagogische Dimension der Physik. Braunschweig 1962

Werning, R.: Anmerkungen zu einer Didaktik des Gemeinsamen Unterrichtens. In: Zeitschrift für Heilpädagogik 11/96

7 Europäische Kooperation – von der Reformpädagogik zur Mathetik

Edgar Hungs

Mit dem europäischen Hochschulprogramm Erasmus startet 1976 die Bildungskooperation innerhalb und zwischen den EU-Mitgliedstaaten. Salonfähig wird diese Zusammenarbeit erst mit den Bildungs- und Ausbildungsprogrammen Sokrates und Leonardo da Vinci, die Mitte der 90er Jahren den gesamten Bildungsbereich und Bildungsraum erfassen. Der Rat von Lissabon im März 2000 lässt aufhorchen und unterstreicht in eindeutiger Weise, dass Bildung und Ausbildung eine fundamentale Rolle in einem wirtschaftlichen starken und sozialen Europa spielt. Diverse Akteure aus allen Ebenen und Schichten der Schulbevölkerung streben durch diese Kooperation ermutigt die Einführung einer neuen Dimension in den Alltagsunterricht an: die europäische Dimension – übrigens heute fester Bestandteil in vielen Rahmenplänen und Kompetenzauflistungen. Wird die europäische Bildungskooperation anfänglich noch belächelt und eher als touristisches Highlight innerhalb der persönlichen Lehrerlaufbahn eingestuft, so ist sie heute immer häufiger im Leitbild und in der Profilbeschreibung der einzelnen Schulen wieder zu finden. Auch die Wirtschaft hat dieses Phänomen zeitig erkannt. Viele Stellenangebote beweisen, dass die Unternehmen und Betriebe auf die Erfahrungswerte ausländischer Praktika und Studien setzen. Auslandssemester werden als Voraussetzung eines erfolgreichen Abschlusses des Studiums angesehen und erhöhen die Chancen auf dem Arbeitsmarkt.

30 Jahre europäischer Bildungskooperation hat es bedarf, dass die Zusammenarbeit auf allen Bildungsebenen auch eine Anerkennung auf der höchsten Ebene europäischer Politik erfahren hat. Dies war nicht immer der Fall. Bildung stellte keinen natürlichen Faktor oder keine natürliche Dimension in der Entwicklung der europäischen Gemeinschaft dar. Es ist eher politischer Einzelkämpfer zu verdanken, dass die Erkenntnis, auch in die Bildung und Ausbildung und deren Humanressourcen zu investieren, die Idee einer europäischen Bildungskooperation und somit auch einer gemeinsamen europäischen Bildungspolitik aufkeimen lässt. Erst durch das Umsetzen des Subsidiaritätsprinzips kann sich der Bildungssektor von den anfänglichen kritischen Tönen lösen und einer großen Blütezeit entgegen sehen. Unvorstellbar ist es heute, dass neben Ökonomie und sozialer Ebene nicht in gleicher Weise und mit gleichem Stellenwert auch die Bildung und Ausbildung zitiert wird. Alle drei Sektoren sind wichtige Stützen der Lissaboner Strategie.

Sicherlich, die Bereitschaft der Bildungsakteure muss vorhanden sein, die Schule (die Klasse) zu öffnen. Und dies ist nicht nur bildlich zu sehen. Diese Öffnung kann sich aber nur vollziehen, wenn eine Reihe von Voraussetzungen erfüllt ist. Aus der Sicht der Erziehungswissenschaftler muss bereits schon ein Umdenkprozess in der Lehrerausbildung stattfinden, wobei die pädagogischen Modelle der Reformpädagogen eine unabdingbare Grundlage für ein modernes Bildungsverständnis darstellen.

Bereits 1995 finden wir im Weißbuch „Lehren und Lernen" der Europäischen Kommission einige Überlegungen und Vorstellungen zu einem neuen Lehr-Lern-Modell. Endziel der weit blickenden Maßnahme hin zum lebenslangen Lernen ist „einen Beitrag zur Entwicklung einer qualitativ hoch stehenden Bildung innerhalb der Europäischen Union" zu leisten. Und hierzu hat die Europäische Kommission eine Reihe von Maßnahmen und Instrumenten den Akteuren an die Hand gegeben. Drei Generationen europäischer Bildungs- und Ausbildungsprogramme zeugen von einer enormen interkulturellen Vielfalt pädagogischen Engagements.

Bildung ist eine ganz wesentliche Voraussetzung, um internationale Zusammenarbeit überhaupt zu ermöglichen und gemeinsam umzusetzen. Bildung ist aber Voraussetzung, um miteinander zu sprechen und sich zu verstehen. Bildung stärkt Selbstbewusstsein, gibt Weitblick und vermittelt Verständnis für die Situation der anderen.

Erinnern wir uns kurz den Anfängen der 60er Jahren: José aus Portugal, Giovanni aus dem südlichen Palermo und Miguel aus Andalusien reisen als Gastarbeiter in die wirtschaftlich aufstrebenden westlichen Länder – Gastarbeiter, keine Migranten. Viele sind hier geblieben, haben ihre Familien mitgebracht, haben ihr Leben den hiesigen Bedürfnissen und Verhältnissen angepasst. Interkultureller Dialog und soziale Integration fanden auf ganz natürlichem Wege statt. Auch in der Schulgemeinschaft als noch strenge Regeln das Schulleben bestimmen und der Mief von Kreide und Schwamm schon morgens erahnen ließen, dass auch jetzt wieder Frontalunterricht angesagt ist. Im Mittelpunkt steht der im grauen Kittel mit rotem Kugelschreiber in der Hemdtasche agierende Lehrer. Europa ist noch weit und doch schon ganz nah. Die Kinder von José, Giovanni und Miguel brachten Farbe in die Klasse und machten gleichzeitig neugierig. Auch die Schulsysteme mussten umdenken, der freie Personenverkehr in einer immer größer werdenden europäischen Gemeinschaft verlangt nach Reformen, auch in der Bildung und Ausbildung. So ermöglicht dann die erste Programmgeneration unter Sokrates und Leonardo da Vinci die grenzüberschreitende Projektarbeit und zwar mit Erfolg, wenn auch einige „Ungläubige" heute noch davon überzeugt sind, dass es sich bei dieser Form der Kooperation um „Kaffeekränzchen alter Seilschaften" handelt. Wahrscheinlich fehlt ihnen in dieser Situation der absolute pädagogische und methodische Bezug zur europäischen Zusammenarbeit.

Eine gute Schule entsteht nur, wenn alle zusammenarbeiten. Dies gilt in gleichem Masse für Kinder, Lehrer und Eltern, aber auch für die außerschulischen Partnern. Eine Schule ist mutig, neue Wege zu beschreiten, wenn Lehrer genauso gefordert werden wie die Kinder. Dies gefällt nicht jedem. Da rebellieren mancherorts schon die gehorsamen Normalpädagogen im Gehege, als ob ein fremder Wilderer sich auf sicher geglaubtem Schulterrain wagt. Im Schutz der Bäume nur ja das Kind gut verstecken. Neue Wege beschreiten bedeutet auch, denen es gefällt, sich zusammenzuraufen und jeden Tag mehr arbeiten als andere. Da entzieht der reformbewusste Lehrer sich den strengen Regeln der Bildungspolitik, die leider allzu oft noch in den Unterrichts- oder Bildungsministerien herrschen, auch wenn diese leise von Schulautonomie sprechen, wohlgemerkt dann von einer „kontrollierten" Schulautonomie. Da sehnt man sich nach Peter Petersen gute „Schulstube".

Schon ein Austausch mit einer europäischen Partnerschule für eine überschaubare Dauer – und die damit verbundene einmalige Aufgabe, den Gastaufenthalt zu planen, zu organisieren, erfüllen schon den Zweck, dass die Schule sich der europäischen Dimension öffnet. Wenig Neues, aber das Bekannte neu zu verwenden – als Einstieg für die Schule, die Europa (er-)leben und erfahren möchte. Wenn wir also davon ausgehen, dass in der Schule als Lebens- und Erfahrungsraum auch die Beteiligung anstatt nur die reine Belehrung im Vordergrund stehen, dann sind wir zu den alten Rezepten der Pädagogik zurückgekehrt. Da zählt noch Mitverantwortung und Kreativität zu den wichtigsten Tugenden und Rahmen- und Implementierungspläne wirken wie Hemmschwellen für jene Pädagogen, die die Persönlichkeitsentwicklung des Kindes in den Mittelpunkt ihrer Lehrertätigkeit setzen.

Die Geschichte unserer europäischen Bildungsprojekte von der Reformpädagogik zur Mathetik ist zuerst die Geschichte einer Kooperation zwischen Bildungseinrichtungen, die durch die Entwicklung und Veränderung von Ideen die Wirkung der befreienden Bildung auf junge Menschen erkannt hat, um sie zu selbstbewussten, selbständigen und selbsttätigen Bürgern einer neuen europäischen Gesellschaft zu erziehen . Der französische Pädagoge Célestin Freinet formulierte eine für Reformpädagogen typische Kritik: „Wir brauchen nicht mit Wissen voll gestopfte Hirn, sondern wache Köpfe." Daher stellt die Entwicklung reformpädagogischer Ideen auch ein lebendiger Prozess dar. Reformen sind das Resultat einer kritischen Auseinandersetzung mit bestehenden Strukturen.

Die Reformpädagogik war die offene Kritik an verkrustete Bildungssysteme, an der „Pauk- und Buchschule" (Reiner Lehberger) und leitete den Entwurf einer neuen Schule ein. Eine offene Gesellschaft kann nur entstehen, wenn auch die Schule sich öffnet. Daher ist keineswegs angedacht, die Modelle der Reformschulen aus den zwanziger Jahren zu kopieren, waren sie doch im hohen Masse eigenverantwortlich für ihre Arbeit. Vielmehr sollen sie ermutigen, eigene pädagogische Konzepte und Strukturen zu entwickeln, Konzeption, Durchführung und Kooperation selber in die Hand zu nehmen und sich aus den Zwängen des Dirigismus lösen. Die Entscheidung über die Wege zur Entwicklung eigener pädagogischer Profile und die Verantwortung für die erreichten Ziele sollten daher in Händen der Schulen liegen.

Nicht ohne Grund tragen die europäischen Programme die Namen großer Pädagogen und Denker. Reformpädagogik ist eine europäische Bewegung, sie ist permanent, international und heute noch so aktuell wie gestern. Die damaligen Ziele der Reformpädagogen gehen nahtlos in die Ziele der modernen Schulentwicklung über. Ihre Grundanliegen müssen heute Motor jeder schulischen und gesellschaftlichen Veränderung sein.

7.1   Welche Merkmale soll ein europäisches Projekt aufweisen?

Ein Projekt ist ein „Vorhaben, das sich im wesentlichen durch Einmaligkeit der Bedingungen in seiner Gesamtheit kennzeichnet". Laut DIN 69901 bezieht sich diese Einmaligkeit auf die Zielvorgabe, die zeitlichen, finanziellen und personellen Begrenzungen, auf die Organisationsform und auf deren Abgrenzung gegenüber anderer Vorhaben. Des Weiteren definiert die Praxis ein Projekt wie folgt: „Ein Projekt ist ein Vorhaben, das in vorgegebener Zeit und beschränktem Aufwand ein eindeutig definiertes Ziel erreichen soll, wobei der genaue Lösungsweg weder vorgegeben noch bekannt ist. Alternativ kann diese „Einmaligkeit" auch unter dem Gesichtspunkt bestehender Risiken (Termin, Kosten oder Qualität) definiert werden. (www.projektmagazin.de).

In der Ausführung dieser Definition also ist jedes Projekt etwas Einmaliges. Daher entwickelt es immer seine eigene Dynamik und seine eigene Kultur. Vor diesem Hintergrund weisen europäische Bildungsprojekte noch zusätzliche spezifische Merkmale auf. Die europäische Zusammenarbeit verlangt darüber hinaus auch ein ganz besonderes Management, das über das eigentliche Maß an Normalität hinausgeht. Schwerpunktmäßig sind davon der Arbeits- und Zeitplan sowie die Ressourcenplanung betroffen.

Folgende Merkmale gilt es unter anderem in einer europäischen Kooperationsarbeit zu berücksichtigen. Sie sind zumeist Vorgaben, die sowohl von Seiten der Europäischen Kommission wie auch zusätzlich von Seiten der nationalen Bildungspolitik definiert werden:

- Die Projektpartner kommen aus mindestens drei verschiedenen Ländern der Europäischen Union (den EFTA-Staaten oder den EU-Beitrittsländern).
- Die transnationale Partnerschaft weist immer eine interkulturelle Dimension auf.
- Die Partner in einem transnationalen Projekt arbeiten in verschiedenen Ländern. Folglich ist die Kommunikation ein wichtiger Bestandteil einer jeden Projektstruktur. Transnationale Projekte fördern die Mehrsprachigkeit.
- Verschiedene Einrichtungs- und Schulformen unterschiedlicher Trägerschaft arbeiten in einem sehr präzisen Zeitraum zusammen. Oft geht der persönliche Einsatz der Partner über das eigentliche Planungssoll hinaus; persönliches Engagement eines Jeden trägt zu einem erfolgreichen Abschluss der Projektarbeit bei. Gleichzeitig öffnet die transnationale Projektarbeit auch den europäischen Bildungsraum und gewährt konkrete und praxisnahe Einsichten in andere Bildungssysteme.
- Projektplan, Projektarbeit und Projektfinanzen werden im Vorfeld festgelegt und erstellt. Deshalb ist es von absoluter Priorität, sich eng an diese Vorgaben zu halten. Dies schränkt die Flexibilität zwar ein, lässt aber noch genügend schöpferischen Freiraum, damit das Projekt sich weiter entwickeln kann. Der so entstehende (natürliche) Druck kann aber auch die Motivation steigern und sich letztendlich positiv auf die praktische Projektarbeit und deren Umsetzung auswirken.
- Teambildung ist wichtig. Die Projektakteure kommen aus verschiedenen Ländern und aus unterschiedlichen Sprachgruppen. In den meisten Fällen kennen sie einander nicht

oder kaum. Des halb ist die Kommunikation innerhalb dieser „gemischten" Gruppe sehr wichtig.

- Produktentwicklung sollte stets begleitet und überwacht werden. Schon allein aus dem Grund, dass durch die Projektbeschreibung ein straffer Handlungsplan und eine eng gezogene Handlungsebene vordefiniert sind.
- Das Endprodukt der Projektarbeit muss immer einen europäischen Bezug haben. Oft ist es durch einen mehrsprachigen Output gekennzeichnet.

8 Lernen im Sinne von Eigenkonstruktion mit didaktisch strukturierten Lernplattformen

Christian Laner

Verfolgt man die geschichtliche Entwicklung des eLearnings, zeigt sich, dass dieses Thema einen sehr schnellen Prozess erlebt hat. Nachdem eLearning längere Zeit als das Allheilmittel für Fortbildung mit entsprechenden Hoffnungen auf die Entlastung der Budgets und auch der Zeitressourcen der betroffenen Menschen und Institutionen galt, hat die Realität nach dieser euphorischen Welle das Geschehen rund um eLearning eingeholt und manche Illusion wurde zerstört.

Die Entwicklung geht verstärkt in Richtung blended learning, auch weil damit den Bedürfnissen der Menschen nach „echten" Kontakten in face-to-face-Situationen Rechnung getragen wird. Das Angebot auf dem Markt des eLearnings ist riesig, macht man sich jedoch die Mühe, es etwas genauer anzuschauen, stellt man fest, dass ein großer Teil der Angebote sich auf das Herunterladen von Dokumenten, das Bereitstellen von Diskussionsforen für die asynchrone Diskussion und Chat in seinen verschiedenen Varianten (vom Text- bis zum Videochat) konzentriert.

Interessant dabei ist, dass Inhalte meist in der traditionellen Form angeboten wird, also Texte, die man ausdrucken kann und die man in der klassischen Variante, also mit gewohnten Mustern des Lernens bearbeitet. Dazu finden Diskussionen statt, wenn die Möglichkeit besteht, dass der Dozent oder Referent auch die Bereitschaft und auch Fähigkeit hat, tutorielle Begleitung zu bieten. Dies ist die Welt, die wir aus der eigenen Schulzeit kennen, man sollte zudem nicht vergessen, dass die Erwachsenen für die digitale Welt und ihren Möglichkeiten wenig Erfahrungswerte mitbringen und die Gesetzmäßigkeiten, die in der klassischen Lehre bzw. in den herkömmlichen didaktischen und methodischen Lernverfahren in einer realen Situation gelten, nicht einfach übernommen werden können.

Bemüht man die Argumente, die als Begründung für den Einsatz von eLearning vorgebracht werden, z.B. eigene Zeiteinteilung, reduzierte Spesen, verstärkte Förderung der Kommunikation etc., so werden diese „scheinbaren" Vorteile durch andere Aspekte wieder aufgehoben, wie bereits oben mit dem Beispiel der Präsenzseminare und ihrer Bedeutung angedeutet.

8.1   Eigenverantwortliches Lernen

Ist für Lernen und Lehre in der Schule bzw. der Hochschulen die Ausrichtung an den lerntheoretischen Modellen wie Behaviorismus, Kognitivismus oder Konstruktivismus entscheidend, so werden diese Überlegungen noch bedeutsamer für ein Lernen, das in einer gewissen Anonymität über einen Computer respektive Internet erfolgt.

Ausgehend von der konstruktivistischen Sichtweise, dass das Lernen beim Lerner liegt und der Lehrende vor allem die Rahmenbedingungen schaffen muss, wobei auch Impulssetzungen für die Lernenden notwendig sind, soll gezeigt werden, welche Grundannahmen für das Lernen in Form von eLearning oder blended learning notwendig sind, damit es zu einer Wissensgenerierung kommt, die die Lernenden handlungsfähig machen. Die Orientierung ist dabei auf die Schule bzw. die Lehrpersonen gerichtet, da sie jene sind, die im Zusammenspiel mit den jungen Menschen, die ihnen anvertraut sind, bestimmte Kompetenzen auch im Bereich des eLearnings vermitteln sollten.

Von der Schule wird, auch durch die Vergleiche der internationalen Studien wie die PISA-Studie, verstärkt die Förderung des eigenverantwortlichen, problemlösenden Lernens wie auch das Lernen und Arbeiten im Team gefordert. Der Lernende tritt mit seinen Vorstellungen, Emotionen, Fähigkeiten und Forderungen in den Vordergrund. Lernen wird als aktiver Prozess gesehen, der nicht nur Informationen verarbeitet, sondern auch Wissen generiert und dies sollte in einem Wissensnetz sichtbar werden. Dieser Prozess findet in einem sozialen Kontext statt (vgl. Schurer/Mandl 2004, S. 53).

Verfolgt man den Gedanken der Eigenkonstruktion von Wissen konsequent weiter, so muss zunächst geklärt werden, wie dies geschieht. Hierzu bieten Schnurer/Mandl (2004, S. 54) ein Modell an, das sich für ein Konzept von eLearning bewähren könnte. Sie unterscheiden drei Bausteine: Wissensrepräsentation, Wissenskommunikation und schließlich Wissensgenerierung, die zur Wissensnutzung, dem eigentlichen Ziel führen, da es um den konkreten Einsatz des Erlernten in verschiedenen Situationen geht. Wie oft wissen wir, dass wir anders handeln sollten und es gelingt uns trotzdem nicht. Ohne hier im Detail auf die einzelnen Begriffe einzugehen, sind dies Vorgaben, die helfen können, zu überlegen, wie eine Lernplattform konstruiert sein kann, um einem Lernen durch Eigenkonstruktion gerecht zu werden.

eLearning stellt für die Lehrpersonen insofern eine große Herausforderung dar, da sie mit einer Welt konfrontiert werden, die einerseits ihren täglichen Beruf stark bestimmt, nämlich das Lernen und Lehren, andererseits aber die Problematik besteht, dass das Lernen im Netz für sie gleichzeitig eine große Unbekannte darstellt, da sie ihre eigenen Erfahrungen auf der herkömmlichen Weise gemacht haben. Zusätzlich wird der Lernprozess noch erschwert, da auch die Aus- und die Fortbildungen über das Netz bisher mehrheitlich in der klassischen Form, wie bereits weiter oben angesprochen, durchgeführt wurden.

8.1.1   Lernen im Netz

In Anlehnung an Wagenschein Martin (1999) stellt sich die Frage, warum man sich die Mühe macht, die Lehrerfortbildung über das Netz anzubieten, wenn die Frage nicht geklärt ist, wo der Mehrwert liegt. Dieselbe Frage gilt übrigens auch für den generellen Einsatz des Computers und des Internets im Unterricht. Wenn die Lehrpersonen nicht klären können, wo sie einen Mehrwert im Einsatz der digitalen Medien und des Internets im Unterricht erkennen können, sollte sie diese nicht einbinden. Die Argumentation, dass es den Kindern Spaß macht, ist zu wenig (vgl. Stoll 2002). Die Realität ist, dass die Kinder und Jugendlichen aus einer Realität kommen, in denen z.B. der Einsatz der digitalen Medien in allen Formen immer mehr Zuspruch findet, andererseits aber die Interessen je nach Alter unterschiedlich ausgeprägt sind (vgl. Schulmeister 2008).

Die Welt der Computers und des Internets stellen heute eine Realität dar, der sich auch Lehrpersonen nicht mehr entziehen können. Damit aber eine sinnvolle Nutzung der Medien möglich wird, die auch im Unterricht fruchtet und einem konstruktiven Lernen entspricht, bedarf es gründlicher Überlegungen sowohl was das Lernen des Individuums als auch der Gruppe, die sehr häufig beim eLearning auf Diskussionen in einem Forum reduziert werden, betrifft.

Grundlegend für die Entwicklung eines eLearning- oder blended learning-Konzeptes (Mischform zwischen Präsenz- und Online-Lernen) ist ein Nachdenken über die Didaktik und Methodik, da dies auch große Auswirkungen auf die Aufbereitung der Inhalte hat. Erst darin zeigt sich die Qualität, die mit eLearning möglich ist. Darin liegt auch die große Herausforderung (vgl. Eichelberger, Laner 2006).

Orientiert man sich am Modell des Wissensmanagement von Schnurer/Mandl (2004), muss überlegt werden, welche Teilelemente in welcher Form für ein eigenkonstruktives wie auch kooperatives Lernen notwendig sind. Versuche dazu haben wir seit fast 10 Jahren auf dem Südtiroler Bildungsserver blikk laufen und können inzwischen auf Erfahrungen im Bereich der Schülerinnen und Schüler ab der Grundschule zurückgreifen. Auffallend ist, dass mit den Kindern und Jugendlichen relativ schnell auf einer Ebene gearbeitet werden kann, die von der Nutzung her kaum Probleme mit sich bringen.

Betrachtet man die beiden Begriffe, die zur Wissensgenerierung führen, die Wissensrepräsentation und die Wissenskommunikation, wird ersichtlich, dass es um die Darstellung des eigenen Wissens auf der einen Seite geht, andererseits wird Wissen erst im Austausch mit anderen immer wieder neu strukturiert. Dies stellt eine große Herausforderung an die Entwicklung einer Lernplattform, die diesem Anspruch auf einer qualitativen Ebene mit den Möglichkeiten, die die digitalen Medien heute bieten, gerecht wird.

Entscheidend ist, dass virtuelle Lernumgebungen nicht allein unter dem technischen Aspekt betrachtet werden, vielmehr ein didaktisch-methodisches Konzept in Verbindung mit der Technik zu neuen Möglichkeiten führt, die es in dieser Form bisher noch nicht gab. Hier liegen aber auch die Schwierigkeiten und die Herausforderungen, denen sich alle Beteiligten stellen müssen – zum Wohle des „Konsumenten", dem Lernenden. Sehr häufig hat heute noch die Technik die größere Bedeutung als die didaktisch-methodischen Modelle und diese sollen sich dementsprechend der Technik unterordnen. Sinnvoll wäre es, zunächst die Konzepte von der didaktisch-methodischen Seite her zu entwickelt und dann zu überprüfen, was sich auf der technischen Seite machen lässt (auch unter dem ökonomischen Aspekt).

„Viele Lernplattformen finden sich (deshalb) nach aufwändiger Entwicklung, als schillernde Bibliothek ohne Bücher in den Regalen wieder. Nicht zuletzt muss auch eLearning in allen Lernphasen begleitet und betreut werden. Der Aufbau einer technologischen Infrastruktur zur Verwaltung und Distribution von aufwändig zusammengestellten Lerninhalten ohne virtuelle Lernumgebung rechnet sich deshalb erfahrungsgemäß nicht" (Neubauer 2003, S. 23).

Wie sie konzipiert ist, hängt im Wesentlichen vom entsprechenden Lernarrangement ab, welches für eLearning verwendet wird. Damit dürfte klar sein, dass eine Lernplattform so entwickelt sein muss, dass den Anforderungen und den Bedürfnissen sei es der Lernenden wie auch der Lehrenden Genüge getan wird. Sie wächst also mit deren Kenntnissen, Fertigkeiten, Erfahrungen und Notwendigkeiten. Indirekt wird damit auch angedeutet, dass nicht nur die Lernenden selbst in einem Lernprozess sind, auch die Lehrenden befinden sich in einem solchen. Dies ist eine große Herausforderung: es ist noch sehr viel offen, aber man hat die Möglichkeit, aktiv an der Gestaltung einer veränderten Lernkultur mitzuwirken.

8.2   Anforderungen an die Lernplattformen für eigenkonstruktives Lernen

Es besteht die Anforderung, den verschiedenen Lernertypen gerecht zu werden und dies über verschiedene Zugänge zu ermöglichen. Wer sich jedoch in den Schulen oder auch an den Hochschulen umsieht, wird feststellen, dass das Hauptgewicht immer noch das schriftliche Material darstellt, ergänzt mit anderen Möglichkeiten. Dies gilt auch für die Nutzung des Internets, wenn es darum geht, Inhalte verfügbar zu machen. Dabei bietet gerade die digitale Welt eine große Vielfalt an Möglichkeiten, Inhalte darzustellen. Auf diese Weise sind neue Perspektiven möglich, will man den Forderungen nach einer optimalen Generierung von Wissen gerecht werden. Schnurer/Mandl (2004) formulieren drei Grundannahmen, die sich mit eLearning, besonders in Form von blended learning hervorragend umsetzen lassen:

- Lernen an authentischen Problemen;
- verschiedene Perspektiven einnehmen;
- Lernen im sozialen Kontext.

Wurde bisher Lernen an authentischen Problemen in realen Seminar oder auch auf verschiedenen Lernplattformen vor allem über Erzählungen und schriftliche Texte transportiert, kann nun neben der akustischen Version, z.B. als kurzes Hörspiel auch eine kurze Videosequenz dienen. Es gibt bereits Möglichkeiten, im Netz an Videosequenzen Annotationen zu machen, also die eigenen Gedanken direkt im Web an den entsprechenden Stellen zu vermerken und sie anderen als Diskussionsgrundlage verfügbar zu machen. Selbstverständlich bedeutet diese Arbeit für den DozentInnen einen großen Aufwand, der auch ein gewisses technisches Know-how erfordert. Die Entwicklung lässt jedoch hoffen, dass diese Aktivitäten auch für die DozentInnen immer einfacher werden. Eine schwierigere Frage ist, inwieweit sich sowohl DozentInnen von der didaktischen Seite her als auch die Lernenden auf solche neue Möglichkeiten einlassen. Es bedeutet, sich einem Thema nicht mehr auf dem traditionellen

Weg über die Schrift zu nähern, sondern mit anderen Sinnen und damit auch anderer Wahrnehmung damit auseinander zu setzen.

Die neuen Technologien bieten Möglichkeiten, neben dem klassischen Text vor allem auch den Aspekt der Visualisierung und der akustischen Unterstützung zu berücksichtigen. Der Lernende soll selbst entscheiden können, wie er sich die Inhalte aneignet, welche Aufbereitung er bevorzugt – entsprechend sollte das Lehrmaterial unterschiedlich aufbereitet sein und angeboten werden. Zusätzlich sollte es hypermedial aufbereitet werden, damit der Lernende auch diese andere Art der Informationsgewinnung kennen und nutzen lernt. Arbeiten mit hypermedial aufbereiteten Materialien setzt selbstständiges Lernen voraus.

Stary/Auinger (2005, S. 82) benennen drei Merkmale für effektives, selbst gesteuertes Lernen, die eine Grundlage auch für das Lernen in Formen des eLearnings unterstützen:

- Individualisierung;
- Kommunikation;
- Kooperation als Verbindung von Content und Kommunikation.

Diese drei Ebenen kann man im Entwicklungsprozess der Lernenden in der Welt des eLearnings in einer hierarchischen Strukturierung betrachten, ausgehend von den unterschiedlichen Fähigkeiten der einzelnen Lernenden, die eine Individualisierung notwendig macht. Ein großer Anteil von Lehrpersonen bedarf am Anfang sicher der Individualisierung, da sie sich erst mit dieser Art des Lernens, das in hohem Maße selbstgesteuert ist, eine andere Art der Kommunikation verlangt und alte Lerngewohnheiten in Frage stellt, vertraut machen müssen.

Die nächste Phase ist, wie man auch im nächsten Beitrag sehen wird, die kommunikative Phase. Es ist keine Selbstverständlichkeit, dass Lehrpersonen sich über asychrone Kommunikationsmittel wie Foren oder e-Mail austauschen, noch weniger geläufig sind synchrone Kommunikationsverfahren wie Chat oder Videokonferenzen. Der höchste Anspruch ist das kooperative Lernen über das Netz, ein schwieriges Unterfangen, das häufig nicht mal in realen Situationen gelingt.

Der Umgang mit den verschiedenen Verfahren muss geübt werden, dies gilt auch für Lehrpersonen. Um die Komplexität dieser Lernprozesse zu reduzieren, boomen zur Zeit vor allem Lernplattformen, die den Content in der traditionellen Form, z.B. als klassisches druckbares Dokument zur Verfügung stellen, mit einigen Linkhinweisen usw.. Damit werden jedoch die Möglichkeiten, die die Technologien ermöglichen, nicht mal ansatzweise ausgereizt. Beispiele für solche didaktisch entwickelten neuen Formen des Lernens im Netz finden Sie im Kapitel 10 „Beispiele gelungener Unterrichtsentwicklung auf der Basis virtueller Weiterbildung und individueller Professionalisierung".

Bedeutsam in diesem Zusammenhang wird die Aufbereitung der Materialien, die Reflexion, welche eingesetzt und in welcher Art und Weise sie verfügbar gemacht werden. So können neben den herkömmlichen druckreifen Dokumenten oder Präsentationen auch neue Wege beschritten werden, z.B. durch Impulsgebung. Verfolgt man das Ziel, die TeilnehmerInnen zu einem kooperativen, selbst gesteuerten Lernen zu führen, können kurze Grundaussagen oder Kernelemente der Thematik ausreichend sein. Neben den Texten sind auch Bilder, Animationen, Filme oder akustische Elemente von großer Bedeutung. Texte können z.B.

auch als Podcasts verfügbar gemacht werden, dies kommt dann z.B. dem akustischen Lernertyp entgegen.

Verfolgt man kritische Diskussionen, wie Lernplattformen gestaltet werden (vgl. Schulmeister 2005, Auinger/Stary 2005), kann festgestellt werden, dass es darum geht, ein schönes Design zu gestalten, sehr häufig jedoch lassen die Funktionalität für das Lernen im Netz sehr zu wünschen übrig. Dies bedeutet nicht, dass das Design nicht von Bedeutung ist, es spielt für die Akzeptanz von Seiten der Lernenden wie auch der Lehrenden eine wichtige Rolle, aber es reicht nicht, um qualitätsvolles Lernen im Netz zu ermöglichen. Will man die Ansprüche, die oben angeführt wurden, nämlich eigenaktives und eigenkonstruktives Lernen auch oder gerade durch eLearning zu ermöglichen, muss reflektiert werden, wie so eine Lernplattform insgesamt aussehen kann, ausgehend von den Möglichkeiten der Lernenden sowie den lerntheoretischen Ansätzen, in diesem Fall vor allem aus der konstruktivistischen Perspektive.

Eine gut konstruierte Lernumgebung kann das gesamte Spektrum des lerntheoretischen Modells abdecken, wobei aber immer wieder darauf verwiesen werden muss, dass das gelenkte Lernen nur für die Anfangsphase relevant sein soll und unbedingt Strategien entwickelt werden müssen, um zu selbst gesteuerten und kooperativen Lernen zu gelangen – m.E. eine Grundvoraussetzung für ein effektives und gelungenes eLearning - Seminar. Erst dann kann das gesamte Potential genutzt werden: Eigenaktivität, Konstruktions- und Gestaltungsmöglichkeiten, bezogen auf die Gruppe „[...] soll kooperatives Lernen und Arbeiten in Gruppen computerunterstützt erfolgen, um Wissen gemeinsam zu teilen und zu konstruieren, um gemeinsam auf Daten und Informationen zuzugreifen, gemeinsam Ideen zu produzieren und Ergebnisse zu konstruieren und zu gestalten" (Schulz-Zander, Tulodziecki, 2002, S. 314).

In den Lernsituationen geht es aber immer auch um die Bedürfnisse der Lehrenden, also nicht nur um jene der Lernenden. Hinter der Vorbereitung bestimmter Lernmaterialien steht eine bestimmte Idee, ein Konzept, das vermittelt werden möchte. Aber gerade die neue Art der Aufbereitung der Inhalte kann auch beim Lehrenden selbst Neukonstruktionen bzgl. der eigenen Inhalte auslösen und dadurch kann eine neue Sichtweise entwickelt werden.

Entscheidend bei den Lernplattformen ist neben der Benutzerfreundlichkeit (darüber kann aber intensiv diskutiert werden, da es jede/r anders wahrnimmt) und der grafischen Gestaltung, basierend auf Erkenntnissen der Wahrnehmungspsychologie und des Mediendesigns (vgl. Thissen 2003) vor allem das Zusammenspiel zwischen dem Content, dessen Aufbereitung, der Kommunikation und der Kooperation. Inhalte sollten so aufbereitet werden, dass sie den Lernenden die Möglichkeit bieten, aktiv diese selbst zu bearbeiten und überarbeiten. Dies ist für die Lehrenden eine große Herausforderung, andererseits zeigt z.B. Wikipedia, dass dieses Verfahren umsetzbar ist, wobei dort aber auch die Grenzen erfahrbar wurden, da nicht mehr für die korrekten Inhalte garantiert werden kann.

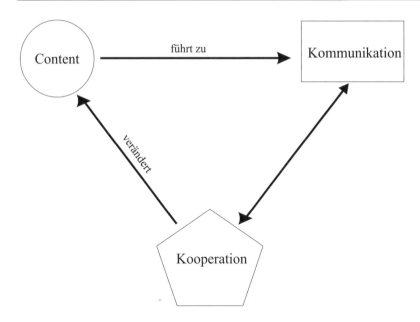

Abb. 8.1 – *Die Wirkung der Kooperation auf den Content*

Betrachtet man das Dreieck, so wird die enge Verbindung zwischen den inhaltlichen Teilen einer Lernplattform und der Kommunikation sowie der Kooperation sichtbar. eLearning gewinnt erst durch die Zusammenarbeit, durch die Kooperation zwischen den Lernenden an Bedeutung und wirkt auch der häufig vorgebrachten kritischen Positionen, dass Lernen am PC mühselig und kaum motivierend sei, entgegen. Im Austausch mit den anderen entstehen neue Sichtweisen, gewinnt das eigene Wissen an Bedeutung und muss auch der Prüfung durch andere standhalten oder evtl. revidiert werden. Bedeutsam ist die Sichtweise, dass durch die Kooperation der verfügbare Inhalt neu konstruiert wird. Dies erfordert, dass die Inhalte so aufbereitet sind, dass sie jederzeit von den Lernenden überarbeitet und gewissermaßen als neue Konstruktionen im Netz verfügbar sind.

Das Bereitstellen vieler toller Tools im Netz stellt technisch kein großes Problem dar, die meisten Tools sind sogar kostenfrei verfügbar, aber sie lösen nicht die Probleme eines qualitätsvollen Lernens in Form von eLearning. Grundlegend ist das Aufbereiten der Inhalte, verbunden mit einem durchdachten Konzept, wie diese Inhalte der Kommunikation zwischen den Lernenden bzw. Lerngruppen förderlich sein können, da Kommunikation im Netz gänzlich anders läuft als in einer face-to-face-Situation. Noch bedeutsamer aber ist der Schritt hin zu einer Kooperation, die die Lernenden zu Akteuren der Rekonstruktion der Inhalte im Austausch untereinander macht.

Wenn wir kurz bei den Texten als die herkömmliche Form der Darbietung von Inhalten bleiben, bedeutet dies z.B. die Zerlegung von Inhalten in die kleinsten gedanklichen Einheiten, wie es auf der Lernplattform Scholion möglich ist und wo diese Knoten Ausgangspunkt für Rekonstruktionen durch die Lernenden sind (vgl. Eichelberger/Laner, Bozen, 2006).

Abb. 8.2 *– Beispiel für Zerlegung von Content auf der Lernplattform Scholion*

Die große Herausforderung an eine Lernplattform stellt sich dadurch, dass zwischen den einzelnen Tools, die verfügbar sind, ein Zusammenspiel ermöglicht wird, also z.B. Links von den Foren oder Chats zu den einzelnen Teilen, also den Knoten der aufbereiteten Contents möglich sind; Auf dem umgekehrten Weg können Verlinkungen von den Inhalten zu einzelnen Diskussionsbeiträgen gemacht werden und auf diese Weise entsteht ein Portfolio der Aktivitäten. Dabei sollte der Lernende selbst entscheiden können, was für wen bestimmt ist, also nicht die übliche Variante gewählt wird, dass es nur zwischen den Lernenden und den Lehrenden einen Kommunikationsstrang gibt. Dies würde einem eigenverantwortlichen Lernen und einem Lernen, das die Eigenkonstruktion in den Mittelpunkt stellt, also die Welt des Lernenden selbst ernst nimmt und seine Erfahrungen, Möglichkeiten, aber auch Grenzen wahrnimmt, entsprechen. Dabei gilt es auch die Privatsphäre der einzelnen Person ernst zu nehmen. Ansätze, die Facebook z.B. als eine mögliche Lernplattform betrachten, müssen sehr kritisch gesehen werden, da Lernende kaum das Bedürfnis haben, dass die ganze Welt an ihrem Lernprozess teilnimmt.

Ein Vorteil dieser Art des Lernens für Lehrpersonen ist, dass auf diesem Wege sie selbst erfahren, was es bedeutet, im Netz zu lernen, welche Freude, aber auch welche Probleme dahinter stecken können. Die Lehrpersonen können auf diese Weise medienkompetent gemacht werden, wie im Kapitel 10 und 11 noch gezeigt wird, eine Notwendigkeit, geht man von den Anforderungen im Bereich der Medienbildung an die Lehrpersonen aus.

Im nächsten Kapitel wird ausführlich am Beispiel der Lernplattform Scholion, die ein Part-
nerprojekt des Pädagogischen Institut für die deutsche Sprachgruppe, der Universität Bozen
und der Universität Linz (Fakultät für Wirtschaftsinformatik) ist gezeigt, wie eine längerfris-
tige Lehrerfortbildung auf europäischer Ebene durchgeführt werden kann. Diese europäische
Fortbildung hat uns veranlasst, an einer Weiterentwicklung der Lernplattform Scholion zu
arbeiten. Die neue Version wird noch stärker den Lernenden in das Zentrum rücken, bedeutet
aber auch für die Lehrenden eine noch stärkere Auseinandersetzung mit den lerntheoretischen Konzepten, die der Lernplattform zugrunde liegen.

8.3 Literatur

Auinger, A., Stary, C.: Didaktikgeleiteter Wissenstransfer. Interaktive Informationsräume für
    Lern-Gemeinschaften im Web. Wiesbaden 2005

Didaktischer Bildungsserver Südtirols blikk: http://www.blikk.it

Döring, N.: Sozialpsychologie des Internets. Göttingen 2. Auflage 2003

Eichelberger, H., Laner, C.: Europäische Innovative Schulentwicklung im world wide web.
    In: Forschung zu Blended Learning: österreichische F & E Projekte und EU-
    Beteiligungen. Tagungsband. Wien 2006

Eichelberger, H., Laner, C.: internet(t)e Schulentwicklung auf SCHOLION. Europäische
    innovative Schulentwicklung durch blended learning. Online:
    http://www.blikk.it/blikk/scholion/eisweb/start.html (Stand: 10.04.2009)

Mandl, H., Schnurer, K.: Wissensmanagement und Lernen. In: Mandl, H., Reinmann, G.
    (Hrsg.): Psychologie des Wissensmanagements. Perspektiven, Theorien und Metho-
    den. Göttingen 2004. S. 53–65

Neubauer, J.: Praxistraining ELearning – Hilfe zur Selbsthilfe. treasure 2002. Online:
    www.ethnomusicscape.de/clabalitpdf/praxistrainingELearning.pdf
    (Stand: 07.04.2009)

Schulmeister, R.: Lernplattformen für das virtuelle Lernen: Evaluation und Didaktik. Olden-
    bourg 2. Auflage 2005

Schulmeister, R.: Gibt es eine „Net-Generation"? Hamburg 2008. Online: www.zhw.uni-
    hamburg.de/uploads/schulmeister-net-generation_v2.pdf (Stand: 07.04.2009)

Schulz-Zander, R; Tulodziecki, G.: „Multimedia und Internet" in Information und Lernen
    mit Multimedia und Internet von Issing & Klimsa; Beltz; 3. Auflage 2002

Stoll, C.: LogOut: Warum Computer nichts im Klassenzimmer zu suchen haben und andere
    High-Tech-Ketzereien. Frankfurt 2002

Thissen, F.: Kompendium Screen Design. Effektiv informieren und kommunizieren mit Multimedia. Berlin 3. überarbeitete Auflage 2003

Wagenschein, M.: Verstehen lehren: Genetisch, Sokratisch, Exemplarisch. Beltz. 2. Aufl. 1999

9 „internet(t)e" Unterrichtsentwicklung

Harald Eichelberger & Christian Laner

Bericht über einen didaktisch orientierten Lehrgang mit blended learning:

Lehrerinnen und Lehrer aus verschiedenen Teilen Europas studierten neue reformpädagogische Formen des Lernens auf der Lernplattform SCHOLION. Die spannende Frage, die uns begleitete, lautete, ob es möglich ist, mit einer entsprechend vorbereiteten, virtuellen Lernumgebung im Internet Lehrerfortbildung nach reformpädagogischen Grundsätzen zu organisieren und durchzuführen. Dazu konnte im Rahmen eines EU-Fortbildungsprojektes ein entsprechender Lehrgang des Pädagogischen Institutes der deutschen Sprachgruppe des Pädagogischen Institutes in Bozen organisiert und durchgeführt werden, der für die Teilnehmer/innen aus Südtirol bereits im August 2004 begann und für die Teilnehmer/innen aus den verschiedenen Ländern Europas im April 2005 und im Mai 2006 mit der Zertifikatsverleihung endete.

Der Lehrgang war nach dem Konzept des „blended learnings" organisiert. Eine wesentliche Voraussetzung und gleichzeitig eine Begründung für das „Blended-learning-Konzept" bestanden darin, dass die Gruppe der Lernenden wie auch der Lehrenden aus verschiedenen europäischen Ländern kamen. Die drei Präsenzphasen wurden in Südtirol durch das Pädagogische Institut für die deutsche Sprachgruppe organisiert. Die Online-Phasen, die zwischen den Präsenzphasen stattfanden, hatten eine durchschnittliche Dauer von sechs Wochen, wobei in der dritten Online-Phase auch längere Zeiträume genutzt wurden.

Für alle Beteiligten brachte das Studium nach dem Konzept des „blended learnings" vollkommen neue Lern- und Lebenserfahrungen mit sich, sei es auf Seiten der Lernenden wie auch der Dozent/innen. Eine wichtige Vorentscheidung betraf die Auswahl einer didaktisch qualitativ wertvollen Lernplattform, da wir über die übliche Form des „Online-Studiums" im Sinne des Angebots von Dokumenten, die zum Herunterladen verfügbar sind, hinausgehen wollten. Die Teilnehmer/innen sollten selbst aktiv ihr Studium gestalten und am kommunikativen und kooperativen Geschehen teilnehmen können, aber nicht nur in Form von Diskussionen. Vielmehr wurden auf der Lernplattform SCHOLION des Pädagogischen Instituts Bozen die Module der Dozenten so aufbereitet, dass aktives und auch eigenverantwortliches Lernen möglich wurde.

Selbsttätige, eigenverantwortliche und selbstständige Arbeit auf einer Lernplattform ist am Anfang eines Lernprozesses nicht ganz einfach, auch weil diese Form des Lernens und

Arbeitens in Gruppen an konkreten Inhalten auf einer Lernplattform für Lehrerinnen und Lehrerfortbildung nicht unbedingt Standard ist. So konnten wir z.B. auch beobachten, dass der Lernprozess des Umgangs mit dem Medium drei Phasen umfasst (dies wird auch durch einen anderen Kurs bestätigt), damit SCHOLION wirklich in all seinen Möglichkeiten genutzt wird:

- unbedarfte Begeisterung,
- Ernüchterung darüber, dass eLearning, harte und konsequente Arbeit bedeutet,
- Akzeptanz von Lernen als Persönlichkeitsentwicklung.

Gleichzeitig war mit zunehmender Kompetenz der Lernenden und auch der Dozenten im Umgang mit SCHOLION eine qualitative Steigerung der Arbeit selbst und auch der Kommunikation feststellbar.

Es gibt sehr viele Aspekte, die in dieser Dokumentation leider nicht dargestellt werden können, die es aber verdienen würden, vertieft diskutiert zu werden, wie z.B. der didaktische Aufbau des Contents. In diesem Dokument finden Sie einen Faden, wie das Lernen und Arbeiten auf SCHOLION im Rahmen dieser Fortbildung geplant und auch durchgeführt wurde. Sie bekommen auch einen ersten Einblick, welche Bedeutung eine didaktisch und methodisch gute Lernplattform für die Qualität des Studiums haben kann, vor allem, wenn die Ziele des Studiums auch die Kompetenz im Umgang mit Medien auf einem doch recht anspruchsvollen Niveau im Bereich der Kommunikation und der Kooperation beschreiben. Wir denken, dass es auch gut gelungen ist, reformpädagogische Aspekte in diese Fortbildung einfließen zu lassen, wenn man sich z.B. die Lernvereinbarungen zwischen den Lernenden, die Assignments (nach Helen Parkhurst) als Lernhilfe, die Kommunikation ansieht oder die Diskussionen im Chat verfolgt.

Falls Sie sich besonders für die inhaltliche Aufbereitung von Inhalten interessieren, können Sie einzelne Beispiele aus den bisher erarbeiteten 24 Modulen (Stand März 2006) auf folgender Webseite finden: www.schule.suedtirol.it/blikk.

9.1   Kompetenz durch Reformpädagogik

Warum wir reformpädagogische Modelle als didaktische Leitprinzipien für das eLearning herangezogen haben – ein Exkurs:

Auch reformpädagogische Schulen kommen nicht um die grundsätzliche Frage herum, was ein heranwachsender Mensch denn lernen müsse, um als gebildet gelten zu können. Mit der exorbitanten Zunahme des Wissens in dieser Welt, wird dies Frage nach Meinung vieler Bildungswissenschafter aber sekundär. Stand noch zur Schulzeit der heutigen Elterngeneration die Frage nach dem Bildungskanon und dessen Beschaffenheit im Vordergrund, so wird heute zunehmend die Frage nach den so genannten Basiskompetenzen oder Schlüsselqualifikationen, die die Kinder in der Schule erwerben sollen, gestellt. Nach den Ergebnissen der PISA -Studie wird eindeutig der Erwerb folgender Basiskompetenzen als didaktische Orientierung der Schulpolitik empfohlen:

- Für sich selbst verantwortlich sein können;
- Initiativkraft entwickeln;
- Flexibilität und Problemlösungsverhalten;
- Teamfähigkeit;
- Leistungsmut;

All diese Kompetenzen werden zwischen dem 5. und 15. Lebensjahr, also in der Pflicht-schulzeit erworben. Der Erwerb dieser Schlüsselqualifikationen ist Voraussetzung und gleichzeitig Mittel zur Selbstbildung und zur gültigen Allgemeinbildung, deren Inhalte maß-geblich und selbst verantwortlich vom Lernenden selbst mitbestimmt werden. Das ist der Weg, die Methode, die Lernen zu einem nachhaltigen Erleben und zu einer das Leben be-stimmenden und für das Leben bedeutenden Fähigkeit werden lassen. Der Versuch, Bildung zu vermitteln ohne den Erwerb der Basiskompetenzen zu ermöglichen, ist lediglich Anhäu-fung von mehr oder weniger totem Wissen. Der pädagogische Fortschritt im schulischen Lernen muss in der konsequenten didaktischen und methodischen Reform der Schulen be-stehen, dass der Erwerb der Basiskompetenzen unbedingte Grundlage des zur Bildung fähi-gen Menschen ist und dass der gebildete Mensch der zum Selbstwirksamkeitskonzept fähige Mensch ist.

Die Aneignung von Bildung muss daher verbunden sein mit einem – und das ist wichtiger als die Bildungsinhalte selbst – Selbstwirksamkeitskonzept, mit der Fähigkeit des Menschen sich in die Welt hineinwagen, mit Neugierverhalten, mit Forschen und mit Entdecken können.

Lernende brauchen Herausforderung und damit Wachstumsimpulse, indem sie Probleme als solche erkennen und nach Problemlösungen suchen können; das schließt auch den Umgang mit dem Scheitern mit ein. Dieser Besinnungswandel betrifft auch die Lehrerinnen und Leh-rer mehr als es im ersten Augenblick den Anschein hat. Die für den skizzierten Bildungsan-spruch notwendige Verbundenheit des/der Lehrerin mit den Schülerinnen, ist verpflichtet

- dem Schutz, der Entfaltung und der Entwicklung des Lebens,
- einem gegenseitigen und immer reversiblen Vertrauensprinzip und
- einem Bündnis: die Lehrerin/der Lehrer ist immer auf die Mitwirkung der Schülerinnen und Schüler angewiesen und umgekehrt.
- Die Lehrerin/der Lehrer darf grundsätzlich nur dem Nutzen des Kindes dienen. Das Aus-geliefertsein des Kindes darf niemals ausgenützt werden.
- Die Lehrerin/der Lehrer ist der Selbstbegrenzung von Macht verpflichtet.

Ich betone in diesem Zusammenhang ein notwendiges neues Selbstbewusstsein der Profes-sion des/der Lehrerin: Bedeutend für das Selbstbewusstsein der Lehrerinnen und Lehrer ist die Betonung des Eigensinns und der Eigenlogik von Bildung im Sinne der zitierten, auf den Basiskompetenzen beruhenden Selbstbildung! LehrerIn-Sein ist nicht bloß eine Dienstleis-tung; diese besteht nur auf der Basis eines Vertrages; die Verpflichtung des/der Lehrerin basiert hingegen auf ethischen Prinzipien: Jede Erziehung muss grundsätzlich darauf ange-legt sein, dass der/die Erzieherin nicht über den zu Erziehenden verfügt. Und Erfahrung der Schülerinnen und Schüler muss sein: Jede Erziehung muss grundsätzlich darauf angelegt sein, dass es auf die Kinder in ihrem selbst bestimmten bzw. mit bestimmenden Tun an-kommt.

Zu dieser Bildungsperspektive ging und geht eine bleibende Inspiration noch immer vor allem von der „anderen" Praxis der Reformpädagogik im schulischen Leben aus. Gemeinsame pädagogische Grundmotive reformpädagogischer Schulen manifestieren sich nach Ehrenhard Skiera übereinstimmend in den drei folgenden Kategorien:

- Das pädagogische Konzept einer reformpädagogischen Schule orientiert sich grundsätzlich an Fragen, Bedürfnissen und Interessen des Kindes – ein notwendiges Kriterium für eine „Pädagogik vom Kinde aus"; eine solche Pädagogik ist verbunden mit einem Verständnis von Lernen als eine aktive, kreative, die Selbstständigkeit fördernde, dem Leben verbundene und „natürliche" Tätigkeit;
- Die reformpädagogische Schule ist intentional ein Modell eines guten, harmonischen, partnerschaftlichen Zusammenlebens; sie ist ein pädagogisch, sozial-ethisch und ästhetisch durchgestalteter Raum und eine anregungsreiche Lebens- und Lerngemeinschaft;
- Die Konzeption der Erziehung in einer reformpädagogischen Schule umfasst den ganzen Menschen mit seinen intellektuellen, physischen, sozialen und emotionalen Fähigkeiten. (Skiera, E. 2003; Vf.)

Diesen Kategorien gemäß ist Reformpädagogik in Geschichte und Gegenwart der Versuch, eine „neue Erziehung" durchzusetzen, die Anschluss sucht an die im Kind selbst angelegten Entwicklungskräfte, an seine Interessen oder Bedürfnisse. Die Orientierung an der kindlichen Entwicklung ist verbunden mit der Annahme, dass eben in dieser kindorientierten Erziehungskonzeption der Schlüssel zu einer besseren Welt läge. Wenn also ein wesentlicher „Schwerpunkt der Reformpädagogik in Geschichte und Gegenwart im Bereich der Unterrichts- und Schulreform" (Skiera, E. 2003; S. 22) liegt, so ist dieser auch in dem Kontext zu sehen, dass Unterrichts- und Schulreform nach den Modellen der Reformpädagogik einen Beitrag zur „Weltverbesserung" leisten kann und wird.

Fundamental und wesentlich ist in den meisten reformpädagogischen Modellen die didaktische Orientierung an der kindlichen Entwicklung. „Vom Kinde aus" bedeutet aber nicht nur die Berücksichtigung kindlicher Interessen, Bedürfnisse und Entwicklungsphasen. Darüber hinaus stellt die Reformpädagogik den Versuch dar, „gegen die überlieferte, Angst generierende „alte" Erziehung einer demgegenüber „neuen" zum Durchbruch zu verhelfen, die das Glück des Kindes im Auge hat und die Zustimmung des Kindes sucht" (Skiera, E. 2003; S. 1).

Auch für Preuss-Lausitz ist eine reformpädagogische Auffassung eine „conditio sine qua non" für ein modernes Bildungsverständnis und eine damit verbundene aktuelle und reformpädagogisch orientierte Schulentwicklung.

„Ohne die reformpädagogische Auffassung von den Persönlichkeitsrechten der Kinder, von ihrer Kreativität, der Ganzheitlichkeit der Lernbedürfnisse, der Vielfältigkeit der Entwicklungspotentiale und dem Bedürfnis nach sozialem Austausch von Geburt an kann es kein modernes Bildungsverständnis geben" (Preuss-Lausitz, U. 1993; S. 20).

Das Wesentliche, Allgemeingültige der Kindorientierung beschreibt Ellen Key in ihrem Buch „Das Jahrhundert des Kindes": „Die erste Erziehung muss darauf hinzielen, die Individualität des Kindes zu stärken." (Key, E. 1992; S. 172)

Wir haben versucht, uns bei der Konzeption des Lehrgangs von den Basiskompetenzen leiten zu lassen und die didaktischen Grundsätze und methodischen Konzepte der Reformpädagogik auf die Lehrerinnen- und Lehrerfortbildung in den Präsenzphasen und in den Online-Lernphasen anzuwenden.

9.2 Lehrgang des Pädagogischen Institutes der Deutschen Sprachgruppe in Bozen

Wesentliche und umfassende Teile des Lehrgangs „Konzepte und Methoden einer reformpädagogische orientierten Unterrichts- und Schulentwicklung bei gleichzeitiger Berücksichtigung der Qualitätssicherung" werden im Rahmen eines Comenius 2.1-Projektes EISWEB (Europäisch-Innovative Schulentwicklung im World-Wide-Web) durchgeführt.

9.2.1 Konzept des Lehrgangs

Der Lehrgang besteht aus Seminaren, in denen die Anwesenheit der Teilnehmer verpflichtend ist (Präsenzphasen) und Modulen des „Open-and-Distance-Learnings", die auf der Lernplattform SCHOLION studiert werden.

Das Pädagogische Institut bietet einen stufenübergreifenden Lehrgang für Lehrer/innen der Grund- und Mittelschule an, die befähigt werden sollen, Unterrichts- und Schulentwicklung auf reformpädagogischer Basis umzusetzen.

Qualitativer Aufbau des Lehrgangs

Die Teilnehmer/innen werden in ein Gesamtkonzept für Unterrichtsentwicklung und Schulentwicklung und in die professionellen Methoden für diese beiden Bereiche eingeführt. Grundlage sind reformpädagogischen Konzepte: Jenaplan-Pädagogik, Daltonplan-Pädagogik, Montessori-Pädagogik, Freinet-Pädagogik, Exemplarisches Lehren nach Martin Wagenschein.

Zusätzlich erwerben die Teilnehmerinnen und Teilnehmer Kompetenzen im Umgang mit virtuellen Lernumgebungen, sammeln Erfahrungen im kooperativen Arbeiten mit Lernumgebungen und Lernplattformen im Internet. Sie erkennen die Möglichkeiten einer internationalen Zusammenarbeit und nutzen diese Kenntnisse auch für den eigenen Prozess der Schulentwicklung.

Das Seminarprogramm wird weiter beinhalten:

- Beispiele der Schulentwicklung nach den zitierten pädagogischen Richtungen;
- Konzepterstellung zur Schul- bzw. Unterrichtsentwicklung im eigenen Lehr- und Erfahrungsbereich im Sinne eines wissenschaftlich fundierten subjektiven didaktischen Konzeptes;

- Präsentation der Konzepte, Reflexion und Evaluation derselben;
- Publikation der Konzepte im World-Wide-Web;
- Konzept der Weiterarbeit im Bereich der Schul- bzw. Organisationsentwicklung;
- Basiskompetenzen und Methoden zur Moderation von Organisationsentwicklungsprozessen im pädagogischen Bereich;
- Basiskompetenzen im „blended learning" (Mischform zwischen Präsenzphasen und Lernen über das Internet) und
- eine Exkursion an reformpädagogische Schulen in den Niederlanden.
- Anforderungen für den Abschluss des Lehrgangs mit Zertifikat sind:
    - Regelmäßiger Besuch der Veranstaltungen;
    - aktive Teilnahme an den internationalen Lerngruppen im Netz;
    - schriftliche Dokumentation der Hospitationen und der Arbeit in Lernpartnerschaften;
    - schriftlicher Erfahrungsbericht aus der eigenen Praxis;
    - Studium der Literatur;
    - ein abschließendes Kolloquium über das im Lehrgang gewonnene Wissen.

Die Teilnehmer/innen werden nach Absolvierung des Lehrganges sowohl ihre eigene pädagogische Situation weiterentwickeln können, wie auch als „Organisationsentwickler/in" und „Multiplikator/in" für Organisationsentwicklung im pädagogischen Bereich tätig sein können. Zusätzlich erwerben sie Kompetenzen im Umgang mit den Neuen Medien sowie im Lernen im Internet.

Quantitativer Aufbau des Lehrgangs

Der Lehrgang umfasst 240 Stunden. 96 Stunden werden mit den Präsenzseminarveranstaltungen abgedeckt, die sowohl während der Unterrichtszeit als auch in der unterrichtsfreien Zeit durchgeführt werden. 96 Stunden sind für das kooperative Lernen auf der Lernplattform (Internet) reserviert, wobei nicht alle online zu leisten sind. Die restlichen Stunden sind dem Praktikum (40) und der Dokumentation (20) vorbehalten und werden eigenverantwortlich gestaltet.

Für den Abschluss des Lehrgangs ist die Abgabe einer Dokumentation und einer persönlichen Abschlussarbeit erforderlich. Der Lehrgang endet mit einem Abschlusskolloquium. Der Abschluss des Lehrgangs mit Zertifikat berechtigt die Lehrpersonen in das Verzeichnis der Berater und Koordinatoren im Schulbereich eingetragen zu werden.

9.2.2   Seminarmethoden

Grundsatz bei der methodischen Gestaltung des Seminars ist die Kongruenz von Inhalt und Methoden; d.h. die Dozentinnen und Dozenten versuchen die Inhalte mit den diesen entsprechenden Methoden zu vermitteln, das bedeutet, dass über Montessori-Pädagogik nicht doziert wird, sondern diese Methode in einer vorbereiteten Umgebung durch aktives und selbst bestimmtes Lernen erlebt werden kann. Es ist ihnen ein Anliegen mit allen Teilnehmerinnen und Teilnehmern möglichst prozessorientiert und erfahrungsorientiert zu arbeiten.

Als neuer Akzent kommt hinzu, dass dieser Grundsatz nicht nur für die Präsenzphasen gilt, sondern auch für die Online-Phasen, die noch mehr diesen Anspruch einfordern.

9.2.3   Organisationsrahmen und -bedingungen

Im zeitlichen Rahmen von August 2004 bis Mai 2006 sind insgesamt für die Lehrgangsteil-nehmerinnen und Lehrgangsteilnehmer 5 Präsenzseminare geplant. Die anderen Module des Lehrgangs werden über die Lernplattform SCHOLION durchgeführt.

Eine Notwendigkeit für die Online-Phase sind ausgebildete Tutoren, welche die einzelnen Gruppen begleiten und auch unterstützen. Diese Tutoren sind Professorinnen und Professo-ren des Projektes EISWEB, die gleichzeitig als Referenten im Lehrgang tätig sein werden.

Von Seiten der Lehrgangsteilnehmer wird erwartet, dass sie einen PC verfügbar haben und einigermaßen damit umgehen können sowie mit Internet Erfahrungen gesammelt haben. Weiters muss jede/r Teilnehmer/in eine gültige E-Mail-Adresse besitzen, damit er/sie er-reichbar ist.

9.3   Grundlage des Studiums – SCHOLION

SCHOLION ist eine Lernplattform, die nach didaktischen bzw. mathetischen (Vgl. dazu auch Kapitel 5. Mathetik – pädagogische Grundlage für individuellen Wissenserwerb via eLearning von W. Kohlberg!) Kriterien entwickelt worden ist. Das Studium auf dieser Lernplattform setzt eine didaktische Vorbereitung der Inhalte und auch der Methoden des Studierens voraus. Einer der maßgeblichen Entwickler der Lernplattform SCHOLION – Christian Stary (siehe auch Kap. 4. in diesem Buch!) – erklärt und illustriert die didaktische Basis von SCHOLION folgendermaßen:

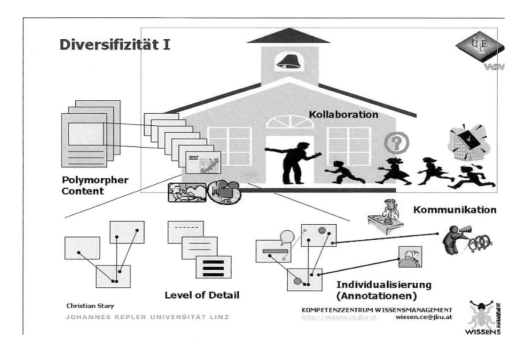

Abb. 9.1 – *SCHOLION – Didaktik einer Lernplattform (Grafik: Christian Stary, Institut für Wirtschaftsinformatik, Johannes Kepler Universität Linz)*

Die Studierenden wählen nun ihren Kurs und beginnen mit dem aktiven und individuellen Studium und mit dem Anlegen von Sichten durch Annotationen, Links, Markierungen und Referenzen. Sie konstruieren ihren eigenen Text aus dem aufbereiteten Studientext und stellen diesen zur Diskussion und Reflexion – ein wesentliches didaktisches Merkmal des selbstständigen und aktiven Lernens. Diese Texte werden im Forum kommuniziert, ergänzt, publiziert und reflektiert und diese Arbeit wird in die Learning Outcomes einfließen. Im Forum werden die Sichten, das individuelle Studium, die Learning Outcomes dann von der Lerngruppe besprochen und reflektiert. Wichtig ist schließlich das Erreichen des individuell festgelegten Leistungsnachweises und dessen Evaluation.

Bei SCHOLION handelt es sich um eine Lernplattform, die Kommunikationswerkzeuge wie Diskussionsforen und Chat hat. Ihre Stärke liegt jedoch darin, Inhalte (z.B. Texte) so aufzu-bereiten, dass Lernende darauf direkt einwirken können durch eigene Annotationen, Markie-rungen, Links ins Web, zu Diskussionen und auch von dort zu einzelnen Stellen in den Inhal-ten, durch Referenzen innerhalb des jeweiligen Kurses, wodurch ein eigener Hypertext ent-steht. Dies geschieht auf so genannten Sichten (stellen Sie sich einfach eine Folie vor, auf der Sie schreiben), die zunächst nur dem Autor (Lernenden) gehören und dann für den Dozenten und die Lerngruppe oder auch allen frei geschalten werden. Sie dienen als Diskussionsgrund-lage sowohl in der asynchronen wie auch synchronen Kommunikation per Forum oder Chat. Der Lernende muss aktiv darauf arbeiten, er trägt die Verantwortung, dass nicht nur gelesen (konsumiert) wird. Die große Bedeutung liegt in der didaktisch sinnvollen Aufbereitung der Inhalte. Zusätzlich gibt es noch ein Infoboard.

9.3.1   Start

Eine Stärke dieser Lernplattform ist die Möglichkeit, je nach Kompetenz der Teilneh-mer/innen die Menüs und die verschiedenen Werkzeuge verfügbar zu machen oder auch nicht. Es gibt eine große Anzahl Optionen, welche im Laufe eines Kurses verfügbar werden können. Dies gilt nicht nur für die Lernenden, sondern auch für die Lehrenden.

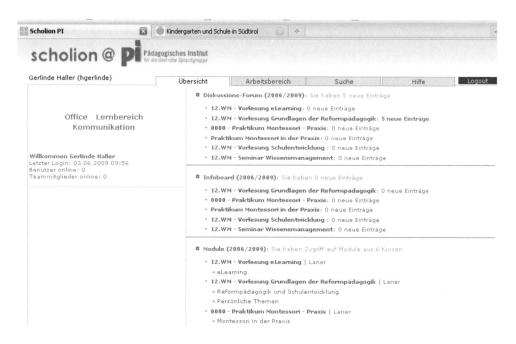

Abb. 9.2 – Nach dem Start

9.3.2   Lernbereich

Auf der linken Seite sehen Sie die Struktur des Moduls mit den entsprechenden Titeln. Die Lernenden können hier entscheiden, ob sie

• den gesamten Fließtext,

• ein Kapitel oder nur,

• eine gedankliche Einheit,

sehen wollen, um darauf zu arbeiten. Als erster Schritt hat es sich bewährt (die Macht der Gewohnheit), den gesamten Text auszudrucken. In der Mitte sehen Sie eine gedankliche Einheit, wobei dies bedeutet, dass ein klassischer Fließtext neu strukturiert wird, da jedem Gedanken auch einem Blocktypen (z.B. Definition, Beispiel, Interaktion usw.) zugeordnet wird.

Oben sehen Sie weiters die Bearbeitungswerkzeuge: Markierung, verschiedene Möglichkeiten, Links zu setzen (als externer Link, Referenz, zum Diskussionsforum, zur Info), weiters Menüs für die drei Ebenen, die inhaltlich möglich sind (Folienansicht, Volltext = Standardansicht), Zusatzinformationen – der Benutzer kann selbst entscheiden, welche er benutzen möchte) und schließlich den Namen der Sicht, die er gerade benutzt, sei es die eigene oder eine, die von einem anderen Teilnehmer frei geschalten wurde.

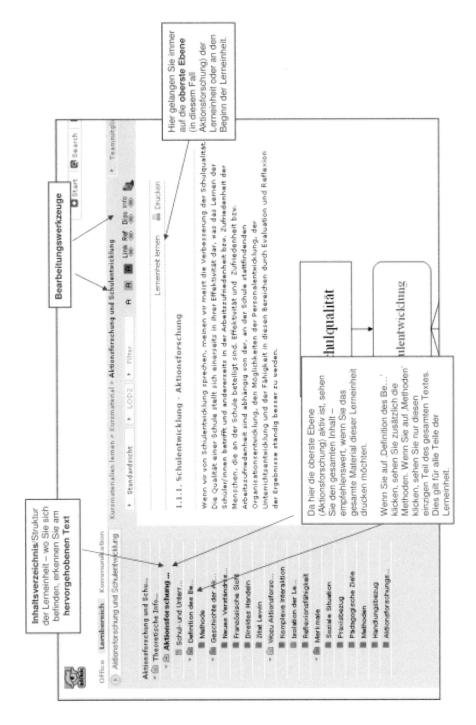

Abb. 9.3 – *Erklärung LERNBEREICH*

9.3.3   Sicht

Das Prinzip der Sichten ist ein grundlegendes Merkmal von SCHOLION, das für die Benutzer am Anfang nicht ganz leicht durchschaubar ist. Man kann es sich als eine Folie vorstellen, die über den Text oder den Inhalt eines Moduls gelegt wird und auf der direkt geschrieben wird. Dabei ist es so, dass der Benutzer fast an jeder Stelle innerhalb eines so genannten „Knotens" seine Annotationen usw. machen kann. Überspitzt formuliert ist es sogar möglich, auf diese Weise z.B. orthografische Fehler zu korrigieren. Es besteht weiters die Möglichkeit, dass man viele Sichten anlegen kann, die auch jeweils einen neuen Namen erhalten. Eine Sicht liegt aber immer über dem ganzen Modul und die Standardsicht ist bereits von Anfang an vorhanden, kann aber umbenannt werden. Solange die Sicht für andere nicht frei geschalten wird, kann sie niemand – auch nicht der Dozent – sehen. Verwendet man die Annotationen, gibt es auch die Möglichkeit, Texte aus anderen Programmen einzufügen, z.B. aus einer Textverarbeitung. Entscheidend für gute Arbeit ist jedoch das Freischalten der Sichten, denn sie bilden dann die Grundlage für Diskussionen, asynchron wie synchron. Dazu mehr bei der Analyse der Statistiken.

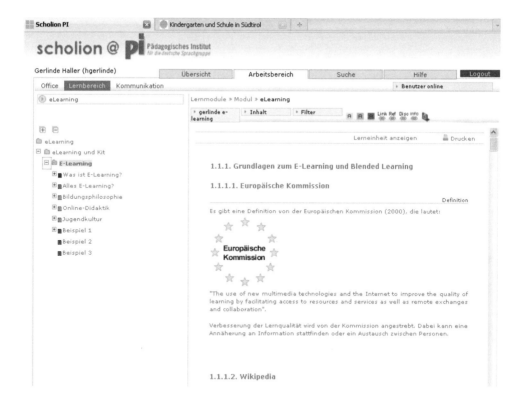

Abb. 9.4 – Beispiel einer Sicht

9.3.4   Content

Die Inhalte für das Studium wurden von den Dozenten des EU-Projektes EISWEB verfasst. Die Aufbereitung der Inhalte wurde am Pädagogischen Institut durchgeführt. Dabei wurde versucht, diese so aufzubereiten, dass die Lernenden selbst sehr aktiv an den vorhandenen

Texten arbeiten können. Dies bedeutet, dass jeder einzelne Abschnitt dahingehend überprüft wurde, wie viele Gedanken darin enthalten waren, ob Zitate eingebunden waren usw. Auf diese Weise wurde der gesamte Text zerlegt und jeder einzelne Knoten (so werden die entstandenen Teile genannt) wurden einem Blocktyp zugeordnet. Dies ermöglicht dem Lernenden, bei der Bearbeitung der Inhalte auf diese Weise nur an bestimmten Blocktypen zu arbeiten, z.B. an den Zitaten, den enthaltenen Beispielen oder den Aufgaben. Zusätzlich wurde nicht nur versucht, den Volltext zu füllen, vielmehr wurde auch die Foliensicht häufig (nicht immer) so vorbereitet, dass der Lernende einen schnellen Überblick gewinnen kann, z.B. durch Mindmaps, Fotos, Stichwörter usw. Aus einem Fließtext entsteht auf diese Weise eine große Sammlung an kleinen Gedanken, die aber immer noch als Fließtext verfügbar sind, wenn es der Lernende so verwenden möchte. Aber er hat auch die Möglichkeit, dies so zu verwenden, dass er/sie sich nur auf einzelne Knoten konzentriert. Der Lernende wird somit verantwortlich für das, was er/sie lernt und wo intensiv gearbeitet wird. Grundsätzlich haben wir für uns die Vereinbarung als Dozenten getroffen, dass es nicht mehr als 20 A4 –Seiten sein sollten. Es wird also nicht der Anspruch erhoben, dass der Text soweit fertig ist, dass dies z.B. für eine Prüfung reicht. Vielmehr ist es eine Grundlage für eigene Arbeit und Arbeit in der Gruppe.

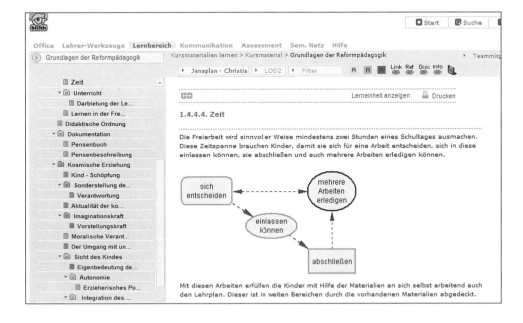

Abb. 9.5 – Aufbereitung der Inhalte

9.3.5   Forum

Das Forum von SCHOLION weist eine Besonderheit auf, da es möglich ist, Links (eigentlich Referenzen) aus den Sichten (also bei den Inhalten) auf einen Forenbeitrag zu erstellen und auch umgekehrt, also von einem Forenbeitrag auf eine Stelle in den verfügbaren Modulen. Somit kann das Forum auch wiederum in die Arbeit auf den Sichten mit eingebunden werden. Ab Mai wird es auch so sein, dass beim Forenbeitrag, der solche Links enthält, diese auch unter dem Beitrag als Linktext sichtbar werden. Auf diese Weise bekommen die Diskussionsbeiträge der Mitglieder der Lerngruppe eine wichtige Bedeutung und sind nicht mehr nur Reaktionen, sondern können auch als Beitrag in die eigene Arbeit mit einfließen.

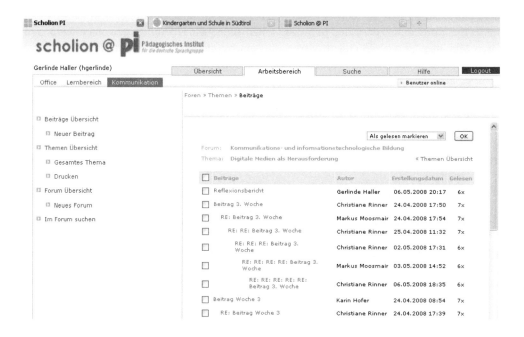

Abb. 9.6 *– Ansicht der Struktur des Forums*

9.3.6   Chat

Der Bereich Kommunikation soll den Wissensaustausch zwischen den Lernenden untereinander, aber auch zwischen Lehrenden und Lernenden verbessern. Um die Kommunikation zu unterstützen werden abhängig von Ihren Bernutzerrechten die Werkzeuge Disskusions-Forum, Chat-Forum und Infoboard bereitgestellt.

Der Chat ist ein wichtiges Kommunikationsinstrument in SCHOLION. Mindestens zweimal sollte jede Studiengruppe einen Chat während einer Online-Studierphase durchführen. Doch auch „chatten" will gelernt sein.

Tab. 9.1 – *Beispiel eines Chatlogs (verkürzt)*

Eichelberger:	Hallo, ich begrüße alle, die nach mir einsteigen sehr herzlich. Bei Chat wird heute auch Christian neben mir sitzen. Er wird sich dann auch melden. Ich bleibe schon hier ...
Eichelberger:	😊
Angerer:	Hallo Harald!
Eichelberger:	Hallo Harald, begrüße dich. Wie geht's?
Angerer:	Danke – gut.
Angerer:	Und selbst?
Eichelberger:	Du hast in der letzten Zeit großartige fachliche Arbeit im Forum geleistet. Danke mir geht es auch gut. Einige kleine Troubles beruflicher Art, aber wenn es nicht mehr ist ...
Eichelberger:	Christian wird gleich zu uns stoßen, wenn er mit seinem Seminar fertig ist.
Eichelberger:	Hallo Dominique, grüße dich herzlich. Wie geht es dir?
Angerer:	Wie läuft es bei TRADE?
Eichelberger:	Bitte zurzeit nicht fragen. Es läuft sehr unrund, stottert und hat Sand im Getriebe.
Angerer:	Hallo Dominique!
Wallnöfer:	hallo..... pffffffff... erstmal verschnaufen! hab noch Jacke und Schuhe an.... komme gerade von der schule
Eichelberger:	Harald, kannst du bitte unser erstes Thema (NOCHMALS) posten. So zum Einstieg!? Danke!!!
Angerer:	Hallo Sonja!
Hartner:	Hallo, ihr seid ja schon alle da!
Angerer:	Welches Thema meinst du?
Eichelberger:	Hallo Sonja, schön, dass alle da sind!!!
Wallnöfer:	Hallo Sonja
Hartner:	Griaßtenk an alle!
Eichelberger:	Total pünktlich – Mustergruppe!
Wallnöfer:	übrigens, Harald A. ich habe immer noch nicht deine Genehmigung im Skype...
Hartner:	Hatten wir nicht vereinbart, Dominiques Sicht zu besprechen?
Wallnöfer:	wann gibst du sie mir? oder bin ich zu lästig?
Angerer:	Dominique hat den Vorschlag gemacht, zum "passiven Wissen" zu diskutieren – geht das als Anfang OK?
Hartner:	Ja, auf jeden Fall!
Eichelberger:	Einverstanden
Wallnöfer:	gut, in Ordnung!
Angerer:	@ Dominique (privat): Bitte nochmals nachfragen, ich hab keine Anfrage bekommen.
Hartner:	Ist Dominique noch da?
Hartner:	Was war deine Frage dazu, Dominique?
Wallnöfer:	Ich bin da... aber hier tut sich nichts mehr

Angerer:	Dominique hat im Text folgendes markiert „Passives Wissen ist Wissen, das nur in bestimmten Situationen abgerufen werden kann, jedoch nicht außerhalb des Zusammenhangs, in dem es gelernt wurde, angewandt wird".
Eichelberger:	Dominique, bitte um deine Frage dazu!
Wallnöfer:	ja, ich hätte gerne konkrete Beispiele gehabt
Wallnöfer:	ich kann mir schlecht etwas darunter vorstellen
Angerer:	Ich kann theoretisch Auto fahren, aber nicht praktisch (ist das passives Wissen?)
Hartner:	Nein, denke ich
Hartner:	die Begründung fällt mir aber schwer

9.4 Übersicht: EU-Programm EISWEB und Lehrgang des PI-Bozen – Time-Line-Display

Tab. 9.2 – Überblick

	TeilnehmerInnen / Inhalte	Tage	Stunden	Zeit / DozentInnen
Präsenzseminar 1	Seminar des Lehrgangs – TN-Südtirol: Einführung in die Thematik und die Seminarstruktur; Reformpädagogische Modelle als Modelle zur Unterrichts- und Schulentwicklung; Freinet-Pädagogik und neue Medien; Einführung in Module;	4	24	Di. 24. – Fr. 28. August 04 Bronkhorst, Eichelberger, Laner
Präsenzseminar 2	Seminar des Lehrgangs – TN-Südtirol: Einführung in die Schulentwicklung; Reformpäd. und Hirnforschung; Eigene Studienprojekte – Pflichtmodule und Wahlmodule;	3	18	Do. 23. – Sa. 25. September 04 Eichelberger, Kohlberg, Wilhelm
	Einführung in des computerorientierte Lernen	2 Halbtage	6	PI-Bozen Laner (Termine nach Vereinbarung)
Projektkonferenz	EISWEB-KONFERENZ: Genaue Vorinformationen; Internationale Partner für Seminar aussuchen; Partnerintegration der Lerngruppe? Forumhandbuch; Anmeldeverfahren; Lerngeschichte (Verschriftlichung – Christian;) Gruppen zu 5; Diskussionsstränge;	3		Nov. 04 Hengelo (Dozenten auswählen nach Schwerpunkten …)

Präsenzseminar 3	Seminar des Lehrgangs und des Comenius-Projektes – TN-Südtirol + TN-EISWEB-Projekt + EISWEB-Dozenten: Kennen lernen der TN und Doz.; Einführung in die Lernplattform; Vertiefung der Arbeitsumgebung; Strukturierung der Arbeit; Thematischer Schwerpunkt der Arbeit auf SCHOLION WB+: Reformpädagogik und Schulentwicklung – 2 Pflichtmodule – in Kleingruppen bis zu 5 TN in Begleitung der Doz.	3	18	Do. 28. – Sa. 30. April 05 Bronkhorst, Eichelberger, Kohlberg, Laner, Wilhelm, Bakker, Jurt, Petko, …
	1. und 2. Onlinephase			
Projekt-Konferenz	EISWEB-KONFERENZ: Bericht – Seminar; eLearning auf der Grundlage der Mathetik;			Mai (Juni?) 05 Wien
Projekt-Konferenz	EISWEB-KONFERENZ: Fortsetzung: eLearning auf der Grundlage der Mathetik; Vorbereitung des nächsten Seminars;			November 05 Eupen
Präsenzseminar 4	Seminar des Lehrgangs und des Comenius-Projektes – TN-Südtirol + TN-EISWEB-Projekt + EISWEB-Dozenten: Neues Schwerpunktthema aus den Bereichen „Architektur", „Erziehung & Unterricht", „Integration bzw. Inclusion"; Verbindung zum ersten Modul; Vorbereitung der Abschlussarbeiten;	3	18	Do. 17. – Sa. 19. November 05 Neue Dozenten zur Betreuung: Wilhelm, Marianne Laner, Christian, Jurt, Ueli, Ogris Renate, Bronkhorst, John, Janik, Tomàs, Miková, Marcela
	3. Onlinephase			
Projektkonferenz	EISWEB-KONFERENZ: Seminarreflexion, Evaluation der Module, Arbeit an der Mathetik, Projektevaluation	3		April 06 Bozen

Präsenzseminar 5	Seminar des Lehrgangs und des Comenius-Projektes – TN-Südtirol + TN-EISWEB-Projekt + EISWEB-Projektpartner: Präsentation, Evaluation, Diplomverleihung;	4	18	Do. 11. – So. 14. Mai 06
Projekt-Konferenz	EISWEB-KONFERENZ: Ergebnissicherung aus den Seminaren → Zusammenfassung: eLearning und Mathetik;			Oktober 06 Brno
Projekt-Konferenz	EISWEB-KONFERENZ: Präsentation der Egebnisse, Evaluation und Reflexion, Projektabschluss, Dissemination			Mai 07 Eupen oder anderswo …

9.4.1   Seminarkonzept – Präsenzseminar 1 und Präsenzseminar 2

Präsenzseminar 1

Erster Tag

- Begrüßung, Kennen lernen und erste gemeinsame Arbeiten
- Begrüßung und persönliche Vorstellung
- Überblick über den Gesamtplan des Lehrgangs
- Ziele, Verfahren und „Learning Outcomes" des Lehrganges
  - Kurzreferat – Zeitplan des Lehrgangs;
  - Ankommen:
  - Kurze persönliche Vorstellung und vorläufige Zeitstruktur des Seminars;
  - „Miteinander beginnen" – Geleitete Fantasie – … mein Weg hierher …
  - Lernziele: Zugang zu einer Veranstaltung finden;
  - Motive, Vorbehalte, ev. Widerstände entdecken und ausdrücken;
- „Learning Outcomes" aus der Ausschreibung – Ergänzungen aus der Einstiegsübung (individuell);
- Nach der ersten Gesprächsrunde – Mitgliederwahl nach Interesse, Bildung von Klein-gruppen:
  - Einführung – Subjektiv-didaktisches Konzept
  - Anleitung: „Warum tue ich das, was ich tue?" „Warum tue ich es in dieser Weise?"
- Lernziele:
  - Sich an der Erarbeitung eines Inhaltes beteiligen;

  – Eigene Fragen und Erfahrungen einbringen können;
  – Bereits vorhandene Sachkompetenz wahrnehmen können;
  – Fähigkeit zur selbst. Informationserarbeitung und Problemlösung entwickeln;
- Impuls – „Haus der Didaktik" – individueller roter Faden durch das Seminar!
- Erste Gruppenarbeiten:

Warum tun wir das, was wir tun, und warum tun wir es in dieser Weise? (Wir begreifen uns als Teil eines Systems? Du bist ein bedeutsamer Teil eines systemischen Zusammenhangs.)

Wollen wir wirklich das, was wir machen? Machen wir wirklich das, was wir wollen? (Die Frage nach der Reflexion und Evaluation eines jeden Prozesses.) (Zwei wichtige Frage aus einem eventuellen „Jenaplan-Schulentwicklungsprozess.)

Wohin möchte ich, dass meine Entwicklung geht?

Mein subjektives, didaktisches, wissenschaftlich orientiertes und begründbares Konzept …

- Auswertung der Gruppenarbeiten und Visualisierung
- Eine Einführung in die Pädagogik Martin Wagenscheins

Eine Begegnung – Martin Wagenschein und sein Konzept des „Exemplarischen Lehrens"

Dazu erbitte ich von allen Lehrgangsteilnehmerinnen und Lehrgangsteilnehmer eine „kosmische" Vorbereitung: Lernen Sie bitte an den Phänomenen! Ihre Fragestellung lautet: „Was macht der Mond?" Versuchen Sie möglichst viel über den Mond durch Beobachtung zu erfahren (… in den Ferien z.B. …).

- Gruppenarbeiten zum Schwerpunkt „Exemplarität"
- Vergleiche und Besprechungen
- Integration in mein didaktisches Konzept

Zweiter Tag

- „Célestin Freinet und die neuen Medien"
- Genaue Planung vor Ort!
- Siehe Seminarunterlagen – Skriptum Freinet-Pädagogik im Anhang!

Dritter Tag
- Unterrichts- und Schulentwicklung nach dem Jenaplan von Peter Petersen":
- Einführung in die Geschichte und Rezeptionsgeschichte des Jenaplans;
- Kriterien des Jenaplans;
- Rollenspiel: Wir entwickeln unsere Schule … nach folgenden Kriterien …
- Auswertung des Rollenspiels
- Zum Jenaplan und zu Peter Petersen – ein Überblick
- Die Arbeit ein meinem subjektiven didaktischen Konzept …
- Das Konzept Helen Parkhursts und ihre Daltonplan-Pädagogik:
- Einführung
- Wir schreiben Assignments

Auffassungen über Bildung

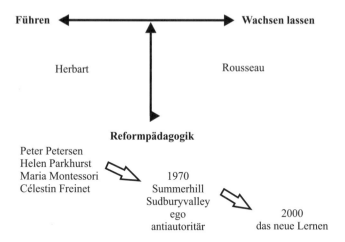

Abb. 9.7 – Beispiel aus der Powerpointpräsentation von John Bronkhorst

- Wir besprechen Assignments
- Wir reflektieren Assignments
- Rollenspiel zu den Assignments und Reflexion

Vierter Tag

- „Noch einmal Anregungen aus der Reformpädagogik": Erste Anregungen zu einer Erweiterung meines subjektiven didaktischen Konzeptes aus der Reformpädagogik: „Maria Montessori und ihr didaktisches Konzept am Beispiel der kosmischen Erziehung"
- Fragen, Diskussion, Arbeit am eigenen didaktischen Konzept
- Nachmittag (wie Vormittag):
- Wir widmen uns nun nochmals den drei Fragen des ersten Tages;
- Gibt es Veränderungen?
- Betreute Gruppenarbeit – Multiplikatoren!
- Präsentation
- Mein Studienschwerpunkt im Lehrgang …
- Ergänzungen
- Organisatorisches
- Weitere Studien!
- Reflexion und Abschluss des 1. Präsenzseminars

Literatur zur Vorbereitung:

Surfen Sie bitte einmal www.schule.suedtirol.it/blikk/reformpädagogik; dort finden Sie einiges von Eichelberger und Wilhelm und in diesen Büchern gibt es viele weitere Anregungen auf ihrem Weg des Selbststudiums … z.B. Downloads …

Präsenzseminar 2

Erster Tag

- Begrüßung, Vorstellung, Berichte …
- Ein Nachtrag: Eine Einführung in die Grundsätze der Montessori-Pädagogik
- Einführung in der Geschichte und Rezeptionsgeschichte;
- Prinzipien der Montessori-Pädagogik;
- Arbeit mit Materialien – Beispiele;
- (Viele) Fragen …
- Besprechung
- Beginn der thematischen Arbeit: „Neurophysiologischen Grundlagen des Lernens und deren Bedeutung für das Lernen in der Schule"
- Einführung
- Gemeinsame Arbeiten
- Beispiele
- Präsentation und Reflexion

Zweiter Tag

- Fortsetzung der thematischen Arbeit vom Vortag;
- Nachmittag (Wilhelm): „Die Aktionsforschung und ihre Bedeutung für eine aktive Unterrichts- und Schulentwicklung"
- Aktive Erfahrungen
- …

Dritter Tag

- Fortsetzung der Arbeit vom Vortag – Aktionsforschung
- Nachmittag (alle):
- Ergänzungen und Planungen:
- Welche Module werde ich als meine Studienschwerpunkte wählen?
- Studienaufträge zum Selbststudium mit SCHOLION: Kohlberg: … virtueller Seminarteil … Einführung; (im Ausmaß von 12 Stunden Studienzeit); Wilhelm: … virtueller Seminarteil … Einführung; (im Ausmaß von 12 Stunden Studienzeit)
- Vorbereitung der Arbeit mit SCHOLION und den neuen Partnern;
- Vorbereitung des nächsten – ersten gemeinsamen – Seminars zur gemeinsamen Arbeit mit den „EISWEB-Partner" …

Präsenzseminar 3

Teilnehmerinnen und Teilnehmer: Gruppe PI-Bozen und Gruppe der EISWEB-Partner

Erster Tag

- Gruppenfindung – Kleingruppen nach persönlichen und thematischen Vorlieben
  - Kleingruppengröße <5, (nicht mehr als 2 Teilnehmer aus Südtirol)

- Immer wieder andere Konstellationen:
  - Merkmale meiner besten Lehrmeister
  - Chat mit 6 Chatrooms – Rollendiskussion als ReformpädagogIn
  - Erstes Gespräch zur Arbeit in der eLearning-Phase (Gruppenbildung für Freitag und die zukünftige Zusammenarbeit)
- Die Übungen werden von verschiedenen Dozentinnen und Dozenten geleitet; alle anderen Dozentinnen und Dozenten nehmen an den Übungen mit den Teilnehmerinnen und Teilnehmern teil.

Zweiter Tag

- Einführung in SCHOLION:
  - Gruppenweise – Südtiroler Gruppenmitglieder führen die neuen Mitglieder in SCHOLION ein;
  - Gruppenzusammensetzung: Diese Gruppen sind bereits die Arbeitsgruppen für die folgende eLearning-Phase.

Dritter Tag

- Gruppenzuordnung zu den Betreuern
- Vorbereitung und Strukturierung und genaue Planung der eLearning-Phase
- Vorbereitungsphase des Seminars für Studierende:
  - Welche sind ihre möglichen Studienschwerpunkte in Zusammenhang mit der Reformpädagogik?
  - Bitte stellen sie diese als Vorbereitung zum Seminar am Infoboard von SCHOLION vor!
- Vorbereitungsphase des Seminars für Dozentinnen und Dozenten:
  - Koordination der eLearning-Phase!

1. Online-Studierphase

Da an diesem Lehrgang 28 Teilnehmer/innen teilnahmen und auch ausreichend Dozenten zur Verfügung standen, wurden sie in den ersten beiden Online-Phasen in acht Gruppen eingeteilt und erhielten einen Dozenten, in der dritten Online-Phase wurden die Gruppen vergrößert und in sechs Gruppen neu zusammengesetzt. Die Arbeit in den Foren war für die Teilnehmer/innen sicherlich der einfachste Teil in SCHOLION, auch weil dies inzwischen langsam zu einer üblichen Form der Kommunikation wird. Die Möglichkeit der Verlinkung hingegen wurde kaum verwendet. Das Forum wandelte sich nach der ersten Online-Phase, wo noch sehr viel inhaltlich diskutiert wurde, immer mehr zu einem Werkzeug für Absprachen.

Für diese beiden Online-Lernphasen wurden die Module als Content angeboten, die von den Teilnehmerinnen und Teilnehmern des EISWEB-Projektes als Module erarbeitet worden waren. In diesen Phasen wurde ebenso die Aufbereitung dieser Inhalte und deren didaktische Relevanz reflektiert und evaluiert. Alle Module sind nun auf SCHOLION zugänglich.[17]

---

[17] http://www.schule.suedtirol.it/blikk/

Beispiel – Lernvereinbarung der Studierenden – 1. Online-Studierphase

Tab. 9.3 – Lernvereinbarung

Vereinbarungen, die wir für unsere eLearning-Phase getroffen haben

Vereinbarungen	Termine
Wir haben besprochen, dass wir eine individuelle Fragestellung ausarbeiten und dann im Forum entscheiden, ob eventuell Fragestellungen zusammenpassen …	07.05.05
Eventuelle Kooperationsvereinbarungen werden im Forum getroffen … Fragestellungen und Namen …	10.05.05
Wir formulieren unsere Ziele des Studiums und der Arbeit in SCHOLION WB+ individuell	07.05.05
Ab 01.05.05 gehen wir wöchentlich zweimal in das Forum	Richttage: Dienstag und Freitag
Wir haben vereinbart, dass wir mindestens einmal in zwei Wochen einen Beitrag zur eigenen Arbeit in das Forum stellen … Während jeder Arbeitsphase mindestens 3 Beiträge!	
Wir reagieren unterstützend auf die Fragestellungen der Gruppenmitglieder.	
Wir weisen aus, woher wir unsere Studienergebnisse haben, wir zitieren!	
Bei den Meilensteinen wollen wir uns auf unsere eigene Reflexion verlassen.	
Für die Behandlung auftretender Probleme haben wir vor allem „Offenheit" vereinbart.	
Notmedium: E-Mail	…@… ..
Wir haben keine Beschränkungen für die Einsicht in unsere Beiträge vereinbart.	
Für die Reflexion haben wir zwei Chats vereinbart (Mitte und Ende einer Arbeitsphase)	Terminvereinbarung übernimmt der Betreuer.
Die konkreten Leistungsnachweise beschreibt jedes Gruppenmitglied qualitativ und quantitativ selbst im Forum.	01.06.05
Wünsche an den Betreuer: Kommentare und Kritik zu Sachfragen	
Ich wünsche uns allen eine schöne, lernreiche und konstruktive gemeinsame Arbeit. Mit lieben Grüßen…	

2. Online-Studierphase

Nach der ersten Online-Phase, die dadurch charakterisiert war, dass es drei Pflichtmodule zu studieren gab, konnte nun jeder für sich selbst die neuen Themenschwerpunkte entscheiden und erste Absprachen zur Durchführung der zweiten Online-Phase wurden getroffen. Die Teilnehmer/innen konnten sich zwei Schwerpunkte auswählen.

Wichtig war in diesem Zusammenhang die Forderung von der Seite der Dozentinnen und Dozenten an die Lernenden, dass sie nun die Sichten intensiv nutzen mussten. Da die Kompetenz der einzelnen Teilnehmer/innen unterschiedlich war, konnte jede/jeder selbst entscheiden, ob die Hilfe von unserer Seite aus genutzt wird oder nicht. Die Hilfe wurde in Form eines Assignments nach Helen Parkhurst (Daltonplan) angeboten. Im Sinne des selbstverantwortlichen Lernens stellten wir fest, dass manche Teilnehmer/innen froh um diese Unterstützung waren, während andere sie vollständig weg ließen und ihren eigenen Weg gingen.

Ein zweiter wichtiger Aspekt waren die Aushandlungen der Art des gemeinsamen Arbeitens, wobei jede Gruppe mit dem jeweiligen Dozenten dies autonom durchführte. Spannend waren hier wiederum die kulturellen Unterschiede und wie damit umgegangen wurde.

Tab. 9.4 – Start der zweiten Online-Phase

Liebe Studierende des EISWEB-Lehrganges!

Liebe Dozentinnen und Dozenten desselben Lehrganges!

Wie ihr wahrscheinlich alle wisst, beginnt nun in 10 Tagen (25. September 2005) bereits die zweite Online-Studienphase des EISWEB-Lehrganges. Dieses Schreiben ist eine kleine Erinnerung, weil die Zeit meistens schneller vergeht, als man selbst einschätzt.

Bitte nicht vergessen, dass intensive Studium wieder aufzunehmen!

Es gelten nach wie vor die in Tramin getroffenen Vereinbarungen.

Christian und ich bitten zu beachten, dass das Online-Studium für die Studierenden der Gruppe der Südtiroler Lehrerinnen und Lehrer zur Erlangung des Kursdiploms verpflichtend ist.

Für die zweite Online-Phase gibt es nun eine Neuerung:

Christian und ich haben ein Assignment (Pensum) entworfen und wir bitten alle, diese Lernaufgabe auch zu erfüllen. Wir bitten die Studierenden nach diesem Assignment zu studieren und wir bitten die betreuenden Dozentinnen und Dozenten auch das Studium nach diesem Assignment auch zu betreuen.

Wir stellen dieses Assignment 3 Tage vor Beginn der Online-Studierphase ins Netz. Ihr findet es, wie dieses Schreiben, einfach am INFOBOARD. Wir bitten euch dann, das Assignment nicht (nur) zu diskutieren, sondern bitte als Studieranleitung zu erfüllen. Nach Erfüllung dieses Assignments bitten wir euch um eure Rückmeldungen.

Das Studium nach Assignments ist ein wesentlicher Teil des eLearnings. Daher ist es auch in unserem Projekt wichtig, diese Art des Studiums einmal zu erfahren. Die Studieranleitung, die wir geschrieben haben, basiert auf der Reflexion der ersten Online-Phase und unseren didaktischen Ansprüchen eines zwar geleiteten aber dennoch weitgehend selbsttätigen und betreuten Studium in SCHOLION WB+.

In diesem Zusammenhang bitten wir auch alle betreuenden Dozentinnen und Dozenten, alle Studierenden beim individuellen und kooperativen Studium in dieser zweiten Online-Phase und ebenso beim Studium nach dem Assignment zu unterstützen.

Wir wünschen uns allen ein konstruktives und bereicherndes Studium und freuen uns schon auf ein Wiedersehen, bei dem wir unsere Studien auch von Angesicht zu Angesicht im Seminar besprechen können.

Wir wünschen allen alles Gute und grüßen euch herzlich

Christian und Harald

Einladung

Pensum / assignment für eLearning – Fachgebiete: Schulentwicklung – Unterrichtsentwicklung – Reformpädagogik

Studium auf der Lernplattform SCHOLION

Lehrgang – EISWEB

Geschrieben für: Name des/der Studierenden: _____

Datum: _____

Code: _____

Präsenzseminar 4

Es war für die Teilnehmer/innen und Dozenten von großer Bedeutung, dass sie sich nach den ersten Online-Phasen in einem Präsenzseminar wieder sehen konnten. Dieser Aspekt der Emotionalität darf nicht unberücksichtigt bleiben. Auch wenn über das Forum intensiv diskutiert wurde, war es vielen doch ein Anliegen, mit ihren Lernpartnern in realen Gesprächen die gemachten Erfahrungen auszutauschen.

Erster Tag

- Begrüßung
- Erklärung des Programms der face-to-face-Phase
- Erklärung des Tagesprogramms
- Reflexion der beiden Online-Phasen in Einzelarbeit
- Lerneffektivität (Was habe ich inhaltlich gelernt und wie konnte ich das Gelernte in meine Arbeit und in mein subjektiv-didaktisches Konzept integrieren?)
- Meine Erfahrungen mit SCHOLION:
  – Content & Sichten, Forum, Chat, Betreuung
  – Ich beschreibe meine Befindlichkeit während des so genannten eLearning-Lernprozesses
  – Wodurch unterscheidet sich eLearning nun meiner Erfahrung nach von meinen bisherigen Lerngewohnheiten und Lernprozessen
  – Wie reformpädagogisch waren unsere eLearning-Phasen
  – Wie funktionierte die Arbeit nach einem Pensum
  – Reflexion der beiden Online-Phasen in den Kleingruppen mit einem/r Moderator/in
  – Was möchten wir im Plenum präsentieren
  – Vorbereitung und Visualisierung der Präsentation
  – Präsentation im Plenum
  – Fragen und Diskussion
  – Reflexion mit der Wandzeitung nach der Freinet-Pädagogik
  – Die Reflexionen in SCHOLION einsichtig für alle?
  – Plakat und Gruppenarbeiten
- SCHOLION-Nachschulung: (Angerer & Laner)
- Besprechung von Fragen und Problemen

Beispiel

Jede Online-Lernphase endete in den einzelnen Gruppen mit einer Reflexion der Teilnehmerinnen und Teilnehmer. Diese Reflexionen wurden dann ebenso Grundlage der Gruppenreflexionen in der Präsenzphase:

Reflexion – Beispiel

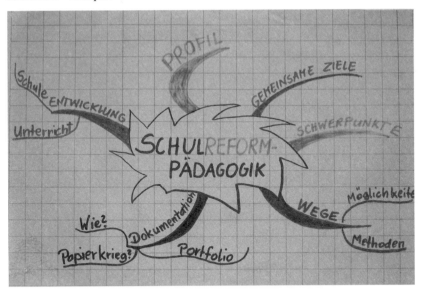

Abb. 9.8 – *Reflexion in Einzelarbeit nach vereinbarten Kriterien*

Tab. 9.5 – *direkt vom Infoboard ...*

Liebe Kolleginnen,
liebe Kollegen!

Wir haben mannigfaltige Erfahrungen gemacht:
Unsere Arbeit im Forum und im Chat wurde immer besser - wir haben nun doch gelernt mit Scholion zu lernen:

- Das Studium mit den Contents wurde in Angriff genommen und individuell nach dem eigenen Themen der Studierenden betrieben.
- Das Studium wurde in den Sichten dargestellt.
- Es gab zum Studium einen regen Austausch (fast) aller Studierenden im Forum.
- Sogar das Chatten wurde etwas persönlicher.
- Es gab zahlreiche postings (viel mehr als vereinbart.)
- eLearning ist anscheind ein langer Lernprozess.
- aTutoring ist ein Lernprozess, der noch gelernt werden muss.

Wir freuen uns auf ein Wiedersehen

Gruppe xxx

Zweiter Tag

- Präsentation neuer Dozentinnen und Dozenten und deren Module:
  - Integration
  - Praktische Schule
  - Interkulturelle Pädagogik
  - eLearning

- Themenfindung für die dritte Online-Phase
  - Nachdenkphase
  - Konzeptualisierung
  - Präsentation an der Wandzeitung
  - Lesephase und Mitteilungsphase
  - Gruppenbildung
  - Zuordnung der Moderator/innen
- Intensive Vorbereitung der Online-Arbeitsphase:
  - Konzept der Gruppen-Online-Phase
  - Inhalte (voraussichtlich)
  - Termine
  - Ergebnisse
  - Lernvereinbarung
  - Leistungsnachweis
  - Das Reformpädagogische an unserer eLearning-Phase
  - Vorbereitung für den Austausch im Plenum

Dritter Tag

- Fortsetzung der Gruppenarbeit vom Vortag
  - Austausch im Plenum
  - Integration der Ideen in die eigene Gruppenstudierphase
  - Abschlussarbeiten – Besprechung
- Vorbereitung des Rollenspiels
- Termine des Projektes
- Reflexion und Evaluation

9.4.2 Zusammenfassung der Reflexion und Evaluation nach zwei Online-Studierphasen

Die 2. Online-Phase unterschied sich erheblich von der ersten Online-Phase. Sie fand wiederum in Gruppen statt und es gab eine markante Verschiebung in der Art der Arbeit. Die Gruppen waren bis auf eine dieselben wie in der 1. Online-Phase und wurden wiederum von denselben Dozenten betreut.

Nicht mehr das Diskussionsforum war zentral für die Diskussionen, sondern vielmehr die Bearbeitung der Sichten bzw. der Inhalte, die verfügbar sind. Auf diesen wurde mehr oder weniger intensiv gearbeitet und die Handhabung derselben geübt. Gleichzeitig wurde auch die Bedeutung des Chats sichtbar, da alle Lerngruppen mindestens einen Chat, wenn nicht zwei pro Woche durchführten.

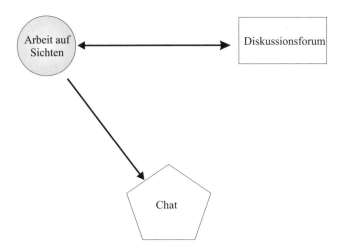

Abb. 9.9 – Arbeit auf Sichten im Zentrum der 2. Onlinephase

Das Diskussionsforum wurde nun vermehrt für die Abstimmung der Arbeit, für organisatorische Tätigkeiten genutzt. Inhaltlich wurde in den Chats noch nicht sehr intensiv inhaltlich
gearbeitet, auch weil es eine ungewohnte Arbeitsweise war und der Focus auf der Arbeit mit
den Sichten bzw. Inhalten lag.

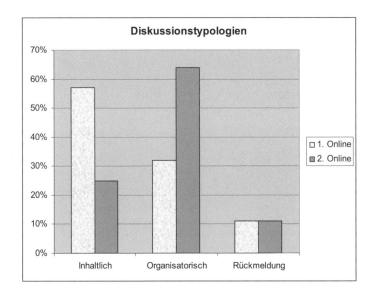

Abb. 9.10 – Verschiebung der Diskussionsart in 2 Online-Phasen

Der Aspekt der Rückmeldungen blieb mit 11 % gleich, spielte also eine doch recht unterge-
ordnete Rolle.

9.4.3   3. Online-Studierphase

Im gemeinsamen Präsenzseminar, das der Reflexion und der Diskussion über die 3. Online-Phase diente, wurden die restlichen Module des Lehrgangs vorgestellt und die Teilnehmer/innen konnten sich neue Schwerpunkte für diese Lernphase auswählen. Dadurch ergaben sich neue Lerngruppen, wobei diesmal auch neue Dozenten hinzukamen, je nach Schwerpunkten, die die Teilnehmer/innen aussuchten. Eine Prämisse war, dass die Gruppe nun aus 4 – 6 Teilnehmer/innen bestehen sollte.

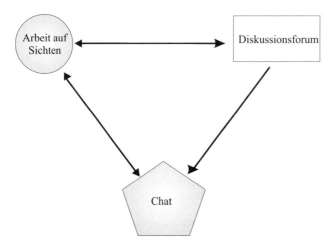

Abb. 9.11 *– Schwerpunkt Sichten und Chat*

Beispiel – Lernvereinbarung der Studierenden – 3. Online-Studierphase

Tab. 9.6 *– Lernvereinbarung*

Inhalte und Fragestellungen insgesamt:
–   Architektur
–   Schule als lernende Organisation
–   Globales Lernen
–   eLearning
Schwerpunkte/Fragestellungen:
–   eLearning in der Schule und Lehrerbildung durch reformpädagogische Ideen verstärken
–   Welche architektonischen Voraussetzungen ermöglichen offenen Unterricht?
–   Globales Lernen und Schule als lernende Organisation im Kontext „offener Unterricht", „Lernen –übers Netz", „Reformpädagogik", „offenes Lernen
Gemeinsame Inhalte für die Gruppe – woran arbeiten wir als Gruppe in welcher Form?
    Thema **Architektur**: Rollenspiel mit vier Personen (Montessori, Freinet, Parkhurst, Petersen) – Erarbeiten einer gemeinsamen Sicht, wobei die Beiträge jeweils in der Rolle des Reformpädagogen erfolgen; Chat über die gemeinsame Sicht als Abschluss
    Thema e**Learning**: Erarbeiten individueller Sichten, Freischalten der Sichten gleich zu Beginn der Phase, Diskussion darüber in den Foren, Chats auf der Grundlage der Sichten
    Die anderen Themen fließen ein, werden aber von jedem Gruppenmitglied unterschiedlich gewichtet.

Zeitlicher Ablauf
  Zeitraum bis zur Onlinephase: Literaturstudium, Beiträge im Forum (freiwillig)
Start der Onlinephase: Montag, 06.0206
Ende der Onlinephase: Montag, 20.03.06
– Woche 1 und 2: Thema Architektur (Rollenspiel); Chat am Freitag, dem 17.02.06 um 17.00 Uhr
– Woche 3 – 6: eLearning (Arbeit an den Sichten); zwei Chats, in denen jeweils zwei Sichten besprochen
   werden
Ergebnisse und Leistungsnachweis
– während der Online-Phase im Forum mindestens zwei Beiträge von jedem Gruppenmitglied, und zwar am
   Dienstag und Freitag
– Erarbeiten einer gemeinsamen Sicht zum Thema „Architektur"
– insgesamt drei Chats mit Protokollen
– Reflexion über die Onlinephase
– …

9.4.4   Zusammenfassung der Reflexion und Evaluation nach drei Online-Studierphasen

In der Online-Phase gab es eine neue Gewichtung in der Art der Arbeit. Es wurde einerseits inhaltlich intensiv auf den Sichten gearbeitet, als Kommunikationsmittel wurde verstärkt der Chat eingesetzt. Jede Gruppe erstellte dazu eine klare Vereinbarung bzgl. der Art des Arbeitens und Kommunizierens in der Gruppe. So wurde z.B. die Bedeutung der farbigen Markierungen festgelegt. Die Sichten wurden rechtzeitig den Gruppenmitgliedern und den Dozenten frei geschalten und dienten dann als Grundlage für eine Diskussion im Chat. Das Diskussionsforum diente wiederum wie bereits in der 2. Online-Phase vornehmlich den organisatorischen Aspekten und weniger der inhaltlichen Diskussion. Nur in Gruppen, wo die Dozenten neu waren und noch nicht die Erfahrung hatten, wurde auch in den Foren vermehrt inhaltlich gearbeitet.

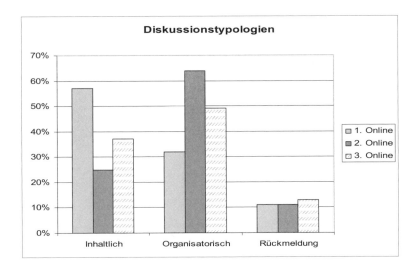

Abb. 9.12 – *Verschiebung der Diskussionsart in den drei Online-Phasen*

Zwei Gruppen haben neben der üblichen Art der Kommunikation auch versucht, in einer Art Rollenspiel über den Chat gemeinsam an einem Themenschwerpunkt zu arbeiten, wobei dies jedoch eine sehr große Herausforderung bedeutet, da beim vereinbarten Thema eigentlich die Notwendigkeit bestand, sich doch sehr intensiv bereits im Vorfeld mit der Materie auseinanderzusetzen bzw. ein gutes Hintergrundwissen notwendig war. Die Teilnehmer/innen schlüpften z.B. in die Rolle verschiedener Reformpädagogen.

Für ein neues Rollenspiel wäre es angebracht, sich vermutlich auf das Diskussionsforum zu konzentrieren, da man sonst von der Schnelligkeit eines Chats überrollt wird und keine Zeit hat, sich intensiver mit einzelnen Aspekten zu beschäftigen, d.h. nachlesen, Literaturrecherche etc.

Insgesamt kann man feststellen, dass durch diese drei Online-Lernphasen die Teilnehmer/innen und Dozent/innen erheblich an Kompetenz im Umgang mit den Werkzeugen in SCHOLION gewonnen haben, was wiederum allgemein Auswirkungen auf den Umgang mit den Neuen Medien haben dürfte.

Präsenzseminar 5

Teilnehmerinnen und Teilnehmer: Gruppe der Südtiroler Lehrerinnen und Lehrer und Gruppe der Lehrerinnen und Lehrer des Projekts EISWEB

Erster Tag

- Begrüßung der Teilnehmerinnen und Teilnehmer
- Programmbesprechung
- Planung der Reflexions- und Evaluationsarbeit
- Reflexion, Evaluation und Vorbereitung der Präsentationen der Reflexion (Reflexionstechniken werden noch besprochen)
- Reflexion, Evaluation und Vorbereitung der Präsentationen der Reflexion
- Präsentationen und Diskussionen zum eLearning
- Vorbereitung und Besprechung der Hospitationen

Zweiter Tag

- Hospitationen nach Einteilung
- Besprechung der Hospitationen
- Besprechung der Abschlusspräsentationen (Gruppe der Südtiroler Lehrerinnen und Lehrer)
- Besprechung und Vorbereitung der FEIER

Dritter Tag

- Vorbereitung der Abschlusspräsentationen und Organisation der des Ablaufes
- Präsentationen
- Vorbereitung der Feier
- FEIER und SEMINARABSCHLUSS – FESTLICHER TEIL

9.4.5   Statistische Analyse der Online-Lernphasen

In dieser Aufstellung sehen Sie die drei Online-Phasen des Lehrgangs mit der unterschiedlichen Gewichtung in den einzelnen Phasen, die im Diskussionsforum erfolgt sind. Nicht erfasst sind in dieser Aufstellung die Arbeit in den Sichten, die sich statistisch nicht so erfassen lassen und die Arbeit im Chat.

Tab. 9.7 – Statistische Erfassung der Aktivitäten während der Online-Studierphasen

	Gruppe	Inhaltlich		Organisation		Reaktionen		Summe
1. Online – Phase	Christian	60	77%	12	15%	6	8%	78
	John	48	62%	8	10%	21	27%	77
	Dieter	1	13%	6	75%	1	13%	8
	Froukje	18	58%	9	29%	4	13%	31
	Harald	30	52%	26	45%	2	3%	58
	Ueli	17	37%	22	48%	7	15%	46
	Luise	41	69%	17	29%	1	2%	59
	Marianne	52	67%	14	18%	12	15%	78
	Fragen/Probleme	5	13%	32	84%	1	3%	38
	Befindlichkeit	0	0%	8	100%	0	0%	8
	Veröffentlichung	2	67%	1	33%	0	0%	3
		274	**57%**	**155**	**32%**	**55**	**11%**	**484**
2. Online – Phase	Christian	6	17%	23	66%	6	17%	35
	John	5	12%	33	80%	3	7%	41
	Froukje	4	13%	21	70%	5	17%	30
	Harald	33	28%	69	58%	17	14%	119
	Ueli	5	38%	7	54%	1	8%	13
	Luise	25	34%	44	59%	5	7%	74
	Marianne	8	47%	9	53%	0	0%	17
	Fragen/Probleme	0	0%	15	100%	0	0%	15
		86	**25%**	**221**	**64%**	**37**	**11%**	**344**
3. Online – Phase	John/Renate	24	28%	46	53%	17	20%	87
	Tomas	62	49%	60	48%	4	3%	126
	Harald	53	34%	85	55%	16	10%	154
	John/Ueli	9	45%	10	50%	1	5%	20
	Marcela	33	28%	56	47%	30	25%	119
	Marianne	36	48%	30	40%	9	12%	75
		217	**37%**	**287**	**49%**	**77**	**13%**	**581**
	Summe	**577**	**41%**	**663**	**47%**	**169**	**12%**	**1409**

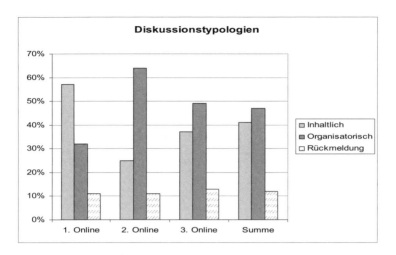

Abb. 9.13 *– Die Verteilung der Diskussionstypologien in den Foren*

Die Statistik gibt einen Überblick über die Art der Interventionen. Aus der Statistik wird ersichtlich, dass sich auch von der Quantität der Beiträge her Verschiebungen ergeben haben. Dies kann damit in Zusammenhang gebracht werden, dass die Teilnehmer/innen mit den Dozenten unterschiedliche Schwerpunkte in der Bearbeitung und der kommunikativen und kooperativen Arbeit hatten. Zusätzlich wurde das Handling der Werkzeuge in SCHOLION mit jeder Phase für alle einfacher und mit dieser zunehmenden Sicherheit konnten auch neue Aspekte des virtuellen Lernens, die in SCHOLION möglich sind, ausprobiert werden. Schließlich wurde sichtbar, dass die einzelnen Gruppen unterschiedlich gearbeitet haben.

Man sollte sich immer bewusst sein, dass die Teilnehmer/innen nicht nur im Diskussions-forum gearbeitet haben, sondern zusätzlich mit der Zunahme der Kompetenz auch intensiv auf den Sichten gearbeitet haben und schließlich die inhaltlichen Diskussionen im Chat durchführten. Dabei wurde noch nicht mal das ganze Potential von SCHOLION verwendet.

Zur inhaltlichen Diskussion muss auch noch die Anzahl der Dokumente gerechnet werden, die in den einzelnen Diskussionsforen innerhalb der Gruppen für die anderen verfügbar ge-macht wurden.

In der zweiten Online-Phase hat es einen starken Rückgang bei den Dokumenten, die als Anlage hinzugefügt wurden, gegeben, wiederum bedingt durch die intensive Arbeit auf den Sichten bzw. Inhalten. Dadurch war es nicht mehr zwingend nötig, die eigenen Arbeiten als Dokument für andere verfügbar zu machen.

In der dritten Online-Phase ist die Zunahme auch darauf zurückzuführen, dass zwei Dozent-Innen neu waren und dort das Diskussionsforum wiederum verstärkt zur inhaltlichen Arbeit genutzt wurde. Es scheint, als ob dies eine gewisse Sicherheit auch für die Dozenten bietet, wenn auf doch eher „traditionelle" Kommunikationsverfahren (Foren) zurückgegriffen wer-den kann. Die Verteilung der Dokumente innerhalb der einzelnen Gruppen ist unterschiedlich.

Andererseits kann man auch feststellen, dass es eine Gruppe gibt, in der keine Dokumente als Anlage bis zum Zeitpunkt der Analyse (Anfang April) verfügbar gemacht wurden.

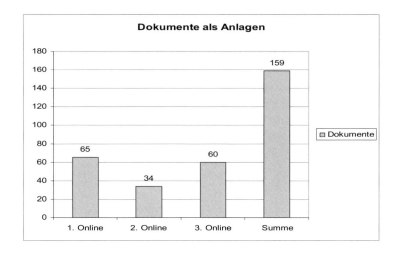

Abb. 9.14 – Dokumente in den Foren

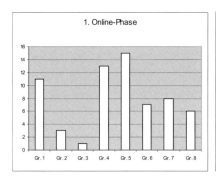
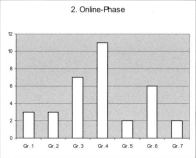

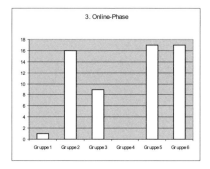

Abb. 9.15 – Onlinephasen im Vergleich – Postings der Dokumente

In der dritten Online-Phase wurde vermehrt mit Dokumenten zum Herunterladen (z.B. Word) gearbeitet, da die Teilnehmer/innen aus Südtirol, aber auch andere an einer Abschlussdokumentation für den Lehrgang arbeiteten.

Aktivitäten der Dozenten

Ein wichtiger Aspekt war die Aktivität der Dozenten, die je nach eigenem Verständnis sich mehr oder weniger in den Prozess, sprich Moderation und Begleitung, einließen oder sich daran beteiligten. Es ist deshalb von großer Bedeutung, da je nach Kompetenz der Teilnehmer/innen dies zu einem Erfolg oder Misserfolg im Lernprozess führen kann. Bei Teilnehmer/innen mit großer Kompetenz im Umgang mit diesen Medien ist eine größere Freiheit im Lernprozess enorm wichtig, bei solchen mit geringer Kompetenz ist hingegen eine klare Struktur mit entsprechender Begleitung von entscheidender Bedeutung.

Die Anteile der Aktivitäten innerhalb der Diskussionsforen betrug in allen drei Online-Phasen durchschnittlich 32 %. Die Bandbreite reicht jedoch von 3 % – 49 %, ist also enorm. Dies hängt wiederum von verschiedenen Faktoren wie dem Dozenten selbst, aber auch die Konstellation der Gruppe ab. Wichtig ist in diesem Zusammenhang die Tatsache, dass die Dozenten selbst erstmals Erfahrungen diesbezüglich machten, also keine ausgebildeten Online-Tutoren oder – Moderatoren zur Verfügung hatten und somit sich auch alles selbst erarbeiten mussten. Diesbezüglich war die Aufgabe auch für die meisten Dozenten eine enorme Herausforderung, die mit einem großen Lernprozess verknüpft war.

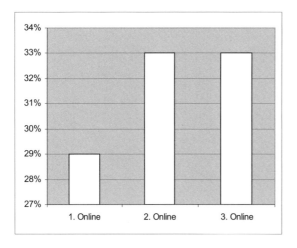

Abb. 9.16 – Anteil – Beiträge Dozent/Innen im Diskussionsforum

Es bedarf einer genaueren Analyse der Aktivitäten der Dozent/innen auch durch Gespräche, die jedoch erst erfolgen wird und daher in dieser Dokumentation nicht mitberücksichtigt werden kann. Man kann jedoch schon so festhalten, dass es mehrere Gründe gibt, warum Dozenten unterschiedlich „aktiv" waren:

- eigenes Verständnis vom Lernen und Lehren;
- Verständnis der Rolle der Begleitung/Moderation im virtuellen Lernen;
- Teilnehmer/innen sind nicht aktiv und müssen massiv angesprochen werden (dies war in einer Gruppe der Fall);
- Zeitproblem;
- kulturelle Unterschiede;
- Dynamik innerhalb der Gruppe.

Chat

Nach den anfänglichen Problemen, die es mit dem Chat gab, vor allem in der ersten Online-Phase, hat sich diese Aktivität für die meisten Gruppen oder auch Teilgruppen als doch recht gewinnbringender Teil herauskristallisiert, besonders, nachdem intensiv mit den Sichten gearbeitet wurde. So führte jede Gruppe durchschnittlich mindestens einen bis zwei Chats pro Woche durch, was in der Summe einer Anzahl von ca. 400 – 450 Chatterminen entspricht. Bei diesen Chattreffen konnte auch eine Veränderung der Qualität festgestellt werden. Waren es zunächst mehr Diskussionen auf der Ebene des gegenseitigen Kennenlernens, verschob sich der Focus bei den meisten Gruppen doch immer mehr auf eine Diskussion zu den bearbeiteten Sichten. Durchschnittlich dauerte ein Chattermin eine Stunde. Ab der zweiten Online-Phase waren die Diskussionen dann auch schon Ersatz für Diskussionen, die sonst üblicherweise in den Foren stattfinden.

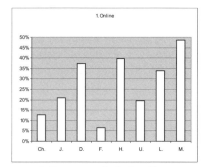

8 Gruppen – 1. Online-Phase

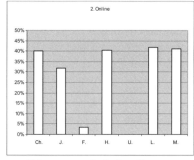

7 Gruppen – 2. Online-Phase

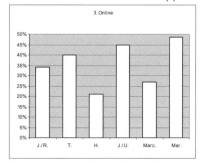

Abb. 9.17 – Anteil – Beiträge Dozent/innen in den einzelnen Online-Phasen

Für die Dozent/innen war dies auch eine neue Herausforderung, auch weil die Moderation von Chats nicht ganz einfach ist und man einige Spielregeln kennen muss. Aber im reformpädagogischen Sinne machten alle gemeinsam einen Lernprozess durch, Teilnehmer/innen wie Dozent/innen.

9.4.6   Resümee

Insgesamt dürfte es für alle Beteiligten eine große Herausforderung gewesen sein, sich so intensiv auf diese Ausbildung einzulassen, Lernende wie Dozent/innen. Der Lehrgang insgesamt kann als eine gelungene Veranstaltung betrachtet werden, auch weil es doch gelungen ist, die meisten Teilnehmer/innen trotz der großen Belastung innerhalb der eigenen Arbeit bis zum Abschluss zu bringen. Man darf nicht vergessen, dass alle Beteiligten dies neben ihrer Tätigkeit als Lehrpersonen, Schulführungskräfte und Dozent/innen an Akademien oder Universitäten durchführten und für manche dies noch zusätzlich in der zweiten Sprache bewältigt werden musste. Außerdem wurden hier klassische Bahnen der Fortbildung verlassen und alle mussten sich intensiv auf einen gemeinsamen Lernprozess einlassen und daher gebührt allen ein großer Dank, die hier mitgemacht haben.

Auch wenn die Einarbeitungsphase nicht ganz einfach für die Teilnehmer/innen und Dozent/innen war, so muss doch auch darauf verwiesen werden, dass neue Lernkultur im Kontext virtuellem Lernen nicht auf der Schiene des Einfachen funktionieren kann, sondern auch die Bereitschaft bestehen muss, sich auf Neues einzulassen, was den meisten Teilnehmer/innen auch gelungen ist. Aktives und eigenverantwortliches Lernen in diesem Kontext wurde – in unterschiedlichen Ausprägungen – hier echt erlebt, manchmal fast bis an die Grenzen. Neben den inhaltlichen Kompetenzen haben die Teilnehmer/innen auch einiges an medialen Kompetenzen erworben und dies ist unseres Erachtens ein wichtiges Schritt für Lehrkräfte und Schulführungskräfte, da dies eine Realität der zukünftigen Generationen ist, auf die wir sie aber begleitend vorbereiten müssen.

Die Lernplattform SCHOLION selbst ist ein ausgezeichnetes Instrument, wenn es darum geht, innovative Formen des Lernens und des Lehrens zu verwirklichen, die auch konstruktivistischen Grundsätzen entsprechen.

9.5   Literatur

Eichelberger, Harald & Wilhelm, Marianne: Entwicklungsdidaktik. Wien 2003, ÖBV

Key, Ellen: Das Jahrhundert des Kindes. Weinheim, Basel 1992

Preuss-Lausitz, Ulf: Die Kinder des Jahrhunderts. Zur Pädagogik der Vielfalt im Jahr 2000. Weinheim, Basel 1993

Skiera, Ehrenhard: Reformpädagogik in Geschichte und Gegenwart. Eine kritische Einführung. München und Wien 2003

10 Beispiele gelungener Unterrichtsentwicklung

Christian Laner

10.1 Unterrichtsentwicklungen – eine Reise durch Schulen

Welche Bedeutung können digitale Medien bzw. das Internet für Unterrichtsentwicklung, die in Schulentwicklung mündet, haben? Dies war die Ausgangsfrage für ein Projekt zur Unterrichtsentwicklung nach reformpädagogischen Konzepten, das seit fünf Jahren an einigen Grund- und Mittelschulen in Südtirol läuft.

Vorläufer dieses Projektes war das internationale Symposium „Reformpädagogik und die Reform des Bildungswesens" im Herbst 2003 in Bozen (I) sowie ein Lehrgang, der für Lehrpersonen im Zeitausmaß von 280 Stunden in zwei Jahren durchgeführt wurde. Daraus entstand der Wunsch von Seiten einzelner Lehrpersonen nach einer Unterrichtsentwicklung, die begleitet werden sollte und diesem Wunsch kam das Pädagogische Institut für die deutsche Sprachgruppe – Bozen nach.

Bereits in der Startphase wurde darüber nachgedacht, wie die digitalen Medien bzw. das Internet für die Kommunikation genutzt werden kann. Da seit dem Jahr 2000 der didaktische Bildungsserver blikk mit einer Arbeitsumgebung „Reformpädagogik" (www.blikk.it) verfügbar und ein wesentlicher Aspekt unseres Bildungsservers die Kommunikation und Kooperation ist, wurde für die beteiligten Lehrpersonen bzw. Klassen oder Schulen ein geschlossenes Forum eingerichtet. Es dient vor allem der Dokumentation der gemeinsamen Veranstaltungen, auch mit der wissenschaftlichen Begleitung und dem Austausch unter den Lehrpersonen.

Die Lehrpersonen waren in der ersten Phase mit dem Forum (2003) noch ziemlich überfordert, bereits die Registrierung war für manche ein großes Hindernis. Auf der anderen Seite gab es immer Lehrpersonen, die sich bereits sicher fühlten und daher die Aufgabe übernahmen, sich um das Forum zu kümmern, also Beiträge einzustellen. Die Gefahr war, dass damit ein Filter aktiviert wurde und auch Abhängigkeiten im Informationsfluss entstehen konnten. Die Gründe für die großen Hemmschwellen sind unterschiedlicher Natur: es reicht von nicht vorhandenen Kompetenzen im Umgang mit Internet bis hin zur gänzlichen Ablehnung. Dies hat sich aber im Lauf des Prozesses stark verändert. Das Forum war somit der erste Schritt, um die Medienkompetenz der Lehrpersonen zu entwickeln. Der nächste Schritt war die Durchführung eines weiteren Lehrgangs, um weitere Lehrpersonen für die Unterrichtsentwicklung nach reformpädagogischen Grundsätzen zu gewinnen.

Abb. 10.1 – Geschlossenes Forum für die beteiligten Schulen und Lehrpersonen

Da gleichzeitig das EU-Projekt EIS-Web nach einer Möglichkeit suchte, Lehrerfortbildung zu diesem Thema auf europäischer Ebene durchzuführen, konnten wir diese beiden Kurse miteinander verbinden. Die Gruppe aus Südtirol startete ein Jahr früher, um die Anzahl der Stunden zu erreichen, die für die Anerkennung des Lehrgangs notwendig war; mit dem Einstieg der europäischen Gruppe wurde das Konzept definitiv auf blended learning umgestellt und die Online-Phasen erfolgten auf der Lernplattform Scholion. Eine ausführliche Beschreibung der Durchführung des Lehrgangs finden Sie im vorhergehenden Kapitel „internet(t)e Schulentwicklung".

Zusammenfassend lässt sich festhalten, dass Lehrpersonen aus diesen Schulen an dem zwei-jährigen Lehrgang teilnahmen und ein intensives Training nicht nur mit dem Content und der Rekonstruktion desselben erlebten, sondern auch Erfahrungen zur asynchronen Kommunikation am Beispiel Foren sowie der synchronen Kommunikation durch regelmäßige Chattermine sammeln konnten. Die Lehrpersonen lernten insgesamt 120 Stunden online und erlebten die Möglichkeiten wie auch die Grenzen des Lernens im Netz.

Aus den Erfahrungswerten dieser Gruppen wurde die Lernplattform Scholion weiterentwickelt und wird in einem Jahr in einer vollkommen neuen Version verfügbar sein. Dabei werden die Erfahrungen der Lehrenden, der Lernenden, aber auch der Experten für eLearning aus dem europäischen Kontext mit eingebunden. Ein wichtiger Erfahrungswert ist, dass Lehrpersonen kaum die Möglichkeit haben, außerhalb der Schule in Foren oder auch Chats zu kommunizieren, es gibt für viele zu wenig Anlässe, dies auszuprobieren. Die Rahmen-richtlinien (Lehrpläne) sehen dies aber für die Schule vor und entsprechend müssen die Lehrpersonen vorbereitet werden.

Die Erfahrungen, die die Lehrpersonen in authentischen Situationen machten, waren für manche eine große Herausforderung, die sehr viel abverlangte. Dennoch zeigen die Rück-meldungen, was bereits Issing und Hannemann beobachten konnten, „dass eine sehr offene Lernumwelt vom Benutzer zunächst als verunsichernd, mit zunehmendem Lernverlauf je-doch als angenehm und lernmotivierend erlebt wird" (Issing 1992, zit. nach Auinger, Stary 2005). Von Bedeutung für die Unterrichtsentwicklung ist, dass Lehrpersonen auch über die Online-Kommunikation verstärkt mit anderen beteiligten Partnern in Austausch kamen, wobei sie dies nicht über die Foren von blikk machen, sondern innerhalb der Contents, die auf der Lernplattform Scholion angeboten werden, und deren Re-Konstruktionen, die den Lernpartnern zur Diskussion verfügbar gemacht wurden und über die Foren von Scholion. Das Besondere daran ist, dass die Beiträge in den Foren mit dem Content verknüpft werden können und somit Teil des bearbeiteten Contents wurden.

Die erweiterten Erfahrungen mit dem PC sowie dem Internet führen dazu, dass auch ver-mehrt an den Schulen mit den Kindern am PC bzw. im Internet gearbeitet wird. Dies können wir nun mit anderen Möglichkeiten, die wir auf dem Internet bieten, erheblich erweitern. Die Lehrpersonen der Klassen bzw. Schulen, die an den Unterrichtsentwicklungsprozessen beteiligt sind, lernen konkret die Nutzung verschiedener Möglichkeiten sowohl auf der Ebene des Handlings wie auch der didaktischen Nutzung. Eigenerfahrung bildet eine wesentliche Grundlage. Die meisten Lehrpersonen lernen folgende Tools und Aktivitäten in der eigenen Schule, im Zusammenhang mit der Unterrichtsentwicklung, kennen:

- Arbeiten mit Foren (s. auch Foren auf der Lernplattform);
- Umgang mit Chats;
- Erstellen von Blogs – als Autor/innen und als Kommentator/innen;
- Erstellen eigener Webseiten bzw. von Hypertexten oder Hypermedien;
- Bewertung von Software und Webseiten;
- Diskussionen über Bücher führen.

10.2   Foren als „klassische" Form der Kommunikation im Web

Viele Lehrpersonen sind gewohnt, sich mit anderen über E-Mail auszutauschen. Erfahrungen mit den Foren bilden jedoch nicht den Standard, viele Lehrpersonen können kaum damit umgehen oder haben große Hemmungen. Daher haben wir für Lehrpersonen verschiedene Varianten für die Nutzung von Foren auf dem didaktischen Bildungsserver Südtirols blikk eingerichtet. Die höchste Akzeptanz weisen dabei die geschlossenen Foren auf, da sie eine gewisse Sicherheit bieten. Ungewohnt ist auch die Erfahrung, dass die Beiträge nicht mehr gezielt einzelnen Personen zugeschickt werden, sondern für alle oder die Gruppe verfügbar sind und damit ein unkontrollierbarer Zustand bzgl. der Reaktionen entsteht, der unter Umständen die eigenen Aussagen in einem neuen Licht erscheinen lässt.

Abb. 10.2 – Blog Rita

Für die Unterrichtsentwicklung nach reformpädagogischen Grundsätzen haben wir für die beteiligten Lehrpersonen ein geschlossenes Forum eingerichtet, um auf diese Weise einen geschützten Raum zu bieten, der für die Lehrpersonen, der wissenschaftlichen Begleitung und der Unterstützung durch die verantwortliche Person des Pädagogischen Institutes zum Austausch dient. Es dient auch der Dokumentation in den ersten Phasen, solange die beteiligten Schulen und Klassen nicht Öffentlichkeitsarbeit, z.B. mit Hilfe eines Blogs durchführen.

Der Gewinn für die Lehrpersonen ist, wie für alle nun folgenden Beispiele, dass sie selbst die Erfahrungen machen können, wie mit den verschiedenen Tools, die auch Kinder und Jugendliche in ihrer Freizeit nutzen, gearbeitet wird, wie sie auf Menschen wirken, wo die Möglichkeiten und Grenzen liegen und sie gewinnen auf diese Weise an Sicherheit, eine wichtige Voraussetzung, damit Lehrpersonen auch bereit sind, sie konkret im Unterricht einzusetzen.

10.3   Chat als Kommunikationswerkzeug

Im Rahmen der Lehrerfortbildung, die bereits oben genauer ausgeführt wurde, standen neben dem Einsatz der Foren als asynchrone Kommunikationswerkzeuge auch die Nutzung und das Sammeln von Erfahrungen mit dem Chat auf dem Programm. Die meisten Lehrpersonen hatten so gut wie keine Erfahrungen und waren auch am Anfang eher irritiert, über das Netz mit mehreren Leuten in Echtzeit zu kommunizieren. Sie machten aber wesentliche Erfahrungen, die für den Unterricht bzw. die Arbeit mit den Kindern und Jugendlichen von nicht zu unterschätzender Bedeutung ist. Dazu gehört zum Beispiel, dass Chats bei einer größeren Anzahl von Beteiligten moderiert werden müssen, es Probleme mit der Geschwindigkeit beim Schreiben geben kann, wenn man mit den Textchats arbeitet, sehr leicht Missverständnisse entstehen können, Gesprächsregeln unbedingt notwendig sind usw. (vgl. Döring 2003).

10.4   Blogs als Mittel der Kommunikation und Öffentlichkeitsarbeit

Da die geleistete Arbeit der Unterrichtsentwicklung nicht hinter verschlossenen Türen ablaufen soll und die Lehrpersonen sich auch der Diskussion stellen sollte, wurde nach Möglichkeiten gesucht, dass dies einerseits im Web ohne die Voraussetzung von Kenntnissen zur Entwicklung von Websites möglich ist, andererseits die Lehrpersonen wiederum eine Kompetenz für sich erwerben, die sie für ihren Unterricht konkret auch mit den Kindern und Jugendlichen umsetzen können. Ein hervorragendes Instrument ist für diese Arbeit ein Blog, der speziell für die Schule entwickelt wurde, um zu gewährleisten, dass auch Kinder der Grundschule bereits dies leisten können. Somit arbeiten die beteiligten Lehrpersonen mit einem Werkzeug, das auch ihre Kinder einsetzen können.

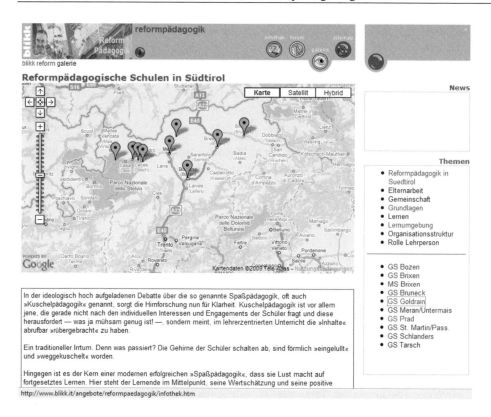

In der ideologisch hoch aufgeladenen Debatte über die so genannte Spaßpädagogik, oft auch »Kuschelpädagogik« genannt, sorgt die Hirnforschung nun für Klarheit. Kuschelpädagogik ist vor allem jene, die gerade nicht nach den individuellen Interessen und Engagements der Schüler fragt und diese herausfordert — was ja mühsam genug ist! —, sondern meint, im lehrerzentrierten Unterricht die »Inhalte« abrufbar »rübergebracht« zu haben.

Ein traditioneller Irrtum. Denn was passiert? Die Gehirne der Schüler schalten ab, sind förmlich »eingelullt« und »weggekuschelt« worden.

Hingegen ist es der Kern einer modernen erfolgreichen »Spaßpädagogik«, dass sie Lust macht auf fortgesetztes Lernen. Hier steht der Lernende im Mittelpunkt, seine Wertschätzung und seine positive

http://www.blikk.it/angebote/reformpaedagogik/infothek.htm

Abb. 10.3 – Einstieg

Neben der Visualisierung der Schulen, die nach reformpädagogischen Konzepten in Südtirol arbeiten, auf einer Landkarte – dazu bietet sich Google-Maps an – war die gemeinsame Abstimmung zwischen den Schulen und Klassen wichtig, welche Kategorien für alle von Bedeutung sind. Nach einer Einführung in die Arbeit mit den Blogs hat es sich soweit entwickelt, dass die Schulen den eigenen Blog auf dem Bildungsserver blikk selbst betreuen.

Es handelt sich dabei nicht um Prozesse, die allein auf der technischen Ebene ablaufen, vielmehr geht es um die Reflexion der eigenen Arbeit, den Austausch mit anderen in einer offenen Form, eine Neustrukturierung des eigenen Wissens, sei es bei den einzelnen Lehrpersonen als auch der Schulgemeinschaft und das Sichtbarmachen der eigenen Aktivitäten, die, da sie öffentlich werden, gründlich durchdacht sein müssen.

Man sollte sich jedoch nicht der Illusion hingeben, dass in der Anfangszeit im Blog ein intensiver Austausch stattfindet. Dazu ist die Anzahl der Leute, die ihn besuchen, doch eher gering (wenn auch die Zahlen ständig nach oben gehen) und zusätzlich handelt es sich um ein spezielles Thema, wo wenige den Mut haben, sich auch auf einem bestimmten Niveau auseinander zu setzen (vgl. Döring 2003). Die mögliche Anonymität wird auch manchmal missbraucht, indem unseriöse oder auch unkorrekte Beiträge als Kommentar abgegeben werden.

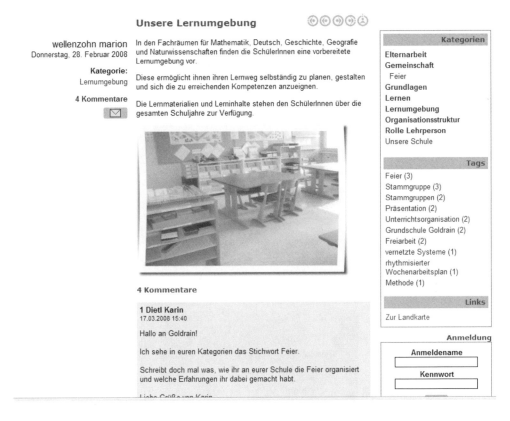

Abb. 10.4 *– Marion*

Der Einsatz im Unterricht mit den Kindern kann an einem konkreten Beispiel gezeigt werden. Für die Kinder wurde ein Blog eingerichtet, wo Kinder einer Klasse oder Schule in einer Art Rollenspiel für ca. drei Monate die Rolle von Lisa und Peter übernehmen. Sie berichten aus ihrem täglichen Schulleben von Konflikten und Streitigkeiten, die sie erleben. Diese Beiträge Autorengruppe können von anderen Kindern oder auch Erwachsenen diskutiert werden und selbstverständlich besteht auch die Möglichkeit, Kommentare zu verfassen (http://www.blikk.it/forum/blog.php?bn=ff_tagebuch).

Nach drei Monaten soll eine nächste Gruppe an einer anderen Schule die Arbeit der Autorengruppe übernehmen und auf diese Weise soll versucht werden, mit Kindern verstärkt auch an sozialen Themen mit Hilfe des Internets zu arbeiten. Ohne die Erfahrungen, die die Lehrpersonen selber gemacht haben, wäre dies erheblich schwieriger, da die Verunsicherungen zu groß sind.

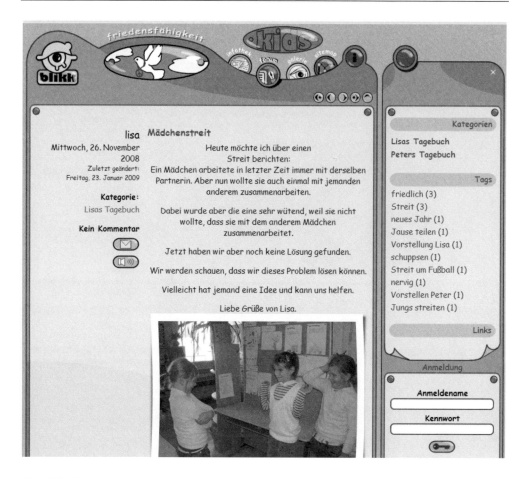

Abb. 10.5 – Lisa

10.5 Rekonstruktion von Wissen – vom linearen Text zum Hypermedium

Eine andere Art der Aufbereitung von Informationen sind Hypertexte, also nicht-lineare Texte, verbunden mit Bildern und Videosequenzen, zu generieren. Dazu bieten wir auf dem Bildungsserver blikk ein entsprechendes Werkzeug an, die so genannte Galerie. Es handelt sich dabei um ein einfaches Werkzeug, das sowohl für Lehrpersonen ohne Webkenntnisse als auch für Kinder und Jugendliche entwickelt wurde.

Die Idee dahinter ist, die Beteiligten zu Autoren zu machen, ihre Arbeit zu würdigen und in einem Netz diese zu verlinken. Dabei wird neben der Erstellung der Inhalte auch darauf zu achten sein, wie sie aufbereitet werden. Dies entspricht dem Anspruch von Baacke (2007) und Groeben (2002), sich mit der Mediengestaltung auseinander zu setzen. Durch die Konstruktion bzw. dem Zerlegen der eigenen Inhalte und die neue Zusammenstellung der selben entsteht eine verändere Variante des ursprünglichen Textes, der jedoch in den Verlinkungen nun neue Aussagen beinhalten kann (vgl. Laner 2000). Der Unterschied zu den oben erwähnten Blogs besteht darin, dass es keine direkte Möglichkeit gibt, Kommentare zu schreiben, somit nicht die Kommunikation zentral ist. Es ist gewissermaßen, wie der Begriff schon sagt, ein „Ausstellungsraum". Der zweite Aspekt betrifft den Focus, der auf das Erstellen eine Hypertextes oder Hypermediums gelegt wird. Dies ist beim Blog nicht der Fall, dort spielt die Verlinkung eine marginale Rolle.

Damit Lehrpersonen dies selbst erleben können, wurden erstmals Abschlussarbeiten eines zweijährigen Lehrgangs nicht als gedrucktes Dokument abgeliefert, vielmehr gab es Teilnehmer/innen, die diese als Hypertext in die Galerie eingearbeitet haben (Online: http://www.blikk.it/galerie/view.php?id=1249 – Stand 10.04.2009).

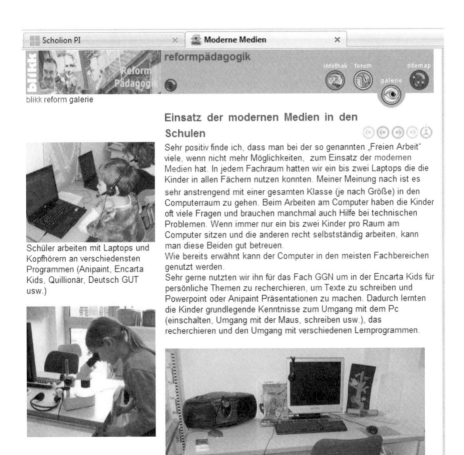

Abb. 10.6 – Galerie

Die große Herausforderung für die Arbeit in der Galerie stellt die Idee des Hypertextes, des Hypermediums selbst dar, möchte man es auf einer qualitativen Ebene durchführen und betrachtet man die Re-Konstruktion als eine Neuzusammensetzung der eigenen Ideen und Gedanken, die in den Texten zum Ausdruck kommen. Das Verlassen der linearen Strukturen stellt für die Erwachsenen eine große Herausforderung dar. Daher lernen die Lehrpersonen einfache Strategien (vgl. Iske 2002, Laner 1997, Schulmeister 2007), um ihre Texte, ihre Inhalte auch medialer Art in einem neuen Kontext zu sehen und zu erstellen.

Abb. 10.7 – Galerie Goldrainer See

Wie wirkt sich diese Arbeit konkret auf den Unterricht aus? Wir haben ein neues Projekt für die Grundschule sowie die Sekundarstufe I gestartet. Dieses Projekt sieht vor, dass Kinder ihren eigenen Heimatort vorstellen. Dazu wird jeder beteiligten Schule eine eigene Galerie zur Verfügung gestellt, die Einstiegsseite ist klar definiert, die Seiten, die folgen, liegen in der Hand der jeweiligen Schulen, was die Inhalte betrifft. Kinder erstellen ihre Arbeiten nicht mehr allein für das Heft oder die Klasse, sondern stellen ihre Erkenntnisse im Web (in diesem Fall auf dem Südtiroler Bildungsserver blikk) aus.

Diese Arbeit kann über mehrere Jahre durchgeführt werden, wobei sich dann die Schwerpunkte verlagern können. Die Themen werden von den Klassen oder Lehrpersonen selbst bestimmen. Auf diese Weise erlernen die Lehrpersonen gemeinsam mit den Kindern die Gestaltung von Webseiten, können ihre eigene Kompetenz im Bereich der Medienbildung und Mediendidaktik im Laufe der Zeit erheblich erweitern.

10.6   Bewertung von Software und Webseiten

Galt bisher die Bewertung von Büchern bzw. Lernmaterialien zu den Aufgaben der Lehrpersonen, so ist seit ca. 10 Jahren vermehrt die Kompetenz der Bewertung von Software und Webangeboten notwendig und sollte von ihnen geleistet werden. Während es bei Büchern oder anderen Lernmaterialien insgesamt kein Problem darstellt, da dies eine lange Tradition in der Schule aufweisen kann, gilt dies für die Bewertung von Software und Webangeboten nicht. Als Hilfe dient meist der Transfer der Bewertungskriterien von den klassischen Unterrichtsmitteln, wobei dies einen großen Trugschluss darstellt, da sie vollkommen anders dimensioniert sind.

Berücksichtigt man, dass z.B. Angebote, die verstärkt auf das Bild und die Bewegung setzen, sehr viel mehr das Auge und die Emotionalität beanspruchen – im Unterschied zum Buch (vgl. Rolff/Zimmermann 1984), so wird klar, dass es andere Kriterien für die Entscheidung zum Einsatz der digitalen Medien sowie der Internetangebote bedarf. Dazu wurde von uns ein Konzept entwickelt, das Lehrpersonen die Möglichkeit bietet, die gemachten Erfahrungen mit anderen Interessierten auszutauschen, Software wie auch interessante Webangebote der breiten Öffentlichkeit vorzustellen und Gütekriterien für sich selbst festzulegen. Ausgangspunkt ist der Gedanke, dass sich Lehrpersonen im Tun und in der Diskussion qualifizieren können, indem sie die eigenen Erfahrungen mitteilen und auf diese Weise auch in Diskussion mit anderen kommen.

Dazu wurde auf dem Bildungsserver blikk ein Angebot entwickelt, das den Lehrpersonen die Möglichkeit bietet, selbst Software und Webangebote vorzustellen, kurz zu beschreiben und auch mit Gütemerkmalen zu versehen. Lehrpersonen können durch diesen Austausch von anderen Kolleginnen und Kollegen lernen, sich austauschen und sich langsam selbst in der Diskussion – wie bei den Büchern und anderen Lehr- und Lernmaterialien – qualifizieren. Durch die oben angeführten konkreten Arbeiten mit Foren, Blogs, Galerie, Chats haben sie zusätzlich die eigenen Erfahrungen, die auf den Einsatz der verschiedenen Angebote zurückwirken.

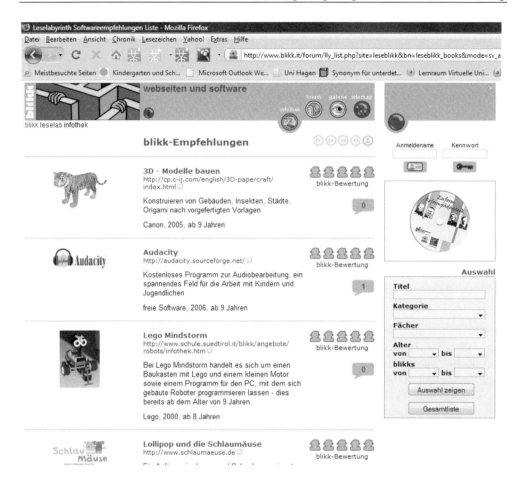

Abb. 10.8 – *websites adults*

10.7 Diskussionen über Bücher führen

Als letztes Beispiel für den Einsatz von Angeboten im Internet wende ich mich einem wichtigen Thema zu, das man kaum in dieser Form im Internet findet. Ausgehend vom Kerngedanken des Bildungsservers blikk, nämlich neben Information auch die Kommunikation und die Kooperation zu fördern, konnten wir eine Arbeitsumgebung entwickeln, die diesem Anspruch im Bereich des Lesens gerecht werden soll. Dazu wurden drei Zugänge geschaffen; für Kinder, Jugendliche und Erwachsene. Das Angebot wurde für die Erwachsenen deshalb bewusst aufgebaut, da es von entscheidender Bedeutung ist, wie bereits mehrmals angeführt, dass auch sie die Erfahrungen machen können, die sie dann den Kindern oder Jugendlichen zumuten. Für alle drei Gruppen wurde dasselbe Konzept verwendet, der Unterschied liegt im Design, da wir davon ausgehen, dass die Erwartungen und Vorstellungen der drei Gruppen diesbezüglich doch unterschiedlich sind.

Abb. 10.9 – *Leselab kids*

Es wird ein Buch vorgestellt, wobei alle, die das machen, Kinder wie die Erwachsenen, bestimmte Felder mit Angaben ausfüllen müssen. Auf diese Weise lernen sie, genaue Literaturangaben zu machen. Zusätzlich stellen sie kurz die Inhalte vor sowie den Grund, warum ein Buch vorgestellt wird. Zusätzlich kann das Bild des Covers eingestellt werden, es kann auch eine Passage aus dem Buch einbezogen werden und es besteht die Möglichkeit, Audioaufnahmen, z.B. durch Vorlesen von Textpassagen, mit einzubinden.

Zu jedem Buch wird automatisch ein Forum eingefügt, das direkt an die einzelne Buchvorstellung gebunden ist. Für die Lehrpersonen bzw. die Erwachsenen besteht so die Möglichkeit, zuerst selbst im Erwachsenenbereich Erfahrungen sammeln, wie eine Präsentation eines Buches abläuft und anschließend können sie es mit den Kindern oder Jugendlichen im Unterricht machen.

Die Lehrpersonen können mit wenig Aufwand bereits frühzeitig mit dem Vorstellen von Büchern beginnen. Es ist eine Arbeit, die an vielen Schulen, aber auch an Hochschulen im Kontext mit Rezensionen, gemacht wird und die häufig wenig Bedeutung hat. Werden diese Vorstellungen und Rezensionen jedoch im Web gemacht, erhalten sie eine neue Wichtigkeit, da sie auch für andere einsehbar sind. Im Austausch zwischen den Interessierten können neue Ideen entstehen, können Sichtweisen verändert werden, können Gedanken eine andere Richtung bekommen.

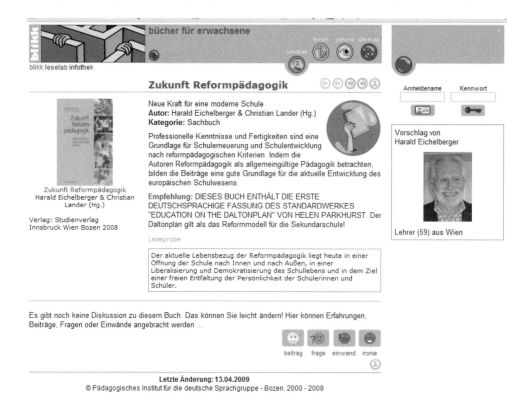

Abb. 10.10 – Leselab adults

10.8 Internet als Unterstützung für Unterrichtsentwicklung

Diese Beispiele zeigen, dass die Notwendigkeit besteht, für Lehrpersonen konkrete Möglichkeiten zu schaffen, damit sie selbst Erfahrungen sammeln können, wenn es um den Einsatz der digitalen Medien sowie des Internets geht. Entscheidend ist es, dass die Angebote nicht speziell für die Schule konzipiert werden, sondern Kinder, Jugendliche und Erwachsene auch einen Mehrwert für den Einsatz außerhalb der Schule entdecken. Wenn Kinder im Leselabyrinth in den Ferien von alleine Bücher vorstellen, wenn sie in der Galerie an ihren Texten und Inhalten weiterbasteln, wenn Lehrpersonen beginnen, Software und Webseiten vorzustellen und auch in Diskussion kommen, dann kann es als ein Weg betrachtet werden, der vielleicht auch auf Unterricht seine Wirkung hat.

Wie wir den Anspruch erheben, dass die Schülerinnen und Schüler dort abzuholen sind, wo sie stehen und ihnen dann auf ihren Lernwegen entsprechende Angebote vorbereiten, so muss es auch für die Lehrenden, also Lehrpersonen wie Professoren gelten. Die digitale Kluft ist eine Realität, die sich auch im Lehrkörper der Schulen zeigt.

Wird in Unterrichtsentwicklungsprozessen von Anfang an der Einsatz der Medien, besonders der digitalen Medien und des Internets mit entsprechenden Angeboten, forciert, kann die Kompetenz der Lehrpersonen stark verbessert werden, sie gewinnen an Sicherheit und damit entwickeln sie auch den Mut, andere als bisher beschrittene Pfade in diesem Bereich auszuwählen, die einem modernen Lernverständnis entsprechen.

Selbstverständlich ist dies ein Weg unter vielen, auch muss man sich sehr wohl bewusst sein, dass es viele Möglichkeiten gibt. Entscheidend ist jedoch die Auseinandersetzung, welchen Stellenwert und welche Möglichkeiten die Medien heute bieten und ob man davon nur einen winzigen Anteil nutzt, obwohl von den Kindern und Jugendlichen her bereits eine andere Nutzung möglich ist. Es gibt mehr als bloß Textverarbeitung und Präsentationen, nutzen wir die Möglichkeiten, indem wir im Unterricht die Rahmenbedingungen dafür schaffen, angepasst an das Alter der Schülerinnen und Schüler und die Bereitschaft der Lehrpersonen, sich selbst auf den Weg zu machen und die entsprechenden Kompetenzen durch Eigenerfahrungen zu erwerben.

10.9 Literatur

Auinger, A., Stary, C.: Didaktikgeleiteter Wissenstransfer. Interaktive Informationsräume für Lern-Gemeinschaften im Web. Wiesbaden 2005

Baacke, D.: Medienpädagogik. Tübingen 2007

Döring, N.: Sozialpsychologie des Internets. Göttingen 2. Auflage 2003

Eichelberger, H., Laner, C.: Zukunft Reformpädagogik. Neue Kraft für eine moderne Schule. Innsbruck 2008

Groeben, N., Hurrelmann, B. (Hrsg.): Medienkompetenz: Voraussetzungen, Dimensionen, Funktionen. Juventa 2002

Iske, S.: Vernetztes Wissen. Hypertext-Strategien im Internet. Bielefeld 2002

Laner, C.: „Vernetztes Denken und Handeln". Lernchancen Nr. 15., 2000 S. 21–25

Laner, C.: Menschen im Mittelalter – hypermedial. In „Computer und Unterricht", Heft 28, 1997

Rolff, H., Zimmermann, P.: Kindheit im Wandel. Weinheim 1984. 2. Auflage

Schulmeister, R.: Grundlagen hypermedialer Lernsysteme. München 2007. 4. Überarbeitete und aktualisierte Auflage. S. 219–284

Die angeführten Beispiele stammen aus der Lernplattform Scholion (Online: http://www.blikk.it/blikk/scholion/eisweb/start.html Stand April 2009) und dem didaktischen Bildungsserver Südtirols http://www.blikk.it des Pädagogischen Instituts für die deutsche Sprachgruppe

11 Die virtuelle Schreibwerkstatt

Harald Angerer

Vielleicht kennen Sie das auch: Viel an Erinnerung an das Schreiben in meiner frühen Zeit als Schüler ist nicht geblieben. Kaum eine konkrete Situation kann ich noch erinnern, geschweige denn einen Text. Geblieben ist allerdings die Erinnerung an ein starkes, unangenehmes Gefühl, das sich immer dann einstellte, wenn die Lehrerin während des Schreibens hinter meinem Rücken vorbeiging und ich nie wissen konnte, ob ihre Blicke nicht auf meinen Text fielen. Dabei war klar, dass der geschriebene Text genau diese Lehrerin als einzigen Adressaten hatte. Woher also dieses Unbehagen? Hatte es damit zu tun, dass der Text noch unfertig, nicht bereit für die Adressatin war? Oder eher damit, dass sie in meiner Gegenwart las? Konnte die Möglichkeit, schon in diesem Schreibstadium auf einen Fehler hingewiesen zu werden der Grund sein oder eher die Angst vor der frühzeitigen Ankündigung des Schreib-GAUs schlechthin: Thema verfehlt? All das wird eine Rolle gespielt haben, verbunden mit der Tatsache, dass mit dem Schreiben eines Textes auch ein Teil der Persönlichkeit, des eigenen Denkens und Fühlens offenbart wird. Durch diese Öffnung entsteht die Gefahr der Verletzung.

Warum ich damit anfange? Weil Schreiben mehr ist als eine (Kultur-)Technik, weil das Verfertigen von Texten im Kontext von Schulunterricht nicht an der Sachoberfläche bleibt und bleiben kann. Und natürlich, weil im Folgenden vom Schreiben im Internet, von Online-Publikation von Texten die Rede sein wird. Wenn Kindern zugemutet werden soll, dass sie Texte für eine breite Öffentlichkeit verfassen, dann darf diese „Fragilität des Schreibens" besonders bei Kindern nicht aus dem Auge verloren werden.

Die hier vorgestellte „virtuelle Schreibwerkstatt" steht hier im erweiterten Sinne für ein Konglomerat aus Didaktik, Methodik und Werkzeugbeschreibung. Im engeren Sinne wird damit eine Software bezeichnet, die als Schreibwerkzeug dient. Als solches ist sie für den Einsatz ab dem Grundschulalter vorgesehen, die didaktisch-methodischen Schlussfolgerungen sollten sich aber auf einen Einsatz in höheren Klassen übertragen lassen. Es wird versucht, die Hintergründe und Bedingungen für den Einsatz, genauso wie die notwendigen Komponenten, aus denen eine solche Schreibwerkstatt zusammengesetzt ist, zu definieren. Ausgehend von einer Beschreibung des Wandels der gesellschaftlichen Situation von Schule und von einer veränderten Vorstellung des Lernens, welche vor allem aus der konstruktivistischen Philosophie (vgl. v. Glasersfeld 1998) erwachsen ist, soll über die veränderten Anforderungen an die Lese- und Schreibkompetenzen der Begriff einer „neuen Lese- und Schreibkompetenz" (New Literacy) aufgegriffen werden. Wichtige reformpädagogische Wurzeln der Schreibdidaktik in der Freinetpädagogik werden ebenso wie das Prinzip des „Dialogischen

Lernens" (vgl. Ruf/Gallin 2007) auf ihre Tragfähigkeit für die Konzeption einer virtuellen Schreibwerkstatt geprüft. Nicht zuletzt ist die praktische Realisierung eines konkreten Werkzeugs im Hinblick auf die Entwicklung des Internets in Richtung des viel zitierten Web 2.0 zu betrachten. Vor allem die in diesem Zusammenhang auftauchenden Begriffe „Community" und „Social Web" gilt es auf ihre Verwendbarkeit für schreibdidaktische Zwecke hin abzuklopfen.

11.1   Digitale Medien und New Literacy

„Für mich ist Computer literacy eine neue Variante des Körpergeruchs. Vor Jahren erfanden einige Pharmakonzerne das Deodorant. Um Deodorants im Wert von Milliarden und Abermilliarden Dollar zu verkaufen, mussten sie ein Problem erfinden, das durch das Deodorant gelöst wurde. Also erfanden sie den Körpergeruch. Und nun hat irgend jemand eine funkelnagelneue Geisteskrankheit erfunden, die Computer literacy (den Computeranalphabetismus). Man hat sie zu einer höchst gefährlichen Krankheit erklärt, und Eltern sind überzeugt, dass ihre Kinder schrecklich benachteiligt sein werden, wenn sie nicht gegen diese entsetzliche Seuche geimpft werden." (J. Weizenbaum, zit. nach H. Helms 1985)

Was Josef Weizenbaum noch im Jahre 1985 auf dem Hintergrund der zunehmenden Kommerzialisierung und Vermarktung der Computertechnologie für ein reines Marketingkonstrukt hielt, ist heute weitgehend nicht mehr hinterfragte Notwendigkeit, die Idee nämlich, dass in der informationstechnisch dominierten Welt besondere Fertigkeiten notwendig seien, um in ihr selbst bestimmt und produktiv agieren zu können.

Der Wandel vom „industriellen System des Lernens" hin zur „Wissens-Gesellschaft" (Horx 2008, S. 664) hat nicht nur die Anforderungen an Schule und Unterricht und das Verständnis vom Lehren verändert, sondern bedingt auch eine Neudefinition der Fähigkeiten und Fertigkeiten oder der „Kompetenzen", die in der gewandelten Welt gefordert sind.

„In der Schule der Zukunft, soviel ist gewiss, werden die Schüler in kleinen Gruppen selbst ihre Antworten erarbeiten – unter Moderation und Anleitung, aber immer mit dem inneren Feuer der Neugier. Nicht feste Lösungen sind das Lernziel, sondern eigene Wege zum Erfolg!" (Horx 2008, S. 665)

Viele nationale Lehrpläne versuchen diesem Trend durch „Kompetenzbeschreibungen" oder der Beschreibung von „Thinking Skills" gerecht zu werden. Gemeinsamer Nenner ist die Erkenntnis, dass das eigentliche Lernziel nicht mehr in den sich ständig erweiternden und verändernden Inhalten dingfest gemacht werden kann. So werden z.B. im nationalen englischen Lehrplan folgende „Personal, learning and thinking skills" als Zielvorstellungen zur Beschreibung der „SchülerInnenpersönlichkeit" gelistet: independent enquirers, creative thinkers, reflective learners, team workers, self-managers, effective participants (Qualifications and Curriculum Authority 2009).

Während die Rolle des Computers traditionellerweise in der Informationsvermittlung und als Arbeitsgerät gesehen wurde, hat sich auch diese Sichtweise geändert. Der Computer, oder besser gesagt, die Informations- oder Medientechnologie – denn der Personal Computer ist nur mehr eines von mehreren möglichen Datenendgeräten – hat einen zentralen Stellenwert in der Entwicklung dieser Fertigkeiten bekommen. „Media Literacy" oder schlicht „Medienkompetenz" (vgl. Groeben/Hurrelmann 2002), als Reflex auf diese Änderung in „New Literacy" abgewandelt, versucht, die mit der Anwendung und Rezeption der digitalen Medien verbundenen, Kompetenzdimensionen zu umschreiben.

Weitgehend einig ist man sich dahingehend, dass bzw. in welcher Form der Einsatz von Kommunikations- und Informationstechnologie einen positiven Einfluss auf die Herausbildung und Festigung dieser Kompetenzen oder Skills hat:

„The effectiveness of computer tools, such as concept maps or programming languages, for teaching transferable thinking skills appears to be enhanced when these are used by learners in pars or groups. The positive effect of collaborative learning is amplified if learners are taught to reason about alternatives and to articulate their thoughts and strategies as they work together." (Wegerif 2002, S. 3).

Davon ausgehend, dass sich ähnliche positive Effekte durch das Diskutieren und Reflektieren über Sprache auch für den Sprachunterricht dingfest machen lassen, bedeutet das für den Entwurf der "virtuellen Schreibwerkstatt", dass auch kollaborative Formen der Textproduktion berücksichtigt werden müssen. Darüber hinaus müssen Feedbackmöglichkeiten der Lerngruppe zu den individuellen Texten eingebaut werden. Das sind allerdings Prinzipien, die neueren Formen der Webtechnologie nicht fremd sind (vgl. 11.2).

In der „virtuellen Schreibwerkstatt" trifft sich also die „alte Lese- und Schreibkompetenz" mit der „New Literacy". Worin liegen aber die Berührungspunkte, worin finden sich die Unterschiede? Zum einen wird das alte Dilemma zwischen „richtig Schreiben" und „spontan Schreiben" in der Schreibwerkstatt nicht aufgelöst. Es bleibt weiterhin eine didaktische Entscheidung, ob die Vorteile des freien, ungehinderten Schreibprozesses unter Inkaufnahme fehlerhafter Äußerungen überwiegen, oder ob bei Schreibanfängern von Vornherein auf eine weitgehende Korrektheit geachtet werden muss. Es wird auch keinesfalls dafür plädiert, das Schreiben mit dem Computer als völligen Ersatz für Handgeschriebenes oder anderweitig Produziertes, z.B. in der Druckerpresse Entstandenes, zu sehen (vgl Laner 2003); im Gegenteil, die Produkte der „virtuellen Schreibwerkstatt" können auch gut und gern als mögliche Endprodukte von manuell Geschriebenem oder auch als Vorstufen zu Druckwerken gesehen werden.

Völlig neu hingegen ist das Ausmaß an Öffentlichkeit, welche die einmal publizierten Texte erlangen. Eine Publikation im Internet bedeutet im Normalfall, dass prinzipiell „alle Welt" mitlesen kann. Die „virtuelle Schreibwerkstatt" macht es sogar möglich, dass der Schreiber oder die Schreiberin „alle Welt" dazu einlädt, seine oder ihre Werke zu kommentieren. Damit wird die eingeschränkte Öffentlichkeit der Schulklasse oder Lerngruppe verlassen, Eltern, außerschulische Freunde und völlig Fremde werden zur erweiterten Öffentlichkeit. Der geänderte Adressatenbezug erzeugt neue Schreibmotivation, kann aber auch zu Ängsten bezüglich der Unvollkommenheit und Fehlerhaftigkeit des eigenen Textes führen. Die „virtuelle Schreibwerkstatt" muss deshalb Mechanismen vorsehen, welche die versteckte Bearbeitung eines Texte im noch nicht veröffentlichten Zustand möglich machen, der es allerdings schon vom Autor und von der Autorin ausgewählten Personen erlaubt, die Texte zu redigieren und zu kommentieren. Zudem muss die „Publikationshoheit", also die Entscheidung darüber, ob überhaupt publiziert werden soll und über den Zeitpunkt der Publikation, beim Autor oder der Autorin liegen. Publikationsängste können auch wirksam durch kollaborative Textprodukte vermieden werden: mit der Beteiligung mehrer Autoren und Autorinnen an einem Text sinkt auch die persönliche Verantwortung für diesen Text.

Andere mit der New Literacy verbundenen Fertigkeiten, wie z.B. die von Leu (2004) formulierten („Informationen finden", „Informationen kritisch prüfen", „Fragen ausmachen", „Informationen bündeln", „Ergebnisse kommunizieren"), werden bei der Arbeit mit der „virtuellen Schreibwerkstatt" dann gefördert, wenn die Schreibwerkstatt selber als Kommunikationsinstrument und als Plattform für Informationszusammenfassung und Fragengenerierung genutzt wird.

Soll mit der virtuellen Schreibwerkstatt also ein Werkzeug entstehen, das Kompetenzen und Fertigkeiten im Sinne der oben erwähnten „New Literacy" erzeugen, verstärken und konsolidieren soll, dann gilt es also, kein reines Schreibwerkzeug zu konzipieren, sondern ein „kollaboratives Sprachreflexionswerkzeug", mit dem inhaltlich (gemeinsam) an Texten gearbeitet aber untereinander gleichzeitig auch über Texte reflektiert wird.

11.2   Web 2.0

Zum Glück hat die Entwicklung des Internet für das Anliegen der virtuellen Schreibwerkstatt mit der Wende zum „Web 2.0" gerade in den letzten Jahren einen Weg in die richtige Richtung eingeschlagen. Mit dem Begriff werden all jene Komponenten vornehmlich des WWW (World Wide Web) bezeichnet, die auf eine vermehrte Kollaboration und Interaktion zwischen den Internet-Benutzern abzielen. Die verwendete Nummerierung soll eine Weiterentwicklung, sozusagen ein Update von der ersten Version des Internet, suggerieren. Was zuerst als Marketingbezeichnung auftauchte, hat sich nach dem Aufgreifen durch T. O'Reilly (2005) allgemein als Bezeichnung für eine Evolution des Internet durchgesetzt. Diese Evolution verlief dabei in kleinen Schritten ohne große Umwälzungen. Fast alle Techniken und Prinzipien, die das Web 2.0 verwendet, gibt es schon seit einigen Jahren. Neu ist also nicht die Technik, sondern neu sind die Verwendungszusammenhänge. Im Folgenden sollen die für den Kontext der virtuellen Schreibwerkstatt wichtigsten Prinzipien kurz skizziert werden.

11.2.1   Communities

Viele Angebote des Web 2.0 nutzen das Internet als Plattform für die Inhalte der Besucher und Besucherinnen. Es wird nicht mehr ein vorgefertigtes Informationsangebot bereit gestellt, aus dem sich die Besucher einer Seite – im Web 2.0 „Dienst" getauft – bedienen, sondern die Besucher selber liefern die Inhalte. Das Angebot erzeugt eine Benutzergemeinschaft, die sogenannte „Community". Bekannte Beispiel für solche Angebote sind der Fotodienst „Flickr" und die Video-Plattform „Youtube". Die durch die Community gebildete

Gemeinschaft erzeugt durch die gegenseitige „Bekanntheit" und Interaktionen ihrer Mitglieder ein soziales Geflecht, das als „Social Web" bezeichnet wird.

Die Plattform stellt eine Datenbank zur Ablage der Benutzerbeiträge bereit und liefert alle nötigen Kommunikationswerkzeuge, damit sich die Benutzer und Benutzerinnen untereinander austauschen können. Dazu gehören häufig Kommentar- und Bewertungsinstrumente.

Mitglieder der Community können darüberhinaus verschiedene Informationsdienste „abonnieren", sie können „Watchlists" einsehen, die ihnen anzeigen, wenn jemand auf ihren Beitrag reagiert hat oder wenn ein ausgewähltes Community-Mitglied neue Beiträge bereit gestellt hat. Zur Bereitstellung dieser Informationen halten die Dienste oder Plattformen häufig sogenannte RSS-Feeds (O'Reilly 2005) bereit. Im Prinzip sind das Links auf dynamisch aktuell gehaltene Listen mit den gewünschten Informationen. RSS-Feeds sind ein weiterer typischer Bestandteil vieler Web-2.0-Angebote, auch von den im Folgenden beschriebenen Blogs und Wikis.

11.2.2   Blogging

Als Weblogs oder Blogs bezeichnet man gemeinhin die im Web veröffentlichten Internet-Tagebücher. Solche Internet-Tagebücher hat es in verschiedenen Formen zwar schon vor der Web-2.0-Wende gegeben, als Massenphänomen sind sie allerdings eine typische Erscheinung der Web-2.0-Ära. Blog-Webseiten zeigen die einzelnen Einträge gemeinhin in einer umgekehrt chronologischen Reihenfolge unsortiert an. Für eine Grobfilterung werden die Beiträge oft von den Tagebuchautoren und –autorinnen Themen oder Kategorien zugewiesen, die dann als Auswahlkriterium fungieren.

Inhaltlich reichen die Blogbeiträge von banalen Alltagserlebnissen bis hin zu politisch aktuellen und brisanten Themen. Berühmte Blogautoren oder –autorinnen – kurz Blogger genannt – wirken oft meinungsbildend (vgl. Ch. Ehrhardt 2006). Inzwischen betreiben viele Zeitungen, Medienverlage und Fernsehanstalten eigene Blogs ergänzend zu den verkauften Medien. Auch abseits der Medienwelt betreiben viele Firmen Blogs als Marketinginstrument.

Auch Weblogs bedienen eine Leser-Community, indem sie nicht nur Kommentarmöglichkeiten für ihre Inhalte kombiniert mit den oben erwähnten RSS-Feeds anbieten, sondern mit der Möglichkeit der Blog übergreifenden Verknüpfung einzelner Beiträge und Kommentare durch Hyperlinks ein ganzes Blog-Netzwerk, die sogenannte „Blogosphäre", aufspannen.

Gerade das Schreiben in Blogs geschieht an der in der Einleitung geschilderten Grenze zwischen Privatheit und Öffentlichkeit. Das massenweise Schreiben über singuläre, private Erfahrungen, Meinungen und Erlebnisse im öffentlichen Kontext zeugt von der kathartischen Wirkung desselben und von einem starken Drang nach Selbstdarstellung, beides Umstände, die das Schreiben auch im schulischen Kontext wieder attraktiv machen können. Nicht nur aus diesem Grund, hat die virtuelle Schreibwerkstatt in ihrer Grundkonzeption einiges von den Eigenschaften eines Blogs. Ein zweiter Grund ist die simple technische Handhabung: Blogseiten im Internet können ohne viel technisches Hintergrundwissen und ohne spezielle Software realisiert werden, ohne Zweifel eine der Bedingungen für die rasante Verbreitung und den großen Erfolg von Blogs. Die virtuelle Schreibwerkstatt wird mindestens genauso einfach zu handhaben sein.

11.2.3   Wikis

Die Bezeichnung „Wiki" kommt aus dem Hawaiischen und bedeutet soviel wie „schnell". Im Internet wird der Begriff für ein einfaches System zum gemeinsamen Erstellen von Hypertexten gebraucht. Die wesentliche Neuerung liegt dabei auf „Gemeinsam", denn auch Wiki-Autoren und Autorinnen bilden im Web 2.0 eine Community von Schreibern und Schreiberinnen. Berühmtestes Beispiel für ein Wiki ist das Online-Lexikon „Wikipedia", dessen Erfolg dazu geführt hat, dass der Begriff „Wiki" oft schon mit Lexikon oder Lexikonsoftware gleichgesetzt wird. Selbstverständlich aber sind die Lexikonanwendungen nur eine Untermenge aller möglichen Hypertextanwendungen.

Wenn man davon ausgeht, dass vor allem das gemeinsame Erarbeiten eines Themas, das Diskutieren und Verbalisieren von Strategien, die gemeinschaftliche Entscheidungsfindung, kollaborative Produkterstellung und Online-Zusammenarbeit über das Internet gute Bedingungen für Lernen mit digitalen Medien darstellen (Wegerif 2002), dann ist das gemeinsame Erarbeiten eines (Hyper-) Textes ein idealer Anwendungsfall.

Für die Konzeption der virtuellen Schreibwerkstatt bedeutet dies, dass vor allem die Möglichkeit der kollaborativen Texterstellung ebenso von Vornherein mit berücksichtigt werden muss, wie die Möglichkeit, in den Texten Verknüpfungen zu anderen Texten oder beliebigen Internetseiten herstellen zu können. Weil Schreiben besonders für Kinder im Alter der Zielgruppe (Grundstufe) aber auch etwas sehr Privates sein kann, wird die virtuelle Schreibwerkstatt den Schreibern und Schreiberinnen selber die Wahl lassen, wen sie gegebenenfalls als „Koautor" oder „Koautorin" zulassen wollen.

11.3   Didaktische Grundlagen der virtuellen Schreibwerkstatt

Neben der geschilderten Weiterentwicklung der Internettechnologie sind die im Folgenden beschriebenen zwei didaktischen Konzepte das zweite Standbein für das Konzept der virtuellen Schreibwerkstatt: Da ist zum einem der reformpädagogische Ansatz der Freinet-Pädagogik, der im Begriff des „Freien Textes" in den wesentlichen Aspekten auch die Intention der virtuellen Schreibwerkstatt trifft. Zum anderen spielt aber auch die Grundkonzeption des „Dialogischen Lernens" von H. Ruf und P. Gallin (vgl. z.B. 1998) eine wichtige Rolle für den Einsatz der virtuellen Schreibwerkstatt.

11.3.1   Célestin Freinet und die Entmystifizierung virtueller Information

„Freie Texte sind Texte für ein freies Leben", bringen Resch und Hövel (in: Eichelberger 2003) treffend die Grundintention Célestin Freinets bezüglich der Arbeit mit freien Texten auf den Punkt. Gemeint ist damit der weltanschauliche Ausgangspunkt, von dem aus die von Célestin Freinet in den 20er Jahren des 20. Jh. begründete „Freinet-Pädagogik" die Schreibaktivitäten von Kindern sieht. Schreiben ist also nicht nur der Ausdruck von inneren persönlichen Zuständen und Befindlichkeiten, sondern ein politischer Akt, eine Willens- und Meinungsbekundung. Schreiben erzeugt auch eine Wirkung nach außen, ist ein wesentlicher Angelpunkt für Selbstbestimmung, Freiheit und Demokratie (vgl. ebd. S. 69f.).

Im Begriff des „Freien Textes", der auch in Schulbüchern und der traditionellen Schreibdidaktik Verwendung findet, wird diese Zweckbestimmung nur noch selten erkannt, es überwiegt der Akzent auf der Bedeutung der Freiheit bei der Wahl des Themas und der Textform. Das ist eine Einschränkung, die Freinet selber schon befürchtet hat:

„Der freie Text muss wirklich frei sein. Es scheint, als gäben wir da eine überflüssige Selbstverständlichkeit von uns. Jedoch sitzt die Tradition der Verschulung so fest, sie hat so einschneidend die Mehrheit der Lehrer geprägt, sie erlaubt so wenig Vertrauen ins Kind, dass man zwar gerne freie Texte schreiben lassen möchte, wenn die Behörden es erlauben (…) Man macht also „freien Text", wie man früher den befohlenen Aufsatz schreiben ließ. Man fordert die Kinder zu einer bestimmten Stunde auf, einen freien Text zu schreiben." (Freinet zit. n. Koitka 1989, S. 15f.)

Im Zusammenhang mit der von der Freinet-Pädagogik eingesetzten Druckerei, mit deren Hilfe die Kinder selbständig gedruckte Varianten ihrer freien Texte herstellen können, erhofft man sich eine „Entmystifizierung des gedruckten Wortes" (Kock 1995, S. 229). Es soll also dem nicht hinterfragten Glauben an Gedrucktes in Zeitungen und Büchern dadurch zu einem kritischen Blick verholfen werden, dass die Kinder durch ihre Eigentätigkeit erkennen, dass auch Gedrucktes nur die Meinung von einzelnen Autoren und Autorinnen wiedergibt, der man sich kritisch entgegenstellen kann.

In diesem Kontext betrachtet ist die virtuelle Schreibwerkstatt eine „virtuelle Druckerei", das Medium also, mit dessen Hilfe sich so etwas wie eine „Entmystifizierung virtueller Information" einstellen kann. Die Kinder erkennen an der Tatsache, dass sie selber in der Lage sind, Internetseiten mit eigenen Texten zu erzeugen, die Beliebigkeit und Hinterfragbarkeit anderer Informationen im Internet. Diese Fähigkeit bildet wie oben ausgeführt eine wesentliche Komponente der „New-Literacy-Skills".

Freie Texte werden mit Einverständnis der Autoren und Autorinnen in der Freinet-Pädagogik entweder als Wandzeitung, als Klassenzeitung oder in Form der sogenannten „Klassenkorrespondenz" veröffentlicht. Das ist ein wesentlicher Aspekt ihrer „politischen" Wirkung. Die virtuelle Schreibwerkstatt bietet als Internetplattform selbstverständlich auch diesen Raum für Textpublikation. Mit den Kommentarfunktionen zu den Texten gibt es auch eine eingebaute „Korrespondenzfunktion", die auch die Klassen übergreifende Reflexion über Texte ermöglicht. Durch die Möglichkeit der kollaborativen Textproduktion über Klassen- und

Landesgrenzen hinweg kommt allerdings eine neue Möglichkeit dazu, die sich mit traditionellen Mitteln nur mühsam verwirklichen ließ.

Die virtuelle Schreibwerkstatt muss von ihrer technischen Konzeption her die Möglichkeit bieten, den „Veröffentlichungsraum" für die Texte zu definieren: Sollen die Texte weltweit sichtbar sein oder sind sie nur einem ausgewählten Benutzerkreis, z.B. der eigenen Klasse und der Partnerklasse, zugänglich? In Kontext der Freinet-Pädagogik werden selbstverständlich die Kinder selber in einer demokratischen Entscheidung darüber befinden, welche Öffentlichkeit die virtuelle Schreibwerkstatt hat.

Die Frage, ob die virtuelle Schreibwerkstatt eine Klassendruckerei oder gar das Schreiben von Hand verdrängt oder ersetzt, wird hier in Anlehnung an Laner (2003, S. 136ff.) eindeutig mit Nein beantwortet. Die virtuelle Schreibwerkstatt ist aber eines der Instrumente, ohne die man sich das Schreibenlernen für eine Zukunft in der Informationsgesellschaft kaum mehr vorstellen, geschweige denn leisten können wird.

11.3.2   Dialogisches Lernen

Ausgehend davon, dass gelingender Unterricht echtes gegenseitiges Zuhören auf „gleichem Niveau" von Lehrenden und Lernenden voraussetzt, dass Schüler und Schülerinnen den Erfolg ihrer Arbeit nicht nur am Endprodukt, sondern schon im Arbeitsprozess gezeigt bekommen und dass Lernen nicht im leeren Raum entsteht, sondern immer an Bestehendem anknüpft, haben Ruf und Gallin ihr „dialogisches Lernmodell" entwickelt (vgl. Ruf/Gallin 1998). Die Didaktik des „dialogischen Lernens" lässt sich als zyklische Abfolge von Handlung und Reflexion auf immer höherer Abstraktionsstufe beschreiben, so lange, bis das Thema – oder besser: die Kernidee – weitgehend erarbeitet ist.

Der Ausgangspunkt für den dialogischen Lernprozess ist dabei das Konzept der „Kernidee", welches H. Ruf und P. Gallin wie folgt charakterisieren:

„Eine Kernidee eröffnet einem Novizen eine Vorschau auf ein noch unbekanntes Handlungsfeld und lenkt seinen Blick auf den Witz der Sache die Pointe, ohne ihn mit Informationen zu überschütten und sein Gedächtnis unnötig zu belasten" (Ruf / Gallin 2007). Eine Kernidee fordert den Lehrenden heraus, „aktiviert seine Triebkräfte" und bildet einen „Auftakt zu lernen auf eigenen Wegen". Gleichzeitig ist sie der Fokus, der Sicherheit und Orientierung gibt (ebd.).

Aus der Kernidee wird der Arbeitsauftrag formuliert, der für die Lernpartner spannend, dem Lernniveau angemessen sein soll und der eine Ermutigung zur Eigenproduktion liefert. Der mit dem Auftrag initiierte Lernprozess wird mit Hilfe des Lernjournals oder –tagebuchs dokumentiert. Das Lernjournal bildet die Grundlage für den (vorläufig) letzen Schritt des Zyklus, der Rückmeldung. Einträge und Auszüge aus dem Journal bilden die Grundlage für eine gemeinsame, „dialogische" Rückmeldung zu Prozess und Ergebnis des Lernzyklus. Diese Rückmeldung gebiert im Idealfall neue oder veränderte Kernideen, die im Weiteren den Ausgangspunkt für neue dialogische Lernprozesse geben (ebd.).

Das Konzept des „dialogischen Lernens" ist für die virtuelle Schreibwerkstatt in mehreren Hinsichten fruchtbar. Zum einen haben Ruf und Gallin ihr Modell explizit auch am Schreibprozess – allerdings der Gymnasialstufe – entwickelt (vgl. Ruf / Gallin 1998) und zum anderen können etliche Funktionen des Lernjournals mit Hilfe der virtuellen Schreibwerkstatt abgebildet werden: Sie kann sowohl die Schreibprodukte (Texte) speichern als auch den Schreibprozess dokumentieren, indem die Autoren und Autorinnen ihre Reflexionen über Thema und Stil z.B. als Kommentare zum Text protokollieren.

Die digitalen Texte sind für die eventuell mehrfachen Redaktionszyklen leichter zu handhaben als Handgeschriebenes, außerdem hält die virtuelle Schreibwerkstatt idealer weise alle Bearbeitungsschritte in Form einer „History" oder eines Verlaufsprotokoll fest, so dass sich der Entstehungsprozess eines Textes rekonstruieren lässt. Durch die Portierung der Texte auf eine Internetplattform, welches die virtuelle Schreibwerkstatt ja auch ist, lässt sich auch eine Teil des dialogischen Prozesses „virtualisieren", d.h., ein Teil des Dialoges kann auch über die Plattform und außerhalb des schulischen Kontextes abgewickelt werden, ein Verfahren, das man gemeinhin als eLearning bezeichnet.

Nicht das ursprüngliche Verfassen des Textes, sondern die stilistischen Änderungen, Umstellungen und sprachlichen Verbesserungen während des Redaktionsprozesses bilden die Hauptbasis für die Erweiterung der Sprach- und Schreibkompetenzen (ebd.). Wissen über Sprache und verbesserte Schreibfertigkeiten entstehen erst in der Reflexion über das Geschriebene. Deshalb ist mit dem alleinigen „Abstellen" eines Textes in der virtuellen Schreibwerkstatt wenig getan, wenn dem nicht ein reflektierter oder „dialogischer" Arbeitsprozess vorausgegangen ist und nachfolgt.

11.4   Konzept der Virtuellen Schreibwerkstatt

Nach der Klärung des didaktischen Hintergrundes, der den erweiterten Definitionshorizont der virtuellen Schreibwerkstatt liefert, ist es an der Zeit, die virtuelle Schreibwerkstatt im engeren Sinne als Werkzeug zu konzipieren, so wie es sich aus den vorangegangenen Prämissen ableiten lässt.

Die virtuelle Schreibwerkstatt ist demnach ein (eLearning-) Werkzeug, das es Autoren und Autorinnen ab dem Grundschulalter erlaubt, mit Hilfe von Online-Technologien (kollaborativ) Texte zu verfassen und über diese Texte zu kommunizieren. Damit stellt es auch eine Internet-Kommunikationsplattform dar. In der virtuellen Schreibwerkstatt werden die Prinzipien der didaktisch wichtigen Web-2.0-Technologien berücksichtigt, ohne die aus dem traditionellen Schreibunterricht beobachteten Phänomene wie „Fragilität" (s. Einleitung), Privatheit vs. Öffentlichkeit oder individuelle Texte vs. kollaborative Texte aus den Augen zu verlieren.

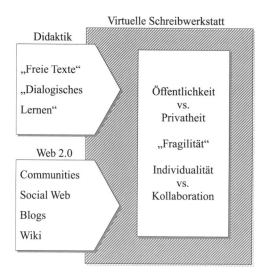

Abb. 11.1 – Einflussgrößen auf das Konzept der virtuellen Schreibwerkstatt

Das Werkzeug „Schreibwerkstatt" muss, um den verschiedenen Anforderungen, Einsatz-möglichkeiten und Zielgruppen gerecht zu werden, "zellulär" strukturiert werden, das bedeu-tet in diesem Fall, dass es in verschiedenen autonomen Einheiten und nicht als monolithische Großapplikation realisiert wird. Es wird ausschließlich mit Hilfe eines Internetbrowsers bedient und verwaltet, ohne Zuhilfenahme anderer Software. Eine Ausnahme bilden die Multimediawerkzeuge, die sich dem Stand der Technik entsprechend nur mit Hilfe von Browsererweiterungen (Plugins) realisieren lassen.

Für die Organisation der geschriebenen Texte und ihre Internetdarstellung kommen entweder wie bei Wiki-Systemen eine Hypertextdarstellung in Frage oder wie bei Weblogs eine einfa-che chronologische Variante, welcher bei den jüngsten Autoren und Autorinnen der Vorzug gegeben wird. Eine Hypertextpräsentation der Texte setzt eine (auch automatisch generierte) Start- oder Indexseite mit einer gegliederten Darstellung der in der Schreibwerkstatt einge-arbeiteten Texte voraus. Bei einer blogartigen Darstellung werden die Texte in Kategorien einsortiert und ggf. verschlagwortet („getaggt"), damit sich bei der wachsenden Liste eine Filterung nach diesen zwei Dimensionen durchführen lässt. In beiden Varianten sind eine Filterung nach Autor oder Autorin sowie eine Suchfunktion nach Schlagwörtern und eine Volltextsuche vorzusehen.

Die virtuelle Schreibwerkstatt ist mit RSS-Feeds „abonnierbar", was bedeutet, dass sie ver-schiedene Feeds für neu eingegangene Texte, für Kommentare, für eingestellte Medien und erzeugte multimediale Produkte (s. unten) liefern muss. Darüberhinaus stellt sie eine E-Mail-Abonnementfunktion zur Verfügung, mit deren Hilfe sich Leser und Leserinnen über Neu-zugänge informieren lassen können, idealerweise nur über Texte zu einzelnen Kategorien oder Tags. Darüber hinaus macht es eine eingebaute „Versenden-Funktion" möglich, einen Hinweis auf einen Textbeitrag als E-Mail an eine beliebige Person zu verschicken.

Für die Eingabe der Texte stehen dem Stand der Technik entsprechend sogenannte Online-Editoren zur Verfügung, die das Verhalten bekannter Textverarbeitungsprogramme nach¬empfinden, dabei aber an systembedingte Grenzen stoßen. Die Eingabe der Texte kann direkt oder als Kopieraktion aus anderen Textverarbeitungsprogrammen heraus erfolgen. Der Editor bietet je nach Zielgruppe verschiedene Formatierungsmöglichkeiten. Besonders junge Autoren und Autorinnen wissen eine persönliche Gestaltungsmöglichkeit ihrer Texte zu schätzen, sind sie doch ein zusätzliches Element von Freiheit in einem „freien Text". Im Konzept der virtuellen Schreibwerkstatt wird bewusst auf den Einbau einer automatischen Rechtschreibprüfung verzichtet. Besonders für junge Autoren und Autorinnen, die am Beginn ihrer Schreibkarriere stehen, gehören Fehler zum Alltag und verraten oft viel über deren Verständnis von Sprache, Schreiben und Lesen, über ihren persönlichen Weg zur „Erfindung der Schrift" (vgl. Brügelmann / Brinkmann 1998).

Zur Rekonstruktion der Genese eines Textes wird die virtuelle Schreibwerkstatt alle markanten Schritte auf dem Weg zum fertigen Text in Form einer „History" aufbewahren. So lässt sich die Entstehungsgeschichte eines Textes zusammen mit den Autoren in einem „dialogischen Zyklus" (vgl. Ruf / Gallin 1998) diskutieren und nachvollziehen. Es werden dabei nicht nur die Zwischenstadien des Textes sondern auch die dazu gehörenden Arbeitskommentare aufgezeichnet. Arbeitskommentare sind eine spezielle Form der Anmerkung, die der Autor oder die Autorin oder deren Dialogpartner (Lehrperson oder Mitschüler/in) an speziellen Textstellen hinterlässt, entweder als Hinweis oder Erinnerungshilfe. Diese Arbeitskommentare werden bei der Veröffentlichung des Textes nicht angezeigt.

Jeder veröffentlichte Text kann von der Leserschaft kommentiert werden. Diese auf den ganzen Text oder auf einen anderen Kommentar bezogenen Kommentare unterscheiden sich prinzipiell vom oben erwähnten Arbeitskommentar, der direkt im Text erfolgt, zu einzelnen Textstellen Bezug nehmen kann und nie veröffentlicht wird. Die öffentlichen Kommentare werden chronologisch gereiht am Fuß des Textes angehängt und bilden so einen Diskussionsstrang zum Text. Mit der Auswahl bzw. Einschränkung der Leser-Zielgruppe wird auch die Kommentarmöglichkeit definiert.

Die in der virtuellen Schreibwerkstatt eingegeben Texte können mit multimedialen Elementen kombiniert und in einigen Anwendungssituationen auch ersetzt werden. Im Einzelnen können Bilder, Audio- und Videodateien angehängt werden. Im Idealfall ist in der Schreibwerkstatt ein Skizzen- oder Malwerkzeug integriert, mit dessen Hilfe grafische Illustrationen von einfachen Bildergeschichten bis Concept-Maps als Ersatz oder zur Verdeutlichung von Texten eingebracht werden können.

Jeder Text der Schreibwerkstatt hat einen primären Autor oder eine primäre Autorin. Das ist die Person, die den Text ursprünglich erzeugt hat und die auch bestimmen kann, ob, wann und mit wessen Hilfe der Text publiziert wird. Sie kann bestimmen, wer in welchem Produktionsstadium mitlesen und mitschreiben darf. Bei kollaborativen Texten ist der ursprüngliche Autor oder die ursprüngliche Autorin, die Person, welche die Gruppe der Mitautoren und – autorinnen mit den nötigen Berechtigungen zur Mitarbeit ausstattet und am Ende des Arbeitsprozesses für die Veröffentlichung des Textes sorgt. Das Autorenkollektiv muss gemeinsam über die Arbeitsverteilung während des Schreibprozesses entscheiden.

Aus dem bisher Skizzierten ergibt sich für die Nutzung der virtuellen Schreibwerkstatt eine Berechtigungshierarchie auf den vier Ebenen „Lesen", „Kommentieren", „Schreiben" und „Verwalten". Die Graphik soll verdeutlichen, welche Berechtigungsschritte sinnvoll sind.

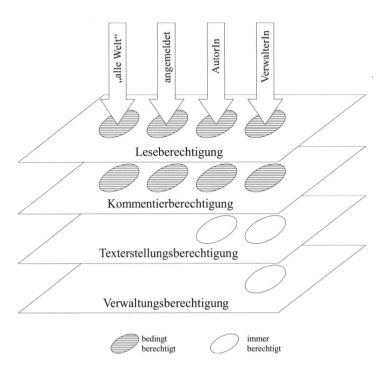

Abb. 11.2 – Berechtigungsstruktur der virtuellen Schreibwerkstatt. Eine bedingte Berechtigung bedeutet, dass der Autor oder die Autorin ihre Zustimmung geben muss

Die virtuelle Schreibwerkstatt berücksichtigt auf alle Fälle die Besitzverhältnisse eines Textes – allein der Autor und die Autorin sind für die „Verwaltung" ihres Textes zuständig, d.h., dass der Berechtigungsstatus eines „Administrators" nicht die Zugänglichkeit zu den nicht frei gegebenen Inhalten impliziert. Für einen konkreten Einsatz in einer Schulklasse heißt das, dass die Lehrpersonen nur jene Texte ihrer Schüler- und Schülerinnen zu Gesicht bekommen, die von diesen für sie geöffnet wurden.

Mit Hilfe dieser Berechtigungsstufen auf Textebene lässt sich die virtuelle Schreibwerkstatt in dem breiten Spektrum zwischen „privatem Tagebuch" und „öffentlicher Zeitung" in beliebiger Abstufung und auch als Mischform verwenden. Sie kann deshalb gleichzeitig Konzeptpapier, Arbeitsplan, Dokumentationsarchiv und Veröffentlichungsplattform sein.

Einen zusätzlichen authentischen Sinn ergibt das gemeinsame Kreieren eines Textes mit Hilfe eines Online-Werkzeuges nur dann, wenn die Autoren- und Autorinnen geographisch getrennt sind. Noch spannender ist eine Trennung über Länder- und Sprachgrenzen hinweg, denn selbstverständlich ist die virtuelle Schreibwerkstatt prinzipiell international, ihr Einsatz im Fremdsprachenunterricht deshalb nahe liegend. Aber auch Kinder, die nicht die Muttersprache der Schulgemeinschaft haben, können in ihrer Muttersprache Texte verfassen und publizieren. Für die Konkretisierung der virtuellen Schreibwerkstatt bedeutet dies, dass sie nicht nur an der Oberfläche, also z.B. bei den Bedienelementen, mehrsprachig ausgelegt wird, sondern auch in der Strukturierung der Texte eine Möglichkeit vorhanden ist, die Sprachvariante, oder, bei gemischtsprachigen Texten, die Sprachvarianten des Textes als Ordnungskriterium zu nutzen.

Um den vielen Varianten von Muttersprachen, mit denen die Schulen Europas zur Zeit konfrontiert sind, Rechnung zu tragen, bedarf es eines breiten Spektrums an Sprachoptionen und nicht zu vergessen an Schriftvarianten.

11.5   Konkretisierungen

Die oben skizzierte virtuelle Schreibwerkstatt ist kein ganz so virtuelles Konstrukt geblieben, zumindest zwei Varianten einer Ansatz weisen Realisierung seien im Folgenden kurz vorgestellt:

11.5.1   Die Galerie des didaktischen Bildungsservers „blikk"

Die wichtige schon lange vor dem Web-2.0-Boom entstandene Grundidee des Südtiroler Bildungsservers „blikk" (www.blikk.it) bestand seit seiner Begründung im Jahre 2000 darin, eine Kommunikations- und Kooperationsplattform zur (internationalen) Zusammenarbeit zwischen Schulklassen zu schaffen (vgl. blikk: Konzept 2000).

Auf der Grundlage dieser Idee und einer frühen Konzeption eines hypermedialen Schreibwerkzeugs entstand die blikk-Galerie als „virtueller Ausstellungsraum". In der Galerie publizieren Schüler und Schülerinnen ihre Arbeiten (Texte, Bilder und andere Projektergebnisse).

Die Galerie gibt keine Struktur vor, erst die Schüler und Schülerinnen erschaffen durch die hypermediale Verlinkung ihrer Texte einen gemeinsamen Hypertext. Damit entspricht diese Form der virtuellen Schreibwerkstatt am ehesten einem Wiki.

Die blikk-Galerie ist als kollaboratives Instrument konzipiert worden und sieht in der derzeitigen Implementierung keine „privaten Räume" vor. Aus eben diesem Grunde wird auch mit gemeinsamen Zugangsdaten für die beteiligten Gruppen gearbeitet, und die Verantwortung der einzelnen Gruppenmitglieder für ihre und die Texte der anderen ist groß.

11.5.2   Vis@vis

Im Rahmen des EU-Projekts „VISEUS" (virtuell vernetzte Sprachwerkstätten an europäischen Schulen – www.viseus.eu) konnte eine weitgehend dem oben geschilderten Konzept entsprechende Implementierung einer virtuellen Schreibwerkstatt mit dem Namen „Vis@vis" verwirklicht werden (vgl. Angerer 2008).

Die Strukturierung der Texte erfolgt nach dem Prinzip eines Weblogs mit entsprechenden Kategorisierungsmöglichkeiten. Vis@vis ist mehrsprachig angelegt und existiert zurzeit in den Sprachen Deutsch, Englisch, Niederländisch, Ungarisch, Italienisch, Finnisch und Türkisch, geplant ist eine zusätzliche Variante in der Roma-Sprache. Bei der Erstellung einer virtuellen Schreibwerkstatt kann eine Untermenge dieser Sprachen gewählt werden, die dann in der betreffenden Werkstatt zur Verfügung stehen.

Im Gegensatz zur blikk-Galerie gibt es in dieser Variante der virtuellen Schreibwerkstatt in der Standardbenutzung an Personen gebundene Autoren und Autorinnen, die auch die Möglichkeit haben, Texte versteckt zu halten und Koautorenschaften zu definieren. Die blogspezifischen Kommentarmöglichkeiten wurden ebenso implementiert, wie die Möglichkeit mehrere Stufen der Zugänglichkeit zur Werkstatt zu definieren.

11.6   Literatur

Angerer, Harald: Vis@vis – Die virtuelle Schreibwerkstatt. VISEUS – Projekt; http://www.viseus.eu/downloads/visavis1.0.part1.pdf 2008

blikk: Konzept des didaktischen Bildungsservers der Schule Südtirols „blikk"; http://www.blikk.it/blikk/info/wir/konzept.htm 2000

Brügelmann, Hans / Brinkmann, Erika: Die Schrift erfinden. Libelle, Lengwil am Bodensee 1998

Ehrhardt, Christoph: Jetzt kommen die Wir-Medien; Frankfurter Allgemeine Zeitung, F.A.Z., 26.01.2006, Nr. 22 / Seite 46, 2006

Freinet, Célestin: Der freie Text. In: Koitka, Christine (Hrsg.): Freinet-Pädagogik. Unterrichtserfahrungen zu: Freier Text / Druckerei / Schulkorrespondenz / Musik / Lesen / Klassenzeitung / Rechnen / Selbstverwaltung. Basis Verlag Frankfurt/M. 1989, S. 15f.

Glasersfeld, v. Erst: Radikaler Konstruktivismus, Ideen, Ergebnisse, Probleme. Suhrkamp, Frankfurt am Main 1998.

Groeben, Norbert und Hurrelmann, Bettina Hrsg.: Medienkompetenz: Voraussetzungen, Dimensionen, Funktionen. Juventa Verlag, Weinheim 2002.

Helms, Hans: Alle rechnen mit. DIE ZEIT, 01.02.1985 Nr. 06 – 01. Februar 1985, http://www.zeit.de/1985/06/Alle-rechnen-mit

Horx, Matthias: Das Neue Lernen – Eine ganzheitliche Zukunfts-Betrachtung über den Wandel der Gesellschaft, der Ökonomie und des Bildungssystems. In: Erziehung & Unterricht, Nov/Dez 2008, Österreichischer Bundesverlag Wien 2008

Kock, Renate: Die Reform der laizistischen Schule bei Célestin Freinet. Eine Methode befreiender Volksbildung. Frankfurt/Main 1995

Laner, Christian: Lernen im virtuellen Raum. In: Eichelberger, Harald (Hrsg.): Freinet-Pädagogik & die moderne Schule. Studienverlag, Innsbruck 2003

Leu, Donald J. Jr., Kinzer, Charles K., Coiro, Julie, Cammack, Dana W.: Toward a Theory of New Literacies Emerging From the Internet and Other Information and Communication Technologies, Theoretical Models and Processes of Reading; International Reading Association 2004

O'Reilly, Tim: What Is Web 2.0. Design Patterns and Business Models for the Next Generation of Software;
http://www.oreillynet.com/pub/a/oreilly/tim/news/2005/09/30/what-is-web-20.html, 2005

Qualifications and Curriculum Authority: Personal, learning and thinking skills
http://curriculum.qca.org.uk; 2009

Resch, Uschi / Hövel, Walter: Zur Bedeutung der Freinet-Pädgogik heute. In: Eichelberger, Harald (Hrsg.): Freinet-Pädagogik und die moderne Schule; Studienverlag, Innsbruck 2003

Ruf, Urs / Gallin, Peter: Dialogisches Lernen in Sprache und Mathematik, Band 1: Austausch unter Ungleichen. Grundzüge einer interaktiven und fächerübergreifenden Didaktik. Kallmeyer, Seelze-Velber 1998

Ruf Horst, Gallin, Peter: http://www.lerndialog.uzh.ch/model.html 2007

Wegerif, Rupert: Literature Review in Thinking Skills, Technology and Learning. Futurelab Series Report 2, www.futurelab.org.uk 2002

12 Individueller Wissenserwerb in der Lehrerbildung

Harald Eichelberger

Die Geschichte eines gemeinsamen Projektes zur Innovation im Bildungsbereich ist eine Geschichte von Ideen und eine Geschichte der Entwicklung und Veränderung von Ideen.

Der ersten Projektidee folgend wollten die Initiatoren des Projektes[17] „Reformpädagogik für Schulentwicklung" Lehrerinnen und Lehrer in den vier reformpädagogischen Richtungen Montessori-Pädagogik, Jenaplan-Pädagogik, Freinet-Pädagogik und Daltonplan-Pädagogik ausbilden. Lehrerinnen und Lehrer sollten durch diese Ausbildung zur aktiven Schulentwicklung auf der Grundlage und im Sinne der genannten reformpädagogischen Modelle befähigt werden. Die Ausbildung wurde als Weiterbildung geplant, die zu einem akademischen Abschluss führt. Zur konkreten Durchführung fehlten die in der Jenaplan-Pädagogik und in der Daltonplan-Pädagogik ausgebildeten Ausbildnerinnen und Ausbildner.

Um diesen Mangel abzuhelfen, wurden die Ausbildnerinnen und Ausbildner in den Hochschullehrgängen Jenaplan-Pädagogik und Daltonplan-Pädagogik gebildet. Die Weiterbildung der Lehrerinnen und Lehrer würde dann in einem so genannten Zusatzstudium „Schulentwicklung und Reformpädagogik" zum genannten Zweck erfolgen. Dieses Zusatzstudium wurde als internationales Studium konzipiert, das für die Studierenden zu einem akademischen Abschluss (Master oder Magister) führt.

Aus dem Zusatzstudium „Schulentwicklung und Reformpädagogik" ist während der internationalen Arbeit im Curriculumentwicklungsprogramm TRADE das Europäische Ergänzungsstudium „Bildungsmanagement und Schulentwicklung" geworden.

Die Geschichte der Ideen eines Projektes ist ebenso eine Geschichte der Kooperation zwischen Bildungsinstitutionen.

Das Curriculum des Ergänzungsstudiums „Bildungsmanagement und Schulentwicklung" ist in Module gegliedert. Die modulare Struktur des Ergänzungsstudiums soll es den Studierenden ermöglichen, einzelne Module als sinnvolle didaktische Einheit zu studieren und durch individuelle Kombination von Modulen die akademische Qualifikation zum Magister/Master zu erwerben. Die Module werden an verschiedenen Orten und Institutionen angeboten wer-

---

[17] Wilhelm, Marianne & Eichelberger, Harald; beide Pädagogische Akademie des Bundes in Wien (jetzt Pädagogische Hochschule Wien)

den. Im Studienjahr 2002/03 werden die Module in die Studienpläne der beteiligten Institutionen integriert.

Die folgende Übersicht dokumentiert anhand von Auszügen aus Briefen, Bescheiden, Arbeitspapieren und Berichten die Vorleistungen und Vorarbeiten, die zum Curriculumentwicklungsprojekt TRADE und zur Organisation und Einrichtung des Ergänzungsstudiums „Bildungsmanagement und Schulentwicklung" an der Universität Osnabrück[18] geführt haben.

12.1   Von der Projektidee zum Masterstudium

12.01.1998: BESCHEID des Bundesministeriums für Unterricht und kulturelle Angelegenheiten (GZ. 17.154/1-Präs.A/98) betreffend „Reformpädagogische Ausbildungskonzepte für österreichische Lehrerbildner/innen; Kooperation mit europäischen Universitäten";

An Herrn Prof. Dr. Harald Eichelberger, Pädagogische Akademie des Bundes in Wien:

„Mit Bezug auf die erfolgten Planungsgespräche bezüglich der reformpädagogischen Ausbildungskonzepte für österreichische Lehrerbildner/innen (Daltonplan-Pädagogik und Jenaplan-Pädagogik) werden Sie hiemit ermächtigt, die begonnenen Gespräche mit Experten an europäischen Universitäten fortzuführen, insbesondere hinsichtlich der Möglichkeit, die in entsprechenden Lehrgängen von den Teilnehmer/inne/n erworbenen Qualifikationen von universitärer Seite bestätigt zu bekommen."

18.02.1998: ARBEITSPAPIER – Von Dr. Marianne Wilhelm, Dr. Harald Eichelberger (beide Pädagogische Akademie des Bundes in Wien) und Dr. Volker Scarpatetti (Pädagogische Akademie des Diözese Graz-Seckau) betreffend „Einrichtung eines Zusatzstudiums mit dem Arbeitstitel „Europäische Reformpädagogik" an der pädagogischen Akademie des Bundes in Wien (und an den beteiligten Institutionen) in Kooperation mit ausländischen Universitäten zur Erlangung des akademischen Titels eines Diplompädagogen";

12.1.1   „Schritte":

1. Einrichtung von Hochschullehrgängen in Kooperation mit der Universität Erlangen-Nürnberg und der Universität Gießen. [...]
2. Vorbereitung eines Curriculumentwicklungsprogramms [...] zur Vorbereitung des Zusatzstudiums.
3. Mehrjährige gemeinsame Arbeit an dem Curriculumentwicklungsprogramm zur genauen Planung, der Konzeption der didaktisch-methodischen Grundalgen, der Durchführung und gegenseitigen Anerkennung der Module.
4. Durchführung des Zusatzstudiums."

---

[18]   Projektleitung an der Universität Osnabrück: Kohlberg, Wolf Dieter und Schepers, Rudolf

24.02.1998: BRIEF – Von Prof. Dr. Werner Sacher, Friedrich-Alexander-Universität Erlangen-Nürnberg betreffend „Kooperation zum Aufbau eines Zusatzstudiums „Europäische Reformpädagogik" an Dr. Marianne Wilhelm, Dr. Harald Eichelberger (beide Pädagogische Akademie des Bundes in Wien) und Dr. Volker Scarpatetti (Pädagogische Akademie des Diözese Graz-Seckau);

„Nach dem heute in Nürnberg geführten Vorgespräch über Kooperationsmöglichkeiten beim Aufbau eines Zusatzstudiums „Europäische Reformpädagogik" erkläre ich hier meine Bereitschaft, an der Universität Erlangen-Nürnberg einen organisatorischen Rahmen für die Durchführung der Hochschullehrgänge und für die Entwicklung eines Curriculums zur Verfügung zu stellen. [...] Dies würde auch beinhalten, dass Frau Dr. Susanne Popp und Herr Dr. Oskar Seitz als Fachleute für Daltonplan- und Jenaplanpädagogik Dozenten für die entsprechenden Module gewinnen und mit diesen zusammen Lehrgangskonzepte entwickeln."

26.02.1998: BRIEF – Von Dr. Michael Seyfarth-Stubenrauch, Jenaplan-Forschungsstelle der Justus-Liebig-Universität Giessen betreffend Absichtserklärung;

„Gerne bin ich bereit, in Zusammenarbeit mit der Universität Nürnberg und den dort vorliegenden wissenschaftlichen Einrichtungen an der Entwicklung eines Zusatzstudiums „Europäische Reformpädagogik" an den Pädagogischen Akademien in Österreich zu arbeiten. [...]"
Beigelegt: Vorentwurf für ein Curriculum Jenaplan-Pädagogik.

11.03.1998: BERICHT UND GLEICHZEITIG ARBEITSPAPIER – Von Dr. Marianne Wilhelm, Dr. Harald Eichelberger (beide Pädagogische Akademie des Bundes in Wien) und Dr. Volker Scarpatetti (Pädagogische Akademie des Diözese Graz-Seckau);

An das Bundesministerium, Direktoren der Pädagogischen Akademien;

- Gespräch an der Universität Erlangen-Nürnberg (Siehe Brief Dr. Sacher!);
- Gespräch an der Universität Giessen (Siehe Brief Dr. Seyfarth-Stubenrauch!);
- Zeitplan:
  - Sommersemester 98 – Vorbereitung der Hochschullehrgänge und Ausarbeitung des Antrages für CDI;
  - Wintersemester 98/99 – Beginn der Hochschullehrgänge und Einreichung des Antrages bis 15.11.98;
  - Sommersemester 99 – Hochschullehrgänge;
  - Wintersemester 99/2000 – Hochschullehrgänge und Beginn des CDI (Arbeit am Programm nach dem Zeitplan des Curriculumentwicklungsprogramms);
  - Zusatzstudium.
- Entwurf des Finanzierungsplanes.

03.06.1998: BESCHEID des Bundesministeriums für Unterricht und kulturelle Angelegenheiten (GZ. 17.140/26-Präs.A/3/98) betreffend „Hochschullehrgänge zur Reformpädagogik; Dalton- und Jena-Plan – Ausschreibung" an Herrn Dr. Harald Eichelberger;

„In der Beilage übermittelt das Bundesministerium für Unterricht und kulturelle Angelegenheiten eine Information des Koordinators für Reformpädagogik an Pädagogischen Akademien über die ersten Hochschullehrgänge zur Dalton- und Jena-Plan-Pädagogik auf internationaler Basis. Diese Kooperation zwischen deutschen Hochschulen und den österreichischen Pädagogischen Akademien soll eine neue Qualifikationsebene eröffnen und später auch Montessori- und Freinet-Pädagogik einschließen. Es ist vorgesehen, bis zu zwei Teilnehmer/innen je Akademie zuzulassen."

17.06.1998: BESPRECHUNG mit dem Prorektor der Universität Erlangen-Nürnberg Dr. Bernd Baumann und dem Stellvertreter des Kanzlers; anwesend: Dr. Sacher, Dr. Fahnl, Dr. Popp, Dr. Eichelberger;

BERICHT:

„Dr. Sacher stellt das gemeinsame Projekt vor (Hochschullehrgänge mit entsprechender akademischer Zertifizierung);

Es besteht unter allen Verhandlungsteilnehmern grundsätzliche Einigung, dass die Hochschullehrgänge den Status eines universitären Zusatzlehrganges haben, schon zertifizierten Lehrern zugänglich sind, deren Ausbildung staatlich anerkannt ist;

[...]

Die Diplomvergabe erfolgt durch die Universität Erlangen-Nürnberg und wird durch das Bundesministerium für Unterricht und kulturelle Angelegenheiten bestätigt.

[...]

Dr. Sacher wird ersucht, erste Sondierungsgespräche im Bayrischen Staatsministerium zu führen.

[...]

Die Kooperation in einem europaweiten Projekt wurde von der Universitätsleitung ausdrücklich betont.

[...]"

WS 1998/99: Beginn der beiden Hochschullehrgänge

- „Reformpädagogik und Schulentwicklung und Schulforschung nach der Jenaplan-Pädagogik" an der Pädagogischen Akademie des Bundes in Wien; Koordinatorin des Hochschullehrganges: Dr. Marianne Wilhelm; Dozentinnen und Dozenten: Dr. Marianne Wilhelm, Dr. Oskar Seitz, Tom de Boer, Kees Both;
- „Reformpädagogik und Schulentwicklung und Schulforschung nach der Daltonplan-Pädagogik" an der Pädagogischen Akademie der Diözese Graz-Seckau; Koordinator des Hochschullehrganges: Dr. Volker Scarpatetti. Dozentinnen und Dozenten: Dr. Susanne Popp, C. Jannssen, Dr. Volker Scarpetetti;

Gesamtkoordination: Dr. Harald Eichelberger.

NOVEMBER 1998: EINREICHUNG des Curriculumentwicklungsprojektes TRADE.

April 1999: SONDIERUNGSGESPRÄCH im Bayrischen Staatsministerium (Dr. Sacher, Dr. Popp, Direktor der Pädagogischen Akademie des Bundes in Wien Dr. Teiner, Dr. Eichelberger). Es liegen keine Ergebnisse vor.

April 1999: Durch den Tod von Dr. Volker Scarpatetti kommt es zu einer Unterbrechung des Hochschullehrganges Daltonplan-Pädagogik; Dieser Hochschullehrgang wird dann an der Pädagogischen Akademie des Bundes in Wien fortgesetzt und wie vorgesehen auch zu Ende geführt.

Juni 1999: GENEHMIGUNG des Curriculumentwicklungsprojektes TRADE.

September 1999: BEGINN der gemeinsamen Arbeit am Curriculumentwicklungsprojekt TRADE und damit Beginn der Arbeit an der Entwicklung des Europäischen Ergänzungsstudiums „Bildungsmanagement und Schulentwicklung".

BEGINN der intensiven und letztlich erfolgreichen Kooperation mit der Universität Osnabrück.

April 2000: ABSCHLUSS des Hochschullehrganges Jenaplan-Pädagogik und DIPLOMIERUNG der Teilnehmerinnen und Teilnehmer.

November 2001: ABSCHLUSS des Hochschullehrganges Daltonplan-Pädagogik und DIPLOMIERUNG der Teilnehmerinnen und Teilnehmer.

Juni 2002: ABSCHLUSS der gemeinsamen Arbeit am Curriculumentwicklungsprojekt TRADE; ERGEBNIS des Curriculumentwicklungsprojektes TRADE ist das Curriculum für das internationale Ergänzungsstudium (bzw. Aufbaustudium) „Bildungsmanagement und Schulentwicklung".

TRADE stand während der Entwicklung des gemeinsamen Curriculums für

* T – TEACHING
* R – REAKTIVATING (PROGRESSIVE EDUCATION)
* A – ACCOMPANYING
* D – DEVELOPING
* E – EVALUATING

12.2 Das internationale Masterstudium „Bildungsmanagement und Schulentwicklung"

Die derzeitige Diskussion um das Bildungssystem im Allgemeinen und die Schule im Besonderen ist gekennzeichnet durch die folgenden Schlüsselbegriffe, wie Schulautonomie, Schulprogramm-/Schulprofilentwicklung, Mitarbeiterorientierung (Corporate Identity), Leistungsorientierung (Qualität durch Verantwortung), Ressourcenverantwortung, Qualitätsentwicklung und Qualitätssicherung und einer neue Rolle der Lehrenden (vom Fachspezialisten zum Spezialisten für selbst organisiertes Lernen).

Offensichtlich haben wir es mit einem Paradigmenwechsel – vom zentralistischen zum dezentralen System – in unserer Bildungslandschaft zu tun. Eine wesentliche Konsequenz der Demokratisierung unserer Gesellschaft ist der Verlagerung der Entscheidungskompetenzen in die öffentlichen Einrichtungen, die zukünftig über mehr Autonomie verfügen müssen. Die Pluralisierung gesellschaftlicher Lebensformen, wie der Schule erfordert dezentrale und auch deregulierte Organisationseinheiten. Autonomie und Dezentralisierung sind wesentliche Grundlagen um die Erziehungs- und Bildungsaufgaben zu optimieren und die Leistungsfähigkeit der Bildungseinrichtung zu verbessern. Damit untrennbar verbunden ist ein Wahlrecht der Lernenden, das es erlaubt, sich zwischen konkurrierenden Bildungseinrichtungen entsprechend der jeweiligen Lebensdidaktik entscheiden zu können.

Die Erziehung zur Demokratie geht davon aus, dass nur die Einübung in demokratische Lebensformen optimale Schlüsselqualifikationen liefert. Hier geht es darum, praktische Erfahrungen mit Demokratie in entsprechend verfassten Bildungseinrichtungen sammeln zu können. Und jede Bildungseinrichtung muss als pädagogische organisatorische und ökonomische Einheit geführt werden können um als „unit" die Identifikation für alle Beteiligten erreichen und zur Verfügung stellen zu können, die eine erfolgreiche Schule Arbeit gewährleistet.

Der Studiengang „Bildungsmanagement und Schulentwicklung" vermittelt im Blick auf die oben angeführten Veränderungen ein qualifiziertes Professionalisierungsprofil für die Wahrnehmung entwickelnder Funktionen im Schul- und Bildungswesen. Ziel des Studiums ist es, grundlegende Kenntnisse im Pflichtbereich und vertiefte Kenntnisse im Wahlbereich des Studiengangs zu erwerben, um selbstständig wissenschaftlich arbeiten und erziehungswissenschaftliche Erkenntnisse anwenden zu können.

12.2.1   Ziele

Ziel des Studiums „Bildungsmanagement und Schulentwicklung" ist es, grundlegende Kenntnisse und Fähigkeiten in der Entwicklung von Bildungsinstitutionen zu erwerben, um diese in ihrer Entwicklung nach zeitgemäßen pädagogischen Kriterien professionell unterstützen zu können. Das Studium ergänzt ein erstes erziehungswissenschaftliches Studium oder ein anderes Studium in Verbindung mit einer beruflichen Tätigkeit im Bildungsbereich.

12.2.2   Qualifikation des Studiums

Die Qualifikation des Masterstudiums „Bildungsmanagement und Schulentwicklung " ist in folgenden Befähigungen von Pädagoginnen und Pädagogen zu sehen:

- Der Befähigung Bildungsinstitutionen zu leiten und/oder Teilbereiche derselben oder zur Gänze zu managen;
- Außerschulische oder schulische Bildungseinrichtungen zu entwickeln;
- Erweiterung der Selbst- und Kooperationskompetenz und Erweiterung des pädagogischen und sozialen Berufsfeldes;
- Leitung von Teams und Entwicklungsgruppen;

- Lernkonzepte und Lerninstitutionen bedarfsorientiert zu entwickeln;
- ihre Tätigkeit im Sinne des self-offering, self-employing und self-developing zu sehen und
- in einem weiten Verständnis institutionelle Bildungsarbeit, wie auch in pädagogische Tätigkeiten in außerschulischer Bildungsarbeit realisieren zu können.
- Nutzung von pädagogischen Qualifikationen für betriebliche und wirtschaftliche Bereiche und vice versa.

„Lebenslanges und lebensbegleitendes Lernen und Lehren" impliziert einen Rollenwechsel von Pädagoginnen und Pädagogen: Neben der klassischen Rolle der Lehre und der Erziehung werden Pädagoginnen und Pädagogen in der Zukunft stärker als bisher

- Helfer und Entwickler von Lernkonzepten für alle Lernenden im Sinne des „autonomous learning" sein,
- „powerful learning environments" aufbauen, in deren Nutzung einführen und Lernende begleiten,
- Informationstechnologien nutzen und deren Nutzen vermitteln und
- Bildungseinrichtungen aller gesellschaftlichen Bereiche in den oben genannten Funktionen und seinen/ihren Spezialqualifikationen (Kommunikator/in, Supervisor/in, Organisationsentwickler/in und Manager/in) zur Verfügung stehen;

Die Idee des „lebenslangen und lebensbegleitenden Lernens" bedingt, dass Pädagoginnen und Pädagogen der Zukunft qualifiziert sind und werden, selbst Bildungseinrichtungen zu schaffen, aufzubauen zu initiieren und zu promoten. Pädagoginnen und Pädagogen werden eine aktive Rolle als „Bildungsinitiator/in" und „Bildungspromotor/in" und „Schulentwickler/in" einnehmen.

12.2.3   Zielgruppe

- Absolventinnen und Absolventen der Pädagogischen Akademien:
  - zur wissenschaftlich orientierten Weiterbildung nach der berufsorientierten Ausbildung des Bakkalaureus und der Bakkalaurea;
  - zur bolognakonformen Erlangung eines Mastertitels;
  - zur wissenschaftlich fundierten und inhaltlichen berufsrelevanten Weiterbildung an Pädagogischen Hochschulen;
- Lehrerinnen und Lehrer zur akademischen Weiterbildung;
- Direktorinnen und Direktoren,
- Inspektorinnen und Inspektoren,
- Schulentwicklerinnen und Schulentwickler,
- Evaluatorinnen uns Evaluatoren,
- Lehrerbildnerinnen und Lehrerbildner,
- Assessorinnen und Assessoren;
- ...

12.2.4   Zugangsvoraussetzungen

Zugangsvoraussetzung für den Master-Studiengang „Reformpädagogik und Schulentwicklung" ist der erfolgreiche Abschluss eines pädagogischen Studiums (Lehramtsstudium oder Hochschulstudium mit einem Hauptfach Erziehungswissenschaft) von mindestens 6 Semestern (180 EC).

12.2.5   Inhalte

Die Grundidee des Studiengangs beinhaltet einen Rollenwandel: Pädagoginnen und Pädagogen als „Bildungsinitiator/innen" und „Bildungspromotor/innen" und „Schulentwickler/innen":

- . Moderation von Schulentwicklungsprozessen, Teamprozessen,
- Bildungswegsberatung,
- Entwicklung, Initiierung, Durchführung und Organisation von Fortbildungsprogrammen,
- Moderation von Konflikt- und Problemlösungsprozessen,
- Durchführung und Evaluation von Organisationsentwicklungsprozessen,
- Entwicklung theoretischer Konzepte,
- Konzeptuelle Umsetzung von Entwicklungsideen und Entwicklungschancen.

12.2.6   Studium

Der Umfang des Studiums beträgt 120 ECTS-Credits. Bei der Einreichung der Masterarbeit müssen mindestens 90 ECTS-Credits nachgewiesen werden. Für die Masterarbeit werden 30 ECTS-Credists angerechnet.

Das Studium ist in Module gegliedert:

Basismodule
- Organisationsmanagement
- Personalmanagement
- Lehr /Lernmanagement
- Bildungsforschung

Wahlmodule
- Unterrichts- und Schulentwicklung
- Angewandte Freizeitwissenschaft
- Interkulturelle Kommunikation
- Innovative Reformpädagogik
- Sozialpädagogik: Kinder- und Jugendhilfe
- Begleitendes Management Inklusiver Bildungswege
- Geschlechtsbezogene Bildung und Gender Mainstreaming
- Negotiated Module (Institutioneller Schwerpunkt)
- …

Das Masterstudium „Bildungsmanagement und Schulentwicklung" wurde von folgenden akademischen Institutionen konzipiert. Diese Institutionen konnten das Studium ihren Studierenden anbieten:

- Pädagogische Akademie des Bundes in Wien
- Pädagogische Akademie des Bundes in Niederösterreich
- Pädagogische Akademie der Diözese Graz-Seckau
- Pädagogische Akademie des Bundes in der Steiermark
- Pädagogische Akademie des Bundes in Oberösterreich
- Pädagogische Akademie des Bundes in Vorarlberg
- Masarykova Univerzita V Brno
- Friedrich-Alexander-Universität Erlangen-Nürnberg
- Institut Supérieur d'Études et des Recherches Pédagogiques Walferdange
- Hogeschool Domstad Utrecht
- Hogeschool Edith Stein/ Onderwijscentrum Twente Hengelo
- Hogeschool Helicon Zeist
- Hogeschool van Arnhem en Nijmegen
- Göteborgs Universitet
- Linköpings Universitet

Die Module können in beliebiger Reihenfolge studiert werden. Ein Modul besteht aus mindestens drei thematisch zusammenhängenden Lehrveranstaltungen, welche in dem gleichen oder in auf einander folgenden Studienabschnitten (Semestern) liegen können. Eine Lehrveranstaltung umfasst 2 Semesterwochenstunden (SWS); sie dauert i. d. R. 90 Minuten und findet etwa 15-mal statt.

12.3   Open- and Distance-Learning, eLearning ...

Für den Bereich des "blended learnings" steht in Kooperation mit der Universität Linz und dem Pädagogischen Institut der deutschen Sprache in Bozen die Lernplattform SCHOLION zur Verfügung. Für das Masterstudium „Reformpädagogik und Schulentwicklung" sind die in diese Lernplattform bereits mehrere Module eingearbeitet und damit auch für ein Masterstudium didaktisch und methodisch aufbereitet worden.

12.3.1   Prüfungsleistungen

Alle Prüfungsleistungen außer der Masterarbeit werden als Studien begleitende Teilprüfungen erbracht. Studienbegleitende Prüfungsleistungen sind die Klausur, das Prüfungskolloquium, die schriftliche Hausarbeit sowie das Projekt und das Portfolio.

Art der Prüfungsleistung:

- Klausur und/oder Prüfungskolloquium,
- Hausarbeit und/oder Projekt,

- Portfolio,
- Masterarbeit;

Bei der Meldung zur Masterarbeit müssen mindestens eine schriftliche Hausarbeit und ein Projekt oder ein Portfolio nachgewiesen werden.

12.3.2   European-Credit-Transfer-System

Für die Anerkennung von außerhalb dieses Studiengangs erbrachten Leistungen wird das ECTS herangezogen. Der Aufbau es Masterstudiums „Bildungsmanagement und Schulentwicklung" basiert auf der konsequenten Anwendung des European-Credit-Transfer-Systems.

12.3.3   Europäische Dimension

Die europäische Dimension des Studiums manifestiert sich in

- der Öffnung des Studienprogramms des Ergänzungsstudiums „Reformpädagogik und Schulentwicklung" für Europas Studierende,
- in der Erweiterung des Erfahrungshorizontes durch Kennen lernen anderer Entwicklungen im Bereich Schulentwicklung in Europa und ist
- richtungweisend im Sinne des „Bolognaabkommens".

12.4   Module – exemplarisch

12.4.1   PFLICHTMODUL – PERSONALMANAGEMENT

QUALIFIKATIONSPROFIL

Das Modul dient der wissenschaftlich fundierten und praxisorientierten Professionalisierung im Bereich Personalmanagement und ist Teil des europäischen Masterstudiums „Bildungsmanagement und Schulentwicklung".

Ziel ist die Bereitstellung eines breiten Themenangebotes zu Personalmanagement, wie es sich in modernen Organisationen zeigt, unter besonderer Berücksichtigung pädagogischer Berufsfelder. Ausgangsthese ist der Grundsatz, dass das Personal die wichtigste Ressource für die Entwicklung kompetenter und innovativer Arbeit in Bildungsinstitutionen darstellt.

Das Modul beinhaltet sowohl theoretische Grundlagen als auch deren praxisrelevante Umsetzung. Es geht um

- das Vertiefen, Erweitern und Erwerben von Kompetenzen auf den planerischen, individuellen und interpersonellen Ebenen des Personalmanagements;
- die Förderung des Bewusstseins und der Einbeziehung des gesamten Personals in Fragen der Verantwortung für Personalentwicklung im Kontext von Erziehung und Bildung.

Aktuell bedeutsame Aspekte wie nationale und europäische Gesetzgebung, Arbeit und Familie, Gleichbehandlungsfragen, Diskurse zu konstruktivem Umgang mit Macht und zu ethischen Fragestellungen, Arbeitsplatz und psychische Gesundheit werden entsprechend berücksichtigt. Dadurch entsteht für die Mitwirkung an Schulentwicklung sowie an sozial- und bildungspolitischen Anliegen ein breites thematisches Fundament. Zugleich wird den Grundsätzen der Vielfalt und Freiheit wissenschaftlicher Theorien, Methoden und Lehrmeinungen, der Lernfreiheit sowie der Wert- und Sinnorientierung entsprochen.

Das Modul betont die persönliche Weiterentwicklung als Voraussetzung für professionelles Handeln in berufsbezogenen Situationen, in denen personale Kompetenz, das heißt Selbst-, Sozial und Systemkompetenz, maßgeblich ist.

Als Zielgruppe werden in pädagogischen Bereichen Tätige angesprochen, mit dem Fokus Bildungsmanagement sowie Entwicklungsbegleitung im Bildungsbereich. Professionelles Handeln in diesen Arbeitsfeldern erfordert eine Auseinandersetzung mit eigenen Möglichkeiten und Grenzen, Sinn- und Wertfragen, dem eigenen Denken und Tun sowie den eigenen Kommunikations- und Interaktionsmustern im jeweiligen beruflichen Kontext, sei es in lehrender, leitender und/oder beratender Funktion. Das bedeutet die eigenen personalen, sozialen und systemischen Kompetenzen zu reflektieren und zu erweitern sowie sich adäquate Fähigkeiten und entsprechendes Wissen bewusst zu machen beziehungsweise anzueignen.

Bei der Gestaltung des Studienangebotes wird vor allem die besondere Situation berufstätiger Studierender und deren Berufserfahrung berücksichtigt. Als Methoden werden Seminare, Gastvorträge, Übungen, Gruppendiskussionen und Selbststudium verwendet. Dadurch wird insbesondere der Stärkung sozialer Kompetenz durch geeignete Formen des Arbeitens Rechnung getragen.

Die Lehrveranstaltungen werden gemäß § 7 Abs. 2 AStG geblockt angeboten. Gemäß § 7 Abs. 5 AStG ist vorgesehen, einzelne Studienteile unter Einbeziehung von Formen des „blended learnings" zu führen.

Die Studienleistungen bestehen in der regelmäßigen aktiven Teilnahme an den einzelnen Veranstaltungen, der Vorbereitung darauf und der Nachbereitung derselben, in der Führung eines Studientagebuches, dem nachgewiesenen reflektierten Literaturstudium, der aktiven Teilnahme an der Peergruppen-Arbeit, dem Erstellen eines Portfolios einschließlich der vertieften Auseinandersetzung mit gewählten Schwerpunktthemen und einer Präsentation.

Zur Peergruppen-Arbeit:

Die Teilnehmer/innen bilden Arbeits- beziehungsweise Übungsgruppen. In diesen Gruppen werden Selbsterfahrungs-, Kommunikations- und Gruppenprozesse sowie Inhalte aus den Veranstaltungen reflektiert und intensiviert. Selbstständig bearbeitete Literatur wird diskutiert.

12.4.2 BILDUNGSZIELE UND BILDUNGSINHALTE DER EINZELNEN LEHRVERANSTALTUNGEN

1. Semester

LEHRVERANSTALTUNG A – Bereiche des Personalmanagements

BILDUNGSZIELE
- Einsicht in die wesentlichen Bereiche des betrieblichen Personalmanagements.
- Erfahren der Welt des Personalmanagements von gegebenen Rahmenbedingungen bis hin zu veränderbaren Situationen und Handlungen.
- Kenntnis, Verstehen und Reflektieren der theoretischen Grundlagen in Hinsicht auf wesentliche Themen, wie Führungserfolgsmodelle, Führungsmethoden in offenen und geschlossenen Gesellschaften, Kommunikation im Management, insbesondere die Rolle neuer Medien und deren Einflüsse auf das Kommunikationsgeschehen.
- Bereitschaft zu Motivation sowie zu Delegation von Verantwortung.

BILDUNGSINHALTE

Theorien der Führung

- Führungserfolgsmodelle, Führung in offenen und geschlossenen Unternehmen.
- Welche Kriterien beeinflussen den Führungserfolg? Gibt es einen Führungsstil, der immer und überall zum Erfolg führt? Führungserfolgsmodelle werden gegeneinander abgewogen. Führungsmethoden in offenen und geschlossenen Gesellschaften werden beleuchtet.

Kommunikation im Management

Die Rolle neuer Medien, Einflüsse neuer Medien auf das Kommunikationsgeschehen. Kommunikation ist ein zentrales Element im alltäglichen und betrieblichen Geschehen. Es geht um die Grundlagen und um einen Überblick über die wichtigsten Kommunikationsmodelle. Ebenso werden die Einflüsse neuer Medien auf das Kommunikationsgeschehen beleuchtet.

Motivation und Arbeitsverhalten

Die Bedeutung der Motivation für die Praxis, ein Grundmodell der Motivation. Kann jemand überhaupt motiviert werden? Ist Motivation das Gleiche wie Überzeugung, Überredung, Manipulation? Beleuchtet wird die Bedeutung der Motivation für die betriebliche Praxis. Motivationstheorien runden diesen Teil ab.

Gruppenarbeit

Motivation und Handlungsspielraum von Gruppen. Beleuchtet wird die Bedeutung von Gruppenarbeit in Unternehmen. Gruppenphänomene und Entwicklungsmuster von Gruppenarbeit werden ebenso fokussiert.

Personalauswahl

Rekrutierungsprozesse und Methoden der Personalbeschaffung. Schwerpunkte bilden die schrittweise Darstellung des Rekrutierungsprozesses, die unterschiedlichen Methoden der Personalbeschaffung und Personalauswahl. Aktuelle Trends und Sonderformen, wie zum Beispiel das Assessment Center werden beleuchtet. Auch die Sicht des Bewerbers wird berücksichtigt.

Personalentwicklung

Förderung und Erhaltung von qualifiziertem, motiviertem und leistungsbereitem Personal. Qualifiziertes und motiviertes Personal ist zugleich leistungsbereit und bildet die zentrale unternehmerische Ressource im dynamischen Wettbewerb. Hier geht es um die Gestaltungsmöglichkeiten der Personalentwicklung, vor allem darum, wie qualifiziertes, motiviertes und leistungsbereites Personal gefördert werden kann.

Personalbeurteilung

Gestaltungsmöglichkeiten der betrieblichen Beurteilung. Beurteilungsgespräche stellen in der Regel eine explosive Situation dar. Es geht um die Vielzahl von Gestaltungs- und Handlungsmöglichkeiten der betrieblichen Beurteilung.

Entlohnung

Lohngerechtigkeit, Führungskräftevergütung, betriebliche Sozialleistungen. Es werden Aspekte wie Lohngerechtigkeit, Führungskräftevergütung und betriebliche Sozialleistungen angesprochen.

LEHRVERANSTALTUNG B – Entwicklung personaler Kompetenz

BILDUNGSZIELE

Selbsterfahrungsorientierte Arbeit

Diese ist ein wesentlicher Baustein für die Weiterentwicklung von personaler Kompetenz, das heißt Selbst-, Sozial- und Systemkompetenz. Es geht um das Entdecken neuer und/oder ungewohnter Wege, um das Bewusstmachen eigener Stärken, das Finden von neuen Möglichkeiten durch den Einsatz der eigenen Kreativität, das genaue Wahrnehmen und Respektieren der eigenen Grenzen und der Grenzen anderer, um bewussten Kontakt zu sich selbst und zu anderen, um verbesserte Wahrnehmung sowie vertiefte Selbstreflexion. Es geht also darum, eigene Stärken bewusst zu machen und adäquat einzusetzen, Wege auszuprobieren, die eigene Kraft zu aktualisieren, mit Kreativität neue Möglichkeiten zu finden und dadurch eigene Grenzen zu erweitern.

Methoden-Arbeit

Es geht um das Vertiefen, Erweitern und Erwerben von themenspezifischem Wissen auf dem Gebiet personaler Kompetenz, um das Stärken, Ausbauen und Aufbauen von sozialen Fähigkeiten, um das Bewusstmachen von Handlungsmustern sowie um das Erarbeiten und Üben von erprobten Strategien. Im Sinne von Selbst-, Sozial- und Systemkompetenz geht es insbesondere um Kommunikation und Beratungskompetenz sowie um Präsentation und Moderation.

BILDUNGSINHALTE

Persönlichkeit und personale Kompetenz

Modelle von Persönlichkeit beeinflussen unser alltägliches Denken und Handeln. Wir begeben uns bewusst auf Wege der Selbsterkenntnis und auf die Spuren des Selbstwerts. Dabei wird an Themen wie „Wahrnehmung" und „Emotion" die eigene personale Kompetenz zu erfahren sein.

Quellen für Kraft und Kreativität

Mit kreativen Medien gehen wir auf die Suche nach den eigenen Energie- und Kreativitätspotenzialen. Strategien werden gesucht und/oder entwickelt, um mit den eigenen Ressourcen die Lebensqualität und die Psychohygiene im Berufsalltag zu erhöhen.

Kommunikation und Beratungskompetenz

Theoretische Grundlagen für erfolgreiche Kommunikation bearbeiten; Grunderfordernisse für partnerzentrierte Beratungsgespräche bewusst machen und adäquate Grundhaltungen erwerben und/oder vertiefen; die individuelle Wahrnehmungsfähigkeit steigern; Feedback geben und Feedback nehmen; Rollenklarheit im Gespräch erkennen und danach handeln; Dialogkonsens herstellen; Ziele formulieren; Ziel führendes Fragen in Beratungsgesprächen einsetzen; Beratungsgespräche üben.

Präsentation und Moderation

Theoretische Grundlagen zu Präsentation und Moderation bearbeiten; adäquate Basisfertigkeiten und Strategien bewusst machen; Präsentieren und Moderieren üben.

LEHRVERANSTALTUNG C – Aktuelle Fragestellungen

BILDUNGSZIELE
*   Kenntnis, Verstehen und Reflektieren der theoretischen Grundlagen in Hinsicht auf die angeführten Themen: Arbeitsrecht, Arbeit und Familie, Gleichbehandlungsfragen, Macht und Ethik, Arbeitsplatz, psychische Gesundheit.
*   Fähigkeit zu konstruktivem Umgang mit Macht und Machtstrukturen.

- Bewusstmachen, Erweitern und Erwerben von Arbeitshaltungen, welche die Arbeitsatmosphäre positiv beeinflussen sowie die Fähigkeiten zur Arbeit in Teams und Gruppen mobilisieren.
- Fähigkeit zu konstruktiver Konfliktlösung im Berufsalltag sowie Erarbeitung von Konzepten zum Aufbau von Konfliktlösungskompetenz unter besonderer Berücksichtigung der Mediation.

BILDUNGSINHALTE

Arbeitsrecht

Nationale und europäische Gesetzgebung.

Arbeit und Familie

Flexible Arbeitszeiten unter Rücksichtnahme auf Familienerfordernisse.

Gleichbehandlungsfragen

Chancenverteilung im interkulturellen Kontext und im Geschlechterverhältnis.

Macht und Ethik

Konstruktiver Umgang mit Macht und ethische Fragestellungen.

Arbeitsplatz

Arbeitsatmosphäre, Arbeitshaltungen, Arbeit in Teams und Gruppen.

Psychische Gesundheit

Konstruktiver Umgang mit Ärger, Stress und Konflikten.

2. Semester

Studien begleitende Prüfungsleistungen.

12.4.3 PRÜFUNGSORDNUNG – BESONDERER TEIL

Dispensprüfungen

Dispensprüfungen können Studierende ablegen, die auf Grund bereits erworbener Kenntnisse, Fähigkeiten und Kompetenzen sowohl die Erreichung des Ausbildungszieles als auch die Erfüllung der Beurteilungsanforderungen ohne Besuch der betreffenden Lehrveranstaltung nachzuweisen wünschen.

Über die Zulassung zu Dispensprüfungen entscheidet auf Antrag des/der Studierenden der/die zuständige Koordinator/in. Beurteiler/Prüfer sind die vorgesehenen Lehrveranstaltungsleiter/innen.

Bei negativem Prüfungsergebnis haben die Studierenden die entsprechende Lehrveranstaltung zu besuchen.

12.4.4 WAHLMODUL – INNOVATIVE REFORMPÄDAGOGIK – PROGRESSIV EDUCATION

Auszug der Aufbereitung des Moduls in Scholion. Bitte studieren Sie dieses Modul in SCHOLION: www.schule.suedtirol.it/blikk

Hier finden Sie den button SCHOLION. Sie können mit Gast einsteigen, indem Sie das Codewort Gast benützen. Auf der nun erscheinenden Übersicht klicken Sie auf Reformpädagogik und „lernen".

12.4.5 Modulteil aus dem Modul „Reformpädagogik" in SCHOLION

1.1.1.[19] Pädagogische Erneuerung und deren Ziele

.... Inhalt

Die Epoche einer pädagogischen Erneuerung, die ungefähr mit dem Ende des vorigen Jahrhunderts begonnen hat und von dem Auftreten der großen Persönlichkeiten her gesehen abgeschlossen scheint, ist allgemein gekennzeichnet durch die Suche nach humaneren Formen in der Schule. Diese Suche jedoch ist auch heute noch nicht beendet.

1.1.2. Gemeinsame Ziele

.... Inhalt

Nach Ehrenhard Skiera ging und geht eine bleibende Inspiration noch immer vor allem von der "anderen" Praxis in schulischen Leben aus, weniger von den doch facettenreichen theoretischen Konzepten. Gemeinsame pädagogische Grundmotive reformpädagogischer Schulen manifestieren sich seiner Meinung nach übereinstimmend in den drei folgenden Kategorien:

---

[19] Die Nummerierung bezieht sich auf den zitierten Modulausschnitt aus Scholion und ist keine fortlaufende Nummer des Buchkapitels!

1.1.2.1. Pädagogik vom Kinde aus

.... Inhalt

Das pädagogische Konzept einer reformpädagogischen Schule orientiert sich grundsätzlich an Fragen, Bedürfnissen und Interessen des Kindes - ein notwendiges Kriterium für eine "Pädagogik vom Kinde aus"; eine solche Pädagogik ist verbunden mit einem Verständnis von Lernen als eine aktive, kreative, die Selbstständigkeit fördernde, lebensverbundene und "natürliche" Tätigkeit;

1.1.2.2. Partnerschaftliches Zusammenleben

.... Inhalt

Die reformpädagogische Schule ist intentional ein Modell eines guten, harmonischen, partnerschaftlichen Zusammenlebens; sie ist ein pädagogisch, sozial-ethisch und ästhetisch durchgestalteter Raum und eine anregungsreiche Lebens- und Lerngemeinschaft;

Abb. 12.1 – *Lebens- und Lerngemeinschaft*

1.1.2.3. Mensch als ganzheitliches Wesen

.... Inhalt

Die Konzeption der Erziehung in einer reformpädagogischen Schule umfasst den ganzen Menschen mit seinen intellektuellen, physischen, sozialen und emotionalen Fähigkeiten.

1.1.2.4. Angstfreier Bildungsprozess

.... Inhalt

Das systematische Lernen und das persönliche Erleben desselben soll in einen angstfreien Bildungsprozess zu integriert werden.

1.1.3. Neue Erziehung

.... Inhalt

Den Kategorien der gemeinsamen Ziele gemäß ist Reformpädagogik in Geschichte und Gegenwart der Versuch, eine „neue Erziehung" durchzusetzen, die Anschluss sucht an die im Kind selbst angelegten Entwicklungskräfte, an seine Interessen oder Bedürfnisse. Die Orientierung an der kindlichen Entwicklung ist verbunden mit der Annahme, dass eben in dieser kindorientierten Erziehungskonzeption der Schlüssel zu einer besseren Welt läge.

Wenn also ein wesentlicher „Schwerpunkt der Reformpädagogik in Geschichte und Gegenwart im Bereich der Unterrichts- und Schulreform" (Skiera, Ehrenhard) liegt, so ist dieser auch in dem Kontext zu sehen, dass Unterrichts- und Schulreform nach den Modellen der Reformpädagogik einen Beitrag zur Weltverbesserung leisten kann und wird.

Skiera, Ehrenhard: Reformpädagogik in Geschichte und Gegenwart. Eine kritische Einführung. München und Wien 2003, S. 22.

1.1.4. Erfolgreiche Modelle aus der Reformpädagogik

.... Inhalt

Das Studium der heute noch verbreiteten fünf erfolgreichen Modelle der Reformpädagogik

- Montessori-Pädagogik,
- Freinet-Pädagogik,
- Jenaplan-Pädagogik,
- Freinet-Pädagogik und
- Waldorfpädagogik

sollte es uns ermöglichen, dem genannten pädagogischen Ziel eines angstfreieren Bildungsprozesses in den Schulen näher zu kommen, ohne die Notwendigkeit einer didaktisch-methodischen Grundlage für schulisches Lernen und den gesellschaftlichen Rahmen der Schule aus den Augen zu verlieren.

1.1.5. Gemeinsame Merkmale

1.1.5.1. Kindorientiertheit

.... Inhalt

Oberstes Merkmal all der hier angeführten Konzepte ist die Kindorientierung ? ein Begriff, der vor allem das Umdenken im historischen Sinn signalisiert: Nicht die Schule und ihre Ansprüche an das Kind stehen im Mittelpunkt des pädagogischen Denkens, sondern die optimale Entwicklung des Kindes und eine Schule, die diese Entwicklung ermöglicht.

1.1.5.2. Didaktik

.... Inhalt

In Bezugnahme auf eine mögliche Öffnung der Schule mit der Zielsetzung einer allgemeinen Schulentwicklung und Bildungsreform sind die reformpädagogischen Konzepte eine den Prozess der Öffnung dienliche didaktisch-methodische Grundlage. Mit all den zu diskutierenden Konzepten sind pädagogische Prinzipien, wie

- Selbstständigkeit,
- Selbstbildung,
- Eigenverantwortung,
- Selbsttätigkeit,
- eigenständiges und autonomes Lernen,
- entdeckendes Lernen,
- Bildung der Imaginationsfähigkeit und
- soziales Lernen

verbunden. Zentrales Anliegen ist es, den heranwachsenden Menschen in seiner Entwicklung zur eigenständigen Persönlichkeit und zur Entfaltung seiner Individualität zu helfen.

1.1.5.3. Eigenaktivität

.... Inhalt

Weitere konstituierende und beschreibende Merkmale reformpädagogischer Bildungskonzepte finden wir, ohne schon Anspruch auf Vollständigkeit erheben zu wollen,

- in der Gestaltung einer anregenden Lernlandschaft,
- im fächerübergreifenden Unterricht,
- in weit reichenden Mitbestimmungsmöglichkeiten des Kindes,
- im Angebot so genannter Entwicklungsmaterialien,
- in einer persönlichkeitsbezogenen Leistungsbewertung und Leistungsbeurteilung und
- in einer prinzipiellen Betonung der Eigenaktivität.

1.1.6. Unterschiede in den Modellen

.... Inhalt

Trotz dieser Gemeinsamkeiten weist die Reformpädagogik in ihren Konzepten immer wieder interessante Spezifika aus, die auch eine entscheidende Wahlmöglichkeit darstellen.

So sind sicherlich in der Montessori-Pädagogik die Entwicklungsmaterialien einzigartig und damit auf das Konzept der Selbstbestimmung des Kindes abgestimmt, während bei Helen Parkhurst, einer zeitweiligen Weggefährtin Maria Montessoris, die Organisation des Lernens des Kindes aufgrund von spezifischen Lernaufgaben im Vordergrund der schulischen Arbeit steht.

In diesem Zusammenhang kann ausgeführt werden, dass die Jenaplan-Pädagogik für flexible Schulorganisation, soziales Lernen, Schulentwicklung und eine individuelle Schuleingangsphase steht und die Freinet-Pädagogik zurzeit eine Renaissance als Pädagogik der Kommunikation und Dokumentation durch die Entwicklung der ICT-Medien erlebt.

1.1.7. Entwicklungskonzepte

.... Inhalt

Die hier diskutierten reformpädagogischen Konzepte sind grundsätzlich Entwicklungskonzepte. Ihre pädagogischen Intentionen beziehen sich auf die optimale Entwicklung des Kindes.

Doch ihre Grundsätze oder Prinzipien sind als reformleitende Ideen für Schulentwicklung prinzipiell anwendbar und auch in Teilen ursprünglich als solche konzipiert und gedacht. Ich gehe in der Folge von der These aus, dass die pädagogischen Grundsätze der reformpädagogischen Konzepte als Leitlinien für eine aktuelle Schulentwicklung dienen müssen, wenn Bedingungen für eine optimale Entwicklung des Kindes im schulischen Rahmen – und damit eine kindorientierte Pädagogik – hergestellt werden sollen.

1.1.7.1. Montessori und ihre Pädagogik

Abb. 12.2 – Maria Montessori

Im Vergleich zur Pädagogik Peter Petersens ist Maria Montessoris Konzept primär auf die Entwicklung des Kindes bezogen und expressiv verbis ein so genanntes Entwicklungskonzept.

Als didaktisch weitgehend durchkonzipiertes System bietet es in der Gestaltung der vorbereiteten Umgebung, der Organisation nach altersheterogenen Gruppen, der Idee des Kinderhauses statt der Trennung von pädagogisch eigentlich zusammengehörenden Institutionen, wie Kindergarten und Schule, und in den Grundsätzen der Montessori-Pädagogik eindeutig Anregungen zur Gestaltung einer pädagogischen Institution.

1.1.7.1.1. Schulentwicklung heute

.... Information

Eine Pädagogik der Selbstbestimmung wird in ihrer Realisierung auch die Selbstbestimmung aller Personen einer pädagogischen Institution anstreben, will sie ihre Glaubwürdigkeit erhalten.

In Konsequenz dieses Gedankens wird nicht nur die Integration der Montessori-Pädagogik in ein bestehendes Schulsystem angestrebt, sondern die Montessori-Pädagogik als für eine Schulentwicklung geeignetes System angesehen und selbst als entwicklungsfähige pädagogische Konzeption betrachtet.

1.1.7.2. Der Daltonplan von Parkhurst

.... Information

Abb. 12.3 – Helen Parkhurst

Helen Parkhursts Konzept des Daltonplans ist aus der Entwicklung eines neuen Schulkonzeptes entstanden und somit ist dieser Pädagogik das Prinzip der Entwicklung innewohnend.

Helen Parkhurst betont, dass sie den Daltonplan nicht als System bezeichnet haben möchte, sondern vielmehr als „Way of Life". Und dieser „Way of Life" orientiert sich an Prinzipien, die der hier angeregten Schulentwicklung eine eindeutige Orientierung und Richtung verleihen:

- das Prinzip der Freiheit,
- das Prinzip der Kooperation und später hinzugefügt
- das Prinzip des Verhältnisses des Aufwandes zur Erreichung des Zieles oder Budgeting Time.

An individuellen Lernaufgaben soll der Schüler in selbständiger Arbeit, alleine oder in Zusammenarbeit lernen und wachsen und für seinen Entwicklungsprozess die Verantwortung tragen können.

1.1.7.2.1. Schulentwicklung

.... Information

Die pädagogischen Prinzipien des Daltonplanes sind Grundprinzipien für die Entwicklung einer Schule bzw. auch für die Entwicklung des Schul- und Bildungswesens.

Eine Schulentwicklung nach diesen Prinzipien schließt ein, dass die Prinzipien

- der Freiheit,
- der Kooperation und
- des Verhältnisses des Aufwandes zum Ziel

auch für die Arbeit der Lehrerinnen und Lehrer, der Eltern und der Schüler Geltung haben müssen.

Das würde auch die

- Freiheit der Schulgestaltung,
- der Wahl eines pädagogischen Konzeptes,
- die Zusammenarbeit mit anderen Institutionen und ...

einschließen. Weiters ist der Daltonplan auch selbst wandelbar, wie die Einführung bzw. die Entwicklung des Subdaltonplanes für die Grundschule in Holland beweist.

1.1.7.3. Die Freinetpädagogik

.... Information

Abb. 12.4 – Célestin Freinet

Die Freinet-Pädagogik war und ist nicht auf die schulische Arbeit alleine beschränkt. Sie war und ist eine Pädagogik mit dem Anspruch der Veränderung der Gesellschaft.

Nicht nur die Gestaltung der Schule ist die Aufgabe der Lehrer, Eltern und Kinder. Gerade mit der Aufgabe der Schulgestaltung und Schulentwicklung wollte Célestin Freinet in seinen Kindern das Bewusstsein schaffen, dass auch die Gesellschaft nach den Bedürfnissen des Kindes bzw. der Betroffenen veränderbar ist.

Er hat den Kindern das Wort gegeben, damit sie lernen, sich zu artikulieren, damit sie lernen können, in einer Demokratie zu leben, verantwortlich für sich selbst und für andere Menschen und doch selbst bestimmend innerhalb eines demokratisch strukturierten sozialen Gefüges. Wo sonst sollen Kinder Demokratie lernen, wenn nicht in der Schule.

Und wir dürfen und müssen nicht nur den Kindern das Wort geben, sondern auch den Lehrerinnen und Lehrern und den Eltern zur Gestaltung und Entwicklung ihrer Schule.

1.1.7.4. Peter Petersen und der Jenaplan

.... Information

Abb. 12.5 – Peter Petersen

Allen voran ist in diesem Zusammenhang Peter Petersens Jenaplan und sein ausdrücklich als „Ausgangsform" bezeichnetes pädagogisches Konzept zu nennen. Wir dürfen diesen Begriff durchaus wörtlich nehmen und von etwas ausgehen, um die uns entsprechende Form der Schule und der „pädagogischen Situation" in dieser zu entwickeln.

Ausgehen werden wir von den vier Bildungsgrundformen,

- der Feier,
- dem Gespräch,
- der Arbeit und
- dem Spiel.

Ausgehen werden wir weiters von einer

- Rhythmisierung derselben im schulischen Tagesablauf der Kinder statt der Unmöglichkeit des Lernens nach einem "Fetzenstundenplan",

- von einer altersheterogenen Gruppierungsform der Kinder in verschiedenen Gruppen statt Jahrgangsklassen,
- von einem Lernen und Leben in einer Schulwohnstube und
- von einem grundsätzlichen Bewusstsein, dass wir keine Zensuren mehr vergeben, aber die Entwicklung des Kindes beobachten und beschreiben.

Gemeint ist die Entwicklung des Kindes in der von uns vorbereiteten „Pädagogischen Situation", die für das Lernen des Kindes nicht nur den Lebensbezug bereithält, sondern die „innere Begegnung" des Kindes mit dem zu Lernenden anstrebt.

1.1.7.4.1. Schulentwicklung heute

.... Information

Davon ausgehend, wird jede Jenaplan-Schule ihre eigenständige Entwicklung nehmen können. Ausgehend von der Ausgangsform wird sie den Lebens- und Lernbedürfnissen der Menschen, die sie besuchen und die sie entwickeln, entsprechen und sie kann – wie europaweit gezeigt wird – damit auch den staatlichen Anforderungen und dem Lehrplan entsprechen.

Die Geschichte eines gemeinsamen Projektes zur Innovation im Bildungsbereich ist eine Geschichte von Ideen und eine Geschichte der Entwicklung und Veränderung von Ideen.

Die Geschichte der Ideen eines Projektes ist ebenso eine Geschichte der Kooperation zwischen Bildungsinstitutionen.

Die Geschichte eines innovativen Projektes ist ebenso eine Geschichte der Vergänglichkeit von Pädagogischen Ideen, Projekten und Kooperationen. Es bleibt die Hoffnung, dass die in diesen Projekten Gebildeten den pädagogischen Fortschritt weiter tragen.

Das Masterstudium „Bildungsmanagement und Schulentwicklung" wurde ab der Akkreditierungsphase (2003) erfolgreich an der Universität Osnabrück und den österreichischen Pädagogischen Akademien PADB Wien, PADB Linz und PADB Graz sowie PAdDiöz. Graz integriert und etabliert. Ca. 150 Studierende nahmen die Möglichkeit zum internationalen Masterstudium wahr.

Die Ablehnung der Akkreditierung durch das Niedersächsische Bildungsministerium verursachte eine Krise innerhalb der teilnehmenden Institutionen. Die Universität Osnabrück blieb vertrags- und worttreu und sicherte allen Studierenden die Möglichkeit des Studienabschlusses bis Ende 2009 zu.

Das an den Pädagogischen Akademie durchgeführte Masterstudium „Bildungsmanagement und Schulentwicklung" wurde nach der Entwicklung der Pädagogischen Akademie zu Pädagogischen Hochschulen von diesen nicht übernommen und die Fortführung vom Ministerium für Unterricht, Kunst und Kultur mit Bescheid untersagt.

Alle ab dem Studienjahr 2007/08 erfolgten Studienabschlüsse beruhten auf dem privaten Engagement einzelner Professorinnen und Professoren an den Pädagogischen Hochschulen.

Auch in dieser schwierigen Phase der Kooperation stand die Universität Osnabrück zu den Vereinbarungen und zeigte sich immer wieder bemüht, Probleme konstruktiv und partnerschaftlich zu lösen. Mehr als hundert Studierende schlossen ihr Studium in dieser internationalen Kooperation mit dem Titel MA ab. Danke!

13   Abbildungen

14　Autoren

Harald Angerer, Jahrgang 1962, Studium der Erziehungswissenschaften und Psychologie an der Universität Innsbruck, arbeitet nach 14 Jahren Unterrichtstätigkeit seit 2004 als pädagogischer Mitarbeiter in der Lehrerfortbildung am Pädagogischen Institut Bozen mit den Arbeitsschwerpunkten Bildungsserver, eLearning, Kommunikations- und Informationstechnologie, KIT-Didaktik und Design und Konzeption verschiedener Instrumente für den kooperativen und kommunikativen Einsatz von KIT im Unterricht der Grund, Primar- und Sekundarstufe sowie in der Lehrerfortbildung.

Bronkhorst, John arbeitete viele Jahre an der Pädagogischen Hochschule „Edith Stein/OCT" in Hengelo (Niederlande) als Professor für Pädagogik und Leiter der IKT-Abteilung. Gründete 1995 ein Zentrum für Telematik, wo über 500 Schulen, aus den Niederlanden, Belgien und Deutschland, zusammenarbeiteten. Dieses Netzwerk arbeitete auch zusammen mit Fernsehen und Verlagen und führte Untersuchungen durch. Arbeitete, beauftragt von der Regierung, zwischen 1987 und 1990 an der Universität Twente, wo er eine fortgeschrittene Lernumgebung für Grundschulkinder konstruierte, die alle sieben tausend Grundschulen in den Niederlanden vom Bildungsministerium zur Verfügung gestellt wurde. Während einiger Jahren Vorsitzender der Niederländisch-Flämischen Freinet Bewegung. Konstruierte eine eLearning-Umgebung über Reformpädagogik und lehrte als Gastprofessor an die Universitäten von Dresden, Budapest, Riga und Braga. Tätig als Projektleiter und Untersucher am Nationalzentrum für Muttersprache an der Radboud Universität in Nimwegen (Niederlande). Beauftragt mit der Konstruktion von Lernumgebungen und Forschung nach den Effekten von IKT und Multimedia auf Sprachunterricht. Zusammenarbeit mit der Vanderbilt University in den Vereinigten Staaten. Autor von einigen Büchern über die Didaktik von Informations- und Kommunikationstechnologie (IKT), sowie Artikeln und Untersuchungen. Publikationen zum Thema Freinet-Pädagogik, Medienerziehung und New Literacy. Beteiligt an mehreren Europäischen Projekten, worin eine Zusammenhang zwischen Bildungsphilosophie, Lernverfahren und gezielter Einsatz von neuen Medien angestrebt wurde.

Eichelberger, Harald (Pädagogische Hochschule, Wien) ist Professor für Erziehungswissenschaften und Unterrichtswissenschaften an der Pädagogischen Hochschule in Wien. Ausbildung zum Montessori-Pädagogen in Wien, Tätigkeit als Montessori-Ausbilder und Betreuer von Schulversuchen zur Aktualisierung der Reformpädagogik im Regelschulwesen; Initiator des Symposiums „Lebendige Reformpädagogik" im Oktober 1996; einschlägige Publikationen zu den Themen: Didaktik der Montessori-Pädagogik, Schulentwicklung auf der Grundlage der Reformpädagogik, Daltonplan-Pädagogik, Jenaplan-Pädagogik und Freinet-Pädagogik. Universitätslektor der University of Derby und der Universität Osnabrück. Fachliche und organisatorische Mitarbeit an EU-Projekten und Leitung von EU-Projekten zur Curriculumentwicklung und zur Lehrerbildung und Lehrerfortbildung.

Henning Günther, Prof. a. D., Dr. phil. habil, geboren im März 1942, studierte Philosophie, Literaturwissenschaft, Erziehungswissenschaft und Sport. Promotion in Philosophie, 1970 Habilitation in praktischer Philosophie. Verschiedene Tätigkeiten u.a. als Lehrer und Politikberater, seit 1977 Erziehungswissenschaftler an der Universität zu Köln. Arbeitsschwerpunkte: empirische Unterrichtsforschung und Medienpädagogik. Zahlreiche Veröffentlichungen u.a. zur Kritik der Kritischen Theorie, zu Walter Benjamin und Sigmund Freud, später zur Kritik des Offenen Unterrichts und zur Pädagogik der sozial Ausgeschlossenen (2008).

Hungs, Edgar (Agentur für Europäische Bildungsprogramme VoG, Eupen) lehrte als Grundschullehrer aus Eupen, Deutschsprachige Gemeinschaft Belgiens, 9 Jahre als Primarschullehrer tätig, ab 1985 Mitarbeiter in der Pädagogischen Arbeitsgruppe anschl. Pädagogische Dienststelle des Ministeriums der Deutschsprachigen Gemeinschaft, von 1990 bis 1995 und 2000-2004 Berater im Kabinett des Unterrichtsministers in der Regierung der Deutschsprachigen Gemeinschaft Belgiens, von 1995-2000 und ab 2007 Leiter der Agentur für Europäische Programme (Sokrates I, Leonardo da Vinci I und Programm Lebenslanges Lernen), Koordinator von europäischen Projekten und Austauschmaßnahmen, Projektleiter u.a. Aufbau des Studienkreises Schule-Wirtschaft in der Deutschsprachigen Gemeinschaft, Organisation von Seminaren zum Thema Reformpädagogik und europäische Kooperationsformen.

Renate Kock, Dr. phil., geboren im November 1959, studierte Biologie, Französisch und kath. Theologie, erstes und zweites Staatsexamen für die Sekundarstufe I und II. Diplom in Erziehungswissenschaften (Pädagogik). Promotion 1995 mit einer historisch-didaktischen Arbeit zur Pädagogik C. Freinets. Lehrbeauftragte an der Universität Osnabrück. Mehrjährige Tätigkeiten in der schulischen und außerschulischen Jugend- und Erwachsenenbildung. Seit Februar 2000 Wissenschaftliche Mitarbeiterin an der Universität zu Köln. Letzte Veröffentlichungen: Célestin Freinet. Kindheit und Utopie (Klinkhardt 2006), Education and Training in a globalized World-Society (Peter Lang 2006) und zur Pädagogik der sozial Ausgeschlossenen (Peter Lang 2008).

Kohlberg, Wolf Dieter (Universität Osnabrück) lehrt an der Universität Osnabrück; Studium der Physik, Philosophie und Pädagogik. Tätigkeit als Gymnasiallehrer. Seit 1980 Erziehungswissenschaftler im Fachbereich Erziehungs- und Kulturwissenschaften der Universität Osnabrück mit den Arbeitsschwerpunkten: Europäische Bildung und Erziehung – Systemvergleich und Systementwicklung, Europäische Reformpädagogik, Allgemeine Didaktik, Hochschuldidaktik, Neurobiologische Grundlagen des Lernens.

Kuppens, Georges arbeitete als Inspektor- Berater für den Pflichtunterricht in der Deutschsprachigen Gemeinschaft Belgiens. In dieser Eigenschaft ist er der Initiator eines Schulentwicklungs- und Schulerneuerungskonzeptes, das auf dem Jenaplan und dem Zusammenhang von Jenaplan und Schularchitektur basiert. Als Koordinator des Pädagogischen Zentrums des Ministeriums hat er an der Entwicklung des Schulsystems mitgewirkt. Als Leiter mehrerer EU-Comenius-Projekte zur Lehrerfortbildung hat er internationale Kontakte geknüpft, die ihn zur Gründung eines europäischen Vereins für Schulentwicklung auf der Grundlage der

Reformpädagogik (Syneupedia) geführt hat. Buchautor zum Jenaplan in deutscher und französischer Sprache. Mitarbeit in nationalen und internationalen Lehrerfortbildungen.

Laner, Christian, Studium der Erziehungswissenschaften, Psychologie und Soziologie, Grundschullehrer, zehn Jahre als Integrationslehrer tätig, seit 1996 Mitarbeiter am Pädagogischen Institut für die deutsche Sprachgruppe in Bozen – Südtirol, Projektleiter des didaktischen Bildungsservers Südtirols ‚blikk'. Verantwortlicher für den Bereich ‚Digitale Medien in der Schule', wobei der Schwerpunkt auf der Entwicklung von Modellen für die Arbeit mit Kindern mit und über Internet sowie eLearning in der Lehrerfortbildung liegt. Ausbildung zum eLearning-Manager. Kursleiter von mehreren Lehrgängen zur „Schulentwicklung auf reformpädagogischer Basis"; Beteiligung an mehreren Comenius-Projekten. Unterrichtsentwickler und Schulbetreuer, ist tätig in der LehrerInnenfortbildung in Südtirol. Initiator des Symposiums ‚Reformpädagogik in der Regelschule' im Oktober 2003 in Bozen. Publikationen zu Themen der Reformpädagogik und des Lernens mit digitalen Medien.

Univ.-Prof. Dr. Christian Stary lehrt und forscht an der Universität Linz (JKU) seit 1995. Zurzeit ist er Vorstand des Instituts für Wirtschaftsinformatik-Communications Engineering. Darüber hinaus leitet er das Kompetenzzentrum Wissensmanagement und den MBA-Lehrgang „Angewandtes Wissensmanagement" der Sozial- und Wirtschaftswissenschaftlichen Fakultät. Als ausgebildeter Informatiker beschäftigt er sich inhaltlich vornehmlich mit der methodischen Integration des Designs und der Evaluierung sozio-technischer interaktiver Systeme mit Techniken zur ganzheitlichen Entwicklung. Integriert werden dabei Inhalte aus den Gebieten Distributed Computing, Usability Engineering, Knowledge Management und Software Engineering. Anwendungsprojekte im nationalen und internationalen Kontext führt er mit seinen MitarbeiterInnen zur Adaptivität von Systemen, Bildung und zu Organisationalem Lernen durch.

Neue Wege der Reformpädagogik

Harald Eichelberger u. a.
Reformpädagogik goes eLearning
Neue Wege zur Selbstbestimmung von virtuellem Wissenstransfer und individualisiertem Wissenserwerb

2008 | 208 S. | broschiert
€ 29,80 | ISBN 978-3-486-58571-1

Das Buch reflektiert die Erkenntnisse wesentlicher reformpädagogischer Ansätze und unternimmt den Brückenschlag zu aktuellen Lerntechnologien. Eine Moderatorin begleitet diesen Brückenschlag mit handlungsgeleiteten Diskursen, deren Hauptakteure wesentliche ReformpädagogInnen und e-learning-SpezialistInnen sind. Sie reflektieren ihre Handlungen bzw. Handlungsoptionen und regen den Einsatz von innovativen Lernmanagement- und Autorensystemen an.

Mit seinen Ausführungen ermuntert das Werk daher Lehrende wie Lernende zur Offenheit und einer Haltung des Ausprobierens und Erkundens, die ihnen auch ermöglichen, Effekte eigener Handlungen zu verfolgen und zu reflektieren. Die Autoren wollen zu Agilität anregen, die dem Wunsch nach tiefer Erkenntnis entspricht und dem Gedanken selbst bestimmter Weiterentwicklung von Individuen Rechnung trägt, und zwar auf beiden Seiten, der der WissensträgerInnen und der ErwerberInnen.

Das Buch richtet sich an Studierende der Pädagogik und Pädagogen in der Praxis.

Oldenbourg

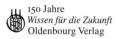

150 Jahre
Wissen für die Zukunft
Oldenbourg Verlag

Bestellen Sie in Ihrer Fachbuchhandlung oder direkt bei uns: Tel: 089/45051-248, Fax: 089/45051-333
verkauf@oldenbourg.de

Für alle Lehramtsstudenten

Hermann May
Ökonomie für Pädagogen

14. überarbeitete und aktualisierte Auflage 2008
340 S. | gebunden
€ 34,80 | ISBN 978-3-486-58517-9

Ein »Muss« für Lehramtsstudenten und Lehrer in der
schulischen Praxis, die wirtschaftliche Unterrichtsstoffe behandeln!

Das Buch entspricht den wirtschaftskundlichen
Schulcurricula, nimmt sich darüber hinaus aber auch
noch pädagogisch bedeutsamer möglicher ökonomischer Entwicklungen an, thematisiert sie und gibt
ihnen unterrichtliche Relevanz. Ökonomie für Pädagogen wird damit zu einem didaktisch orientierten Fach-
studium, das die Befähigung des Lehrers anstrebt,
Schüler für die Bewältigung wirtschaftlicher Lebens-
situationen zu rüsten.

**Das Buch richtet sich an Lehramtsstudenten und
Lehrer in der schulischen Praxis, die wirtschaftliche
Unterrichtsstoffe behandeln.**

Über den Autor:

Prof. Dr. Dr. h.c. Hermann May, Pädagogische
Hochschule Heidelberg, Zentrum für ökonomische
Bildung Offenburg.

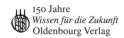
150 Jahre
Wissen für die Zukunft
Oldenbourg Verlag

Bestellen Sie in Ihrer Fachbuchhandlung oder
direkt bei uns: Tel: 089/45051-248, Fax: 089/45051-333
verkauf@oldenbourg.de

Für alle, die Wirtschaft lehren

Hermann May (Hrsg.)
Lexikon der ökonomischen Bildung

7. Auflage 2008 | 713 S. | gebunden
€ 59,80 | ISBN 978-3-486-58835-4

Dieses Lexikon soll all jenen als hilfreiches Nachschlagewerk dienen, die sich in Schule und Ausbildung, im
Studium und Beruf, in Forschung und Lehre, bei der
Arbeit und in der Freizeit mit allgemeinen wirtschaftlichen, wirtschaftsrechtlichen und wirtschaftspädago-
gischen Fragen konfrontiert sehen und darauf Antwort
suchen. Diese Antworten sind in der Regel knapp und
prägnant und beschränken sich auf das Wesentliche.
Wo eine ausführliche Erörterung des Sachverhaltes
oder der Problematik notwendig ist, sind Stichwort-
aufsätze mit zum Teil weiterführenden Literaturhin-
weisen eingeführt.

**Das Buch richtet sich an all jene, die sich für wirt-
schaftliche, wirtschaftsrechtliche und wirtschaftspä-
dagogische Fragen interessieren. Insbesondere
Lehramtstudenten und Lehrer in der schulischen
Praxis, die wirtschaftliche Unterrichtsstoffe behandeln, haben einen hohen Nutzen von diesem
Nachschlagewerk.**

Prof. Dr. Dr. h.c. Hermann May
ist an der Pädagogischen
Hochschule Heidelberg, Zentrum
für ökonomische Bildung in
Offenburg tätig.

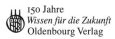
150 Jahre
Wissen für die Zukunft
Oldenbourg Verlag

Bestellen Sie in Ihrer Fachbuchhandlung oder
direkt bei uns: Tel: 089/45051-248, Fax: 089/45051-333
verkauf@oldenbourg.de

Oldenbourg